Foto: Paweł Opaska / pawopa3336 (iStockphoto)

Peru

AF150018

Autoren:
Klaus Boll, Jürgen Bergmann,
Anton Jakob, Heike Mühl

PERU

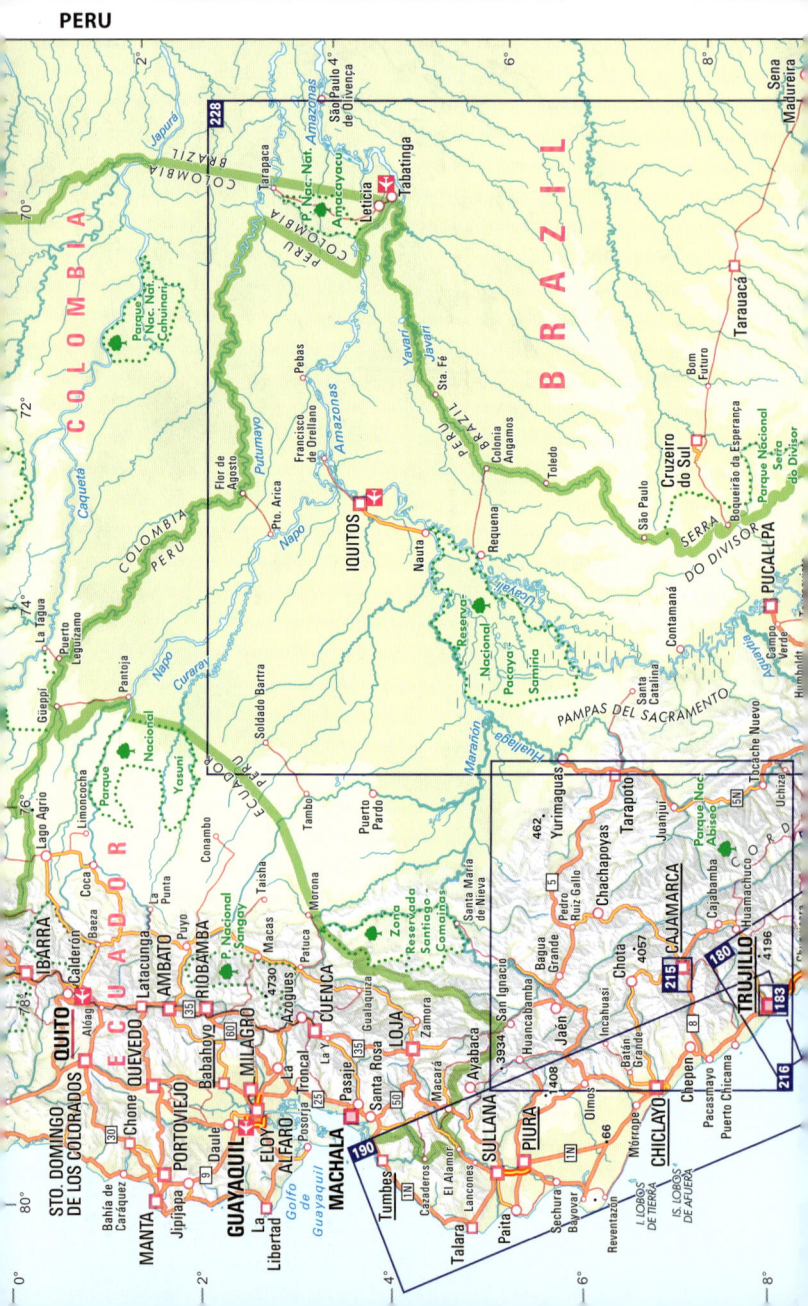

KARTENVERZEICHNIS

© Nelles Verlag GmbH, München

0   100   200 km

IMPRESSUM / KARTENLEGENDE

Liebe Leserin, lieber Leser,

AKTUALITÄT wird in der Nelles-Reihe groß geschrieben. Unsere Korrespondenten dokumentieren laufend die Veränderungen der weltweiten Reiseszene, und unsere Kartografen berichtigen ständig die auf den Text abgestimmten Karten.

Wir freuen uns über jeden Korrekturhinweis! Unsere Adresse: Nelles Verlag, Machtlfinger Str. 26 Rgb., D-81379 München, Tel. +49 (0)89 3571940, Fax +49 (0)89 35719430, E-Mail: Info@Nelles.com, Internet: www.Nelles.com

Haftungsbeschränkung: Trotz sorgfältiger Bearbeitung können fehlerhafte Angaben nicht ausgeschlossen werden, der Verlag lehnt jegliche Produkthaftung ab. Alle Angaben ohne Gewähr. Firmen, Produkte und Objekte sind subjektiv ausgewählt und bewertet.

LEGENDE

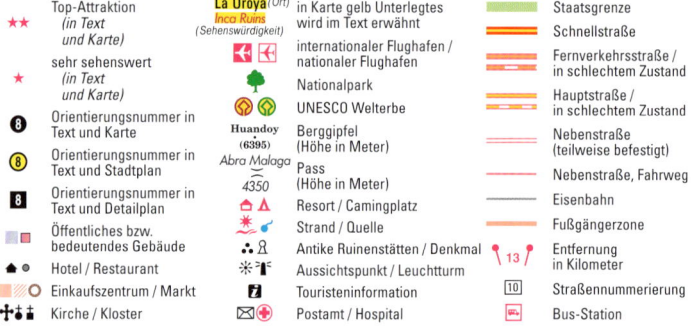

IMPRESSUM

PERU
© Nelles® Verlag GmbH
   81379 München
   All rights reserved

Druck: Bayerlein, Germany
Einband durch DBGM geschützt

                                                  - F2020 -

1 FEATURES

2 LAND UND LEUTE

3 LIMA

4 ZENTRALES HOCHLAND

5 CUSCO UND DAS HEILIGE TAL DER INKA

12 REISE-INFORMATIONEN

Die Anden bei Tiobamba.

Musikanten beim Inti Raymi-Fest in Sacsayhuamán.

HÖHEPUNKTE

Lima

★★**Plaza Mayor** (S. 63): Das politische und kulturelle Zentrum Perus mit Kathedrale und Regierungspalast.

★**Museo de Oro del Peru** (S. 75): Goldfunde und Textilien präkolumbischer Zeit sowie eine Waffensammlung.

★★**Museo Nacional de Antropología y Arqueología** (S. 76): Einzigartiger Überblick über alle peruanischen Indianerkulturen im bedeutendsten archäologischen Museum des Landes.

★**Museo Rafael Larco Herrera** (S. 77): Riesige Privatsammlung präkolumbischer Kunst Perus, u. a. mit erotischen Keramiken und Goldobjekten.

Zentrales Hochland

★**Huancavelica** (S. 87): Wichtige Markt- und Bergwerksstadt mit kolonialem Zentrum und Thermalquellen.

★★**Ayacucho** (S. 89): Beschauliche Kolonialstadt mit fast 40 Kirchen, in deren Nähe 1824 die Unabhängigkeit Perus von Spanien erkämpft wurde.

Cusco und Heiliges Tal der Inka

★★**Cusco** (S. 97): Nirgendwo sonst erlebt man die Verschmelzung indianischer und spanischer Kultur und Architektur so unmittelbar wie in der einstigen Hauptstadt des Inka-Reichs.

★★**Sacsayhuamán** (S. 108): Meisterwerk inkaischer Architektur mit meterhohen, bis zu 160 t schweren Quadern.

★★**Chinchero** (S. 111): Reizvolle indianische Kleinstadt mit malerischen Lebensmittel- und Kunsthandwerksmärkten, Kirche und Ackerbauterrassen.

★**Andahuaylillas** (S. 113): Die Kirche ist ein Juwel des Mudéjar-Stils.

★★**Pisac** (S. 114): Kunsthandwerksmarkt in einem indianischem Dorf, von dem man durch Ackerbauterrassen zu Inka-Ruinen aufsteigen kann.

★★**Ollantaytambo** (S. 117): Inka-Ruinen in einem Dorf mit den Salzterrassen von Maras in der Umgebung.

★★**Camino Inca / Inka-Trail** (S. 121): Der meist begangene Trekkingweg Südamerikas führt entlang einer alten Inka-Straße nach Machupicchu.

★★**Machupicchu** (S. 122): Traumhaft auf einer Bergkuppe erst 1911 entdeckte weltberühmte Inka-Stadt.

Titicaca-See

★★**Lago Titicaca** (S. 135): Der größte See Südamerikas liegt auf 3822 m Höhe vor der majestätischen Kulisse der vergletscherten Cordillera Real.

★**Puno** (S. 137): Beschauliche Kolonialstadt, die wegen ihrer Fiestas und Folklore im ganzen Land berühmt ist.

★**Sillustani** (S. 139): Grabtürme der Colla- und Inka-Kultur an einem See.

★**Islas Flotantes** (S. 141): Die aus Binsen bestehenden „Schwimmenden Inseln" der Uros passiert man auf der Fahrt zur Isla Taquile und Isla Amantaní.

Die Südküste

★★**Arequipa** (S. 149): Aus weißem Tuffstein errichtete Kolonialstadt mit dem stimmungsvollen Santa Catalina-Kloster und der Inka-Mumie *Juanita*.

★★**Vulkanbesteigungen** (S. 155): Unvergessliche Eindrücke bei der Bezwingung des Volcán El Misti (5822 m) und des Nevado Chachani (6075 m).

★**Cañón de Colca** (S. 156): Rafting, Kondor-Beobachtung und Wandern in einer Schlucht mit Terrassenfeldern.

★★**Nasca-Linien** (S. 161): Rundflug über die riesigen Scharrbilder mit Tierdarstellungen der Nasca-Kultur.

★**Museo Regional de Ica** (S. 166): Eines der besten archäologischen Provinzmuseen, u. a. mit Trophäenköpfen.

★**Península de Paracas** (S. 169): Extrem trockene Wüste mit dem sog. Kandelaber der Paracas-Kultur.

Rechts: Das sagenumwobene Machupicchu ist der Hauptbesuchermagnet Perus.

Foto: emperorcosar (Shutterstock.com)

★★**Islas Ballestas** (S. 169): Ein aus dem Humboldt-Strom aufragender Archipel mit Vogel- und Seelöwenkolonien.

Die Nordküste

★**Caral** (S. 179): Die älteste Siedlung Amerikas, von enormer Größe, in jüngster Zeit neue Funde.

★★**Cerro Sechín** (S. 180): Steinreliefs auf einem präkolumbischen Tempel mit Szenen von Menschenopfern.

★**Trujillo** (S. 181): Angenehme Kolonialstadt mit historischen Zentrum.

★★**Huacas del Sol y de la Luna** (S. 184): Die Pyramiden der Moche-Kultur faszinieren durch ihre Größe (aus rund 50 Mio. Lehmziegeln) und ihre bemalten, exzellent konservierten Reliefs.

★★**Chan Chan** (S. 184): Über 24 km² große Hauptstadt des Chimú-Reichs mit figürlichen Lehmreliefs.

★★**Museo Tumbas Reales de Sipán in Lambayeque** (S. 188): Neu errichtetes Museum mit den prächtigen Goldfunden des *Señor de Sipán*.

Cordillera Blanca

★★**Trekking** (S. 201): Klassiker sind der Cashapampa-Llanganuco-Trek und der Olleros-Chavín-Trek im Parque Nacional Huascarán sowie die Touren in der Cordillera Huayhuash.

★★**Chavín de Huántar** (S. 205): Eine der bedeutendsten archäologischen Stätten des Kontinents mit Reliefs.

Die Nord-Anden

★★**Cajamarca** (S. 213): Geschichtsträchtige Kolonialstadt mit dem berühmten Lösegeldzimmer Atahualpas.

★★**Kuélap** (S. 219): Riesige Festungsstadt im Nebelwald der sagenumwobenen Chachapoyas-Kultur.

Amazonas-Tiefland

★**Iquitos** (S. 229): Im 19. Jh. mit Kautschuk reich gewordene Stadt.

★★**Parque Nacional Manú** (S. 237): Eines der faszinierendsten Naturschutzgebiete im tropischen Regenwald.

Präkolumbische Zeit

Um 10 000 Felsbilder der Jäger- und Sammlerkulturen in Toquepala und Lauricocha.

2700 / 2600 Caral: Erste Siedlung Amerikas im Tal des Río Supe mit Tempelpyramiden und Bewässerungskanälen.

2000-1200 / 900 Initialperiode: zahlreiche Errungenschaften führen zur Entwicklung von Hochkulturen: Auftreten von Keramik, Metallverarbeitung und Handweberei; die Bevölkerungszunahme durch intensiven Bodenbau mit z. T. künstlicher Bewässerung ermöglicht erste Großbauten, z. B. Templo de Cerro Sechín.

1200/900-400 / 200 Früher Horizont: vom Tempel in Chavín de Huántar verbreitet sich die Religion über weite Teile der Zentralanden und beeinflusst die Küstenkulturen von Paracas und Cupisnique; Hauptgottheiten sind Mischwesen mit menschlichen sowie Kondor-, Jaguar- und Schlangenelementen.

400 / 200 v. Chr.-500 / 600 n. Chr. Frühe Zwischenperiode: nach dem Zusammenbruch von Chavín bilden sich regional differenzierte Kulturen heraus: bekannt sind v. a. die Nasca an der Südküste durch die monumentalen Scharrbilder sowie die Moche (Mochica) an der Nordküste durch die figürlichen Keramiken und die prunkvollen Fürstengräber von Sipán.

500 / 600-900 / 1000 Mittlerer Horizont: die Kultur von Huari (Wari), anfangs stark von Tiahuanaco am Titicaca-See (Bolivien) beeinflusst, verbreitet sich über die Anden Südperus und die Küste; erstmals werden Ackerbauterrassen (*andenes*) angelegt, nach denen die Spanier später die Anden benennen.

900 / 1000 - etwa 1470 Späte Zwischenperiode: nach dem Zusammenbruch von Huari bilden sich erneut mehrere regionale Reiche bzw. Fürstentümer heraus, insbesondere Ica, Chancay, Chachapoyas (Kuélap), Lambayeque (Sicán) und als bedeutendstes das Chimú-Reich (Chimor), dessen Hauptstadt Chan Chan mit ca. 24 km^2 eine der größten Metropolen des Alten Amerika ist; Pachacámac entwickelt sich zum wichtigsten Heiligtum der Küste.

1438-1533 Später Horizont (Inka): mit der Herrschaft des 9. Inka, Pachacutec Inca Yupanqui, beginnt die kriegerische Expansionspolitik des anfänglich kleinen Fürstentums, das schließlich mit 1,7 Mio km^2 das größte Reich (Tahuantinsuyu) des Alten Amerika mit der Hauptstadt Cusco wird und sich von Südkolumbien bis Mittelchile erstreckt; das Reich zerfällt nach dem Tod von Huayna Capac in das Südreich unter Huáscar und das Nordreich unter Atahualpa.

Conquista und Kolonialzeit

April 1532 Die Spanier unter Francisco Pizarro gehen bei Tumbes (Nordperu) an Land.

15.11.1532 Gefangennahme des Inca Atahualpa durch die Spanier in Cajamarca; Atahualpa will sich mit einem Zimmer voll Gold und Silber freikaufen, wird jedoch am 28.8.1533 hingerichtet.

Einzigartig in Peru sind die Reliefs mit Menschenopfern am Templo de Cerro Sechín bei Casma aus der Initialperiode.

15.11.1533 Pizarro erreicht Cusco; nach der Plünderung der Stadt setzt er den jüngeren Bruder Huáscars, Prinz Manco, als Inca ein.

18.1.1535 Gründung der neuen Hauptstadt Ciudad de Los Reyes (Lima) durch Pizarro.

1536 Erfolgloser Aufstand des Manco Inca.

1538 Der Bürgerkrieg zwischen Pizarro und dem Miteroberer Diego de Almagro endet mit Almagros Hinrichtung.

26.6.1541 Ermordung Pizarros in Lima.

1543 Gründung des Vizekönigreichs Peru, das ganz Spanisch-Südamerika umfasst.

16. / 17. Jh. Drastische Dezimierung der indianischen Bevölkerung (Indígenas) durch Infektionen, Kriegszüge und Frondienste (v. a. in den Minen).

1570 Einführung der Inquisition in Peru.

1571 Erfolgloser Aufstand und Hinrichtung des Túpac Amaru, Sohn des Manco Inca.

1639 12 jüdischstämmige Neuchristen in Lima verbrannt („Autodafé").

1780-81 Aufstand des Túpac Amaru II.

Bei der Prozession in San Jerónimo bei Cusco verschmelzen indianische und katholische Elemente.

Unabhängigkeit und Republik

1809 Erste Unabhängigkeitsbewegungen in Südamerika unter der Führung des Argentiniers José de San Martín und der Venezolaner Simón Bolívar und Antonio José de Sucre.

28.7.1821 Unabhängigkeitserklärung Perus, die aber erst durch die Siege Simón Bolivars und Antonio José de Sucres von Junín (6.8.1824) und Ayacucho (9.12.1824) gesichert wird.

1879-1884 Salpeterkrieg zwischen Chile, Peru und Bolivien. Peru verliert die wüstenhaften Provinzen

Arica, Tacna und Tarapacá, erhält aber Tacna 1929 wieder zurück.

1941/1942 Peru annektiert nach einem Grenzkonflikt mit Ecuador riesige Amazonasgebiete.

1968-1980 Linksgerichtete Militärs unter den Generälen Velasco und Bermudez (ab 1975) führen mit diktatorischen Mitteln u. a. eine umfangreiche Bodenreform durch.

ab 1982 Zunahme der terroristischen Aktivitäten der maostischen Guerillabewegung *Sendero Luminoso* („Leuchtender Pfad").

1985-1990 Soziale Spannungen und Wirtschaftskrise unter Präsident Alan García (*APRA*) mit Hyperinflation und Terrorakten.

1990-2000 Der japanischstämmige Alberto Fujimori (*Cambio 90*) regiert Peru autokratisch. Liberalisierung der Wirtschaft, radikales Sparprogramm, Todesschwadrone. Nach Korruptionsaffären und Wahlunregelmäßigkeiten setzt er sich im Nov. 2000 nach Japan ab.

1992 Zerschlagung des *Sendero Luminoso* und Außerkraftsetzung der Verfassung durch einen *Autogolpe* („Selbstputsch") Fujimoris.

1997/98 Überschwemmungen wegen des Klimaphänomens El Niño fordern 22 000 Tote.

2007 Im August verwüstet ein Erdbeben der Stärke 7,9 die Südküste, insbesondere Ica und Pisco.

2009 Ex-Präsident Fujimori wird wegen Menschenrechtsverletzungen zu 25 Jahren Haft verurteilt.

2011 Präsidentschaftswahl; der Linksnationalist Ollanta Humala setzt sich in der Stichwahl gegen Fujimoris Tochter Keiko durch.

2011-16 Erforschung eines über 500 Jahre alten Massengrabs der Chimú-Kultur nahe Chan-Chan; rund 140 Kinder wurden hier offenbar in einem Ritual zusammen mit 200 Lamas geopfert.

2016 Bei den Präsidentschaftswahlen im April erhält Fujimoris Tochter Keiko die meisten Stimmen; die Stichwahl gewinnt jedoch, äußerst knapp, Pedro Pablo Kuczynski. Die Partei Keiko Fujimoris, Fuerza Popular, gewinnt jedoch bei den Parlaments-Wahlen die absolute Mehrheit.

2018 Ex-Präsident Fujimori kommt durch Begnadigung frei. Präsident Kuczynski tritt wegen Bestechungsvorwürfen zurück, der brasilianische Baukonzern Odebrecht soll 785 Millionen US-Dollar Schmiergeld gezahlt haben. Neuer Präsident wird der parteilose Martín Vizcarra. Entdeckung weiterer Scharrbilder bei Nazca mit Hilfe von Drohnen.

2020 Im Januar vorgezogene Parlamentsneuwahlen.

Die Lama-Herden, hier in der Cordillera Blanca, werden mit bunten Wollstreifen gekennzeichnet.

DIE KÜCHE PERUS

Die peruanische Küche basiert auf vier Grundnahrungsmitteln: Mais, Kartoffeln, Bohnen und Reis. Deren Sortenreichtum bezieht Perus Spitzenkoch Gastón Acurio in seine Gourmetkreationen ein und hat so einen Trend erschaffen: die „Neuandine Küche", die nun ganz Südamerika erobern soll, mit Crêpe aus lila Hochlandmais, Alpaca-Burger und Cebiche-Variationen – so wie bei Gastón & Astrid in Lima.

Mais (*maiz*), den es in vielerlei Sorten und Farben gibt, kann auf ganz unterschiedliche Weise zubereitet werden. Man genießt ihn als Vor- oder Hauptspeise, als Dessert oder in Form von Maisbier (*chicha*). Beliebt sind *choclos*, großkörnige Maiskolben, die gekocht und zusammen mit Käse als Imbiss verkauft werden. Bereits seit präkolumbischer Zeit geschätzt wird *humita*, ein scharfer oder süßer Maisbrei, der in Maisblättern verpackt gegart wird.

Im Bananenblatt hingegen wird *tamales* gegart – Maisbrei mit Schweine- oder Hühnerfleischeinlage, das Ganze mit kleinen Pfefferschoten ziemlich „hot" abgeschmeckt. Wer sein Essen mit einem Maisdessert ausklingen lassen will, bestellt das süße, aus violettem Mais hergestellte *mazamorra morada* mit vielen frischen Früchten.

Die wichtigste Speise in Peru ist die Kartoffel (*papa*). Allerdings reicht in Peru das Spektrum der Kartoffelzubereitung weit über Pommes Frites, Brat- oder Pellkartoffeln hinaus. Es gibt mehr als 300 Sorten von *papas*; manche Kleinbauern kultivieren bis zu 30 verschiedene auf einem Feld.

Man kann nicht nur im Restaurant gut essen gehen. Auf den *mercados* gibt es meist eine Markthalle, wo man an Imbissständen preiswert lokale Gerichte probieren kann. Allerdings sollte man dort auf Salate verzichten und Obst sicherheitshalber schälen.

Chifa-Restaurants servieren chinesisch-peruanische Gerichte, in der Regel in guter Qualität. In *cafeterías* dominieren eher schnell zubereitete einheimische Gerichte, einhergehend mit einfacherer Einrichtung und niedrigeren Preisen. Generell gilt: Das Essen in den Küstenregionen ist eher internationalen Einflüssen ausgesetzt als das in der *Sierra*, in den Bergen, wo noch die traditionellen peruanischen Gemüse- und Getreidesorten gedeihen.

Ein typisch peruanisches Gericht könnte aus folgenden Speisen bestehen: Als Vorspeise wird *palta a la jardinera* (kaltes Gemüse mit Avocadoscheiben), *palta a la reina* (eine mit Hühnchensalat gefüllte Avocado, gewürzt mit Pfeffer und Salz) oder *palmitos con jamón* (Palmenherzen mit einer Scheibe gekochtem Schinken) aufgetragen.

Weitere typische Antipasti sind: das extrem leckere *cebiche de corvina* – rohe weiße Meerbrasse, eingelegt in eine Zwiebel-, Chili- (*aji*) und Limonen-Marinade, wozu man Salzkartoffeln oder Süßkartoffeln (*camote*) isst; *chupe de camarones* (eine cremige Suppe mit Krabben); und die legendäre *sopa a la criolla*, eine Nudelsuppe mit Rindfleischstückchen, verschiedenen Gemüsesorten, Ei, gerösteten Toastwürfeln und einem Schuss Milch oder Sahne, herzhaftkräftig und kreolisch, d. h. eher scharf gewürzt.

Zu einem *almuerzo*, der Hauptmahlzeit des Tages, gehört eine warme Hauptspeise. Oft ist dies *pollo* (Hühnchen) – etwa als *ají de gallina* (Hühnerfrikassee) – oder *lomo saltado* (geschnetzeltes Steak, in Zwiebeln, Kartoffeln und Tomatenscheiben gebraten, Reis als Beilage). Populär ist auch *corvina a la plancha* (Meerbrasse vom Grill). In vielen Lokalen im Hochland wird ein traditionelles Gericht angeboten: *cuy* (gebratenes Meerschweinchen)! Schon die Inkas schätzten diesen Leckerbissen, heute werden sogar über 13 000

Rechts: Chicha, ein Bier aus vergorenem Mais, ist ein typisch indianisches Getränk.

Foto: Johannes Frangenberg

Stück monatlich tiefgekühlt exportiert. Am Amazonas wird *patarasca* serviert, Fisch im Bananenblatt gegart.

Typische Desserts sind *picarones* (in Schmalz gebackener Teig mit Sirup) oder *flan*, ein süßer Karamellpudding.

Selbstverständlich möchte man auch ein peruanisches Gericht nicht ohne ein passendes Getränk genießen. Neben Kaffee (*café negro, café con leche*) und Tee, *Inca Kola* und anderen *gaseosas* (Limonaden), sowie Fruchtsäften (*jugos*) und Sirupmischungen trinkt man *cerveza* (Bier) als Durstlöscher, in der besseren Gesellschaft auch Wein aus der Region Ica, Argentinien oder Chile.

Als Cocktail ein absolutes Muss ist *Pisco Sour*: Muskattraubenschnaps, vermischt mit Eiweiß, Limonensaft, Zucker und kleinen Eisstücken und ein Tropfen *Bitter de Angostura.. Aguardiente*, der Zuckerrohrschnaps, ist der hochprozentige Alkohol der Ärmeren.

Hervorragend sind die Fruchtsäfte: *naranja* (Orangen), *piña* (Ananas), *maracuja* (Passionsfrucht), *mora* (Brombeere), *sandía* (Wassermelone), *toronja* (Grapefruit). Auch *licuados con leche* (mit Milch gemixte Fruchtsäfte) wie Bananen-, Papaya- oder Erdbeer-Milkshake erfreuen sich großer Beliebtheit.

Eine Art alkoholische Flüssignahrung für Traditionalisten ist das typisch indianische Getränk *chicha*. Das säuerliche Maisbier schmeckt ähnlich wie „Weiße mit Schuss" und wird auf Märkten wie Pisac und Cusco angeboten. Die Herstellungsweise war früher sehr originell: Indianerfrauen kauten die Maiskörner weich, spuckten sie in ein Gefäß und ließen diese Mischung dann gären. Maisbier wird allerdings heute normalerweise ohne diese „traditionelle Hilfe" der Frauen produziert; gesundheitsgefährdend ist *chicha* in diesem Fall dann nicht.

Beim Hauptdurstlöscher Bier gibt es ungefähr 15 verschiedene Sorten, die meisten davon von deutschstämmigen Braumeistern gebraut, darunter *Pilsen, Cusqueña, Arequipeña* und *Cristal*, die in Flaschen und Dosen von 330-1100 ml angeboten werden.

Foto: Mireille Vautier

KUNSTHANDWERK IN PERU

Fast alle Besucher Perus kommen mit überfülltem Handgepäck nach Hause. Die Daheimgebliebenen freuen sich über die begehrten Souvenirs: Alpaka- und Lamapullover, Wollwesten, Puppen, Strick- und Webarbeiten in den prächtigsten Farben. Hier findet man die bekannten Ponchos und Patchwork-Decken aus Fellstücken sowie Schmuck aus purem Gold oder Silber (auf Prägung 925 achten!); Kupferschmuck ist oft mit Halbedelsteinen verziert. Aber auch Blasrohre aus dem Urwald, Keramiken, nicht nur mit traditionellem, sondern auch mit modernem Design, Tonfiguren, Holzschnitzereien und ornamentierte Lederwaren gehören dazu.

In den größten Städten Perus gibt es Geschäfte, bei denen man Qualitätsware zu Festpreisen erstehen kann. Man sollte auf jeden Fall einen Blick in einen

dieser zahlreichen Läden riskieren, die Kunstgewerbeartikel anbieten, selbst wenn die Preise dort hoch erscheinen. Zumindest können hier die verschiedenen Wollqualitäten überprüft und die unterschiedlichen Macharten verglichen werden. Außerhalb von Lima und Cusco kauft man am besten direkt in einer Werkstatt oder auf dem privaten Markt.

Einige der begehrten Mitbringsel kann man in ganz Peru ausfindig machen, z. B. die beliebten, von Gegend zu Gegend verschieden gestalteten Wandbehänge. Die größte Auswahl findet man auf dem *Mercado Artesanal* in Lima. Feilschen gehört auf jedem Markt dazu, Spanisch-Kenntnisse sind von Vorteil.

Das Handwerk des heutigen Peru geht auf sehr alte Traditionen zurück. Die Anden waren schon lange vor den Inka eine Landschaft der Kunsthandwerker. In den schriftlosen indigenen Kulturen Perus erzählen die dargestellten Figuren und Ornamente Episoden aus dem Alltag und der Mythologie. Kunsthandwerk war hier ein wichti-

Oben: Indígenas mit dem Rückenbandwebstuhl in Chinchero. Rechts: Aguayos (Decken) mit charakteristischen traditionellen Webmustern.

ges Mittel um religiöse Legenden, Geschichte und kulturelle Traditionen im Gedächtnis aller Stammesangehörigen zu bewahren.

Die in ihrer Qualität herausragende Musterkunst der matrilinear ausgerichteten Shipibo-Indianer im Amazonas-Tiefland illustriert den Aufbau des Kosmos aus Sicht der Shipibo. Die Töpferkunst und das Weben und Färben von Textilien liegen ganz in der Hand der Frauen. Bis etwa 1900 versahen sie alle Gegenstände im Dorf und selbst ihre eigenen Körper mit Mustern. Heute konzentrieren sie sich auf das Besticken und Applizieren von Frauenröcken sowie auf das Bemalen von Keramikgefäßen. Die Frauen malen unter Einbeziehung des Dorfschamanen Balken, Kreuze, Gitter, Körperteile, Menschen, Plejaden und Hyaden sowie mythische Ereignisse auf Gewebe und Keramik. Sie thematisieren den Alltag, geografische und astronomische Dinge, den eigenen Stammbaum und persönliche sexuelle Erlebnisse. Die Tradition dieser Musterkunst dient nach Aussage der Schamanen einerseits der individuellen Bewusstseinsförderung und fungiert als persönlicher Heilsweg der Künstlerin. Andererseits bietet sie auch Mittel und Wege, den Kontrast zwischen roher Wildnis und kultivierter Dorfgemeinschaft sichtbar werden zu lassen.

Eine besondere Botschaft hat heute noch die Kleidung. Die farbenprächtigen indianischen Trachten spiegeln den sozialen Status und den Herkunftsort des Trägers wieder. Einige Elemente stammen noch aus der Zeit des Inka-Reichs, andere übernahmen die Indígenas nicht immer freiwillig aus der Kolonialzeit. Die Shipibo legen großen Wert darauf, dass Besucher oder potentielle Käufer ihre Muster stets als eindeutige Shipibo-Muster erkennen. Zwar ist die tiefere Bedeutung der Muster selbst im Gedächtnis der älteren Generation nur noch fragmentarisch erhalten, doch sind sich die Shipibo über die generelle Bedeutsamkeit der Musterkunst in den

Foto: Andreas M. Gross

verschiedenen Lebensbereichen sehr wohl im klaren. Diese Bedeutsamkeit festigt das soziale Gefüge und verleiht ihm Sinn.

Nach der Niederschlagung des großen Aufstandes unter Túpac Amaru II. verboten die Spanier fast alles Indianische: ihre Sprache, ihre Religion und auch die traditionelle Kleidung. So waren die weiten Röcke der Frauen, die Filzhüte und Kniebundhosen der Männer, die heute Besucher für typisch peruanisch oder indianisch halten, ursprünglich Teil der Alltags- und Festkleidung der spanischen Landbevölkerung des 18. Jh.

Heute wird die traditionelle Tracht immer weniger getragen. Wer „in" sein und sozial aufsteigen will, der trägt Polyesterhemd, T-Shirt, Blue Jeans oder gar eine Baseballkappe. Damit verliert das Alltagsleben Perus immer mehr an Farbe.

Bei aller Liebe zur Originalität sei jedoch vor dem Kauf präkolumbischer Kunstgegenstände gewarnt, da ihr Export nicht erlaubt ist!

DIE MUSIK PERUS

Jede Region Perus hat ihre eigenen Liedformen: An der Küste geht es meist um Liebe, es wird fröhlich dazu getanzt. Die Musik der Sierra kann dagegen oft sehr traurig, sehr melancholisch wirken. Die Lieder der Indígenas aus den Andendörfern haben jedoch auch die längste Tradition aller peruanischen Musikrichtungen. Die drei wichtigsten Liedformen der Anden heißen *huanca*, *yaraví* und *huayno*.

Die *huanca*, eine zu kultischen Anlässen komponierte Liedform, wurde nach dem Untergang des Inka-Imperiums nicht mehr weiter gepflegt und blieb deshalb nicht erhalten. Heute sind die Liedformen *yaraví* und *huayno* in Peru besonders populär.

Der *yaraví* steht für einfache, kurze Texte mit zum Teil persönlichem Hintergrund, in denen es meist um eine leidenschaftliche, glückliche oder unglückliche Liebe zwischen zwei Menschen geht. Die Inka sangen Yaravís vorwiegend als Bittgesänge anlässlich der rituellen Aussaat ihres Getreides oder bei Hochzeiten, um Segen und Glück für das Brautpaar zu erbitten. Diese Funktion hat sich heute kaum noch erhalten. Bekanntestes Beispiel neuerer Zeit für einen Yaraví ist das Lied *El Cóndor Pasa*.

Die dritte wichtige Liedform Perus, der *huayno*, bedient sich dagegen einer melodramatischen und recht poetischen Sprache, deren Musikbegleitung ebenfalls zum Tanz einladen kann. Das Huaynolied ist heute der charakteristische Tanz der peruanischen Andenbewohner und wird stets paarweise im 2/4 bzw. 4/4-Takt mit wachsender Begeisterung getanzt. Den Berichten spanischer Chronisten zufolge haben die Quechua- und Aymara-Indianer Perus jede sich bietende Gelegenheit zum Musizieren und Tanzen genutzt. Beschrieben werden in den zeitgenössischen Huaynos zwischenmenschliche Beziehungen und tragische Ereignisse, doch fehlt den Erzählungen und Beschreibungen keineswegs der nötige Schuss Ironie und Humor, um sie kurzweilig und unterhaltsam zu machen.

Auf einer Reise durch Peru wird es nicht an Gelegenheiten fehlen, die typischen Musikinstrumente des Landes kennen zu lernen. In einem fünf- bis siebenköpfigen *conjunto folclórico*, einer Folklore-Gruppe der Sierra, werden oft bis zu zehn verschiedene Instrumente eingesetzt. Die melodieführenden Instrumente sind dabei meist *charango*, *quena* und *siku*.

Der *charango* – ein Saiteninstrument, das gerne mit der Mandoline verglichen wird – ist erst im 16. oder 17. Jh. in den Anden in Gebrauch gekommen. Das Besondere, ja Charakteristische für südamerikanische Instrumente daran ist der Resonanzkörper, den man oft aus dem Panzer eines Gürteltieres (*armadillo*) anfertigt, was dem Charango sein unverwechselbares Aussehen verleiht.

Die *quena* ist eine oben gekerbte Längsflöte, die früher meist aus Lamaknochen geschnitzt, heute jedoch aus dem speziellen Chuqui-Rohr geschnitten wird und über einen mit der Blockflöte vergleichbaren Griffsatz verfügt.

Die *siku* (bei den Einheimischen auch als *anatara* bekannt) gilt als das typischste Instrument der indigenen Musik Perus: Die *siku* ist eine Panflöte, aus deren zwei Reihen die unverwechselbare Musik der Andenbewohner ertönt. Die einzelnen dünnen Schilfrohre, 10-20 an der Zahl, sind unterschiedlich lang. Wie bei einer Kirchenorgel aneinander gereiht und unten geschlossen, erzeugen sie verschiedene Töne. Geringfügige Variationen in ihrer Bauweise oder im verwendeten Material bewirken hörbare Unterschiede im Klang. Dadurch können Sikus eine regelrecht individuelle Stimme haben.

Die *zampoña* wird wie die Siku oberhalb der oberen Öffnung angeblasen,

---

Rechts: Junge Straßenmusikanten in Arequipa mit guitarra, bombo, charango und quena.

Foto: Klaus Boll

die Luft wird nicht gezielt hineingeblasen – so entsteht ein gehauchter Flötenton. Manche Gruppen setzen daneben noch die *pinkullo*, eine Querflöte, und die *tarka*, eine Panflöte mit weniger weichem Klang, ein. Eine *bombo* (auch als *tambor* bekannt) sollte jedoch in keiner Musikgruppe aus der Sierra fehlen: die tiefgestimmte, fellbespannte Basstrommel als eine Art Bass-Ersatz. Das dicke Ende des Bomboschlegels ist mit weichem Fell überzogen und ermöglicht so einen tiefen und sanften Ton. Die *tinya* verfügt als Sonderform der Bombo über zwei Felle und wird ebenfalls als Rhythmus-Instrument eingesetzt. Weitere Instrumente in der peruanischen Folkloremusik sind die *chilchil* (hölzerne Rasseln), das *pututo* (Meeresmuschel) und die Andenharfe mit einem enormen Schallkörper.

Neben der Musik der Andenbewohner gibt es jedoch zwei weitere Stilrichtungen, die in Peru sehr populär sind: die Musik der Kreolen und die der Schwarzen des Landes. Die *música criolla* hat sich im 18. und 19. Jh. als

Mischung aus Walzer und Polka in den urbanen Küstenzentren, in Lima, Trujillo, Chimbote und Chiclayo innerhalb der peruanischen Oberschicht entwickelt. Sie wurde weitgehend von in Peru geborenen Autoren und Komponisten geschaffen. Diese kreolische Musik ist durch Radio und Fernsehen in ganz Peru bekannt geworden: die unterhaltsame und schwungvolle *marinera*.

Die afrikanischen Sklaven brachten ihre Musik mit nach Peru, und im Lauf der Jahrhunderte nahmen die Rhythmen ihrer Musik, aber auch ihre Melodien, Einflüsse europäischer, kreolischer und – deutlich weniger – indianischer Musik Perus auf. Die afro-peruanische Musik erscheint oftmals verbunden mit erotischen Tänzen, darunter auch verschiedenen Vorläufern des Anfang der 1990er Jahre weltweit bekannt gewordenen *lambada*. In einer anderen Musikform, den *habaneras*, besingen die Afro-Peruaner ihre Geschichte als Sklaven. Somit wirkt diese Liedform ruhiger und melancholischer als die lebendigere Marinera.

23

Foto: Mireille Vautier

DIE TIERWELT PERUS

Bedingt durch die drei Landschaftsformen Küste, Bergland und Urwald ist in Peru eine äußerst vielfältige Fauna anzutreffen.

Die kleinen höckerlosen Neuwelt-Kamele (Gattung: Lama) sind die für Peru und Bolivien charakteristischen Tiere. Die schon von den Prä-Inkavölkern gezüchteten Lamas und Alpakas sind kreuzungsfähig und es gibt sie in Dutzenden Varianten, ihr Lebensraum liegt in Höhen zwischen 3000 und 4500 m. Versuche, die wertvollen Vikuñas mit den Zuchtarten zu kreuzen, sind dagegen bis heute erfolglos geblieben.

Das Lama *(lama glama)* ist – wie auch das Alpaka *(lama pacos)* – eine Haustier-Zuchtform wildlebender Guanako-Vorfahren. Bis zu 2 m lang und 125 cm hoch, maximal 3 Zentner schwer, ernährt es sich überwiegend von Gräsern und Laub. Die Tiere haben

eine Tragzeit von 12 Monaten, und ihre Jungen sind bei der Geburt 10-15 kg schwer. Sie können bei guter Ernährung 20 Jahre alt werden und dienten bereits in vorinkaischer Zeit als Lasttiere, denn sie waren in der Lage, Lasten von 30 bis 35 kg über eine Distanz von mindestens 20 km zu tragen. Die Lamawolle wird seit Jahrtausenden von den Bewohnern der Anden zur Herstellung von grober Kleidung, von Getreidesäcken, Tauen und Teppichen verwandt. Das Fleisch der Lamas ernährt die Bewohner der Anden noch heute und ist – richtig zubereitet – sehr schmackhaft.

Das Alpaka, die zweite domestizierte Lamaform Perus, wirkt ein wenig kleiner und gedrungener und hat breitere und kleinere Ohren als das Lama. Die Alpakawolle ist wesentlich feiner, weicher und wertvoller als die des Lamas.

Zu den noch wildlebenden Lamaarten gehört das scheue und grazile Guanako *(lama guanicoe)*, erkennbar an seinem deutlich helleren Fell und kleinerem Körperbau. Sein Lebensraum reicht von den Anden Zentralperus über die

Oben: Vikuñas liefern die feinste Wolle aller vier Kamelarten Lateinamerikas. Rechts: Ein hellroter Ara.

menschenleeren Weiten des subpolaren Argentinien und Chile (Feuerland).

Die zweite Lamaart, das ebenfalls wild lebende Vikuña *(lama vicugna)*, zeichnet sich durch die feinste Wolle im ganzen Tierreich aus. Die Inka gewannen diese Wolle vor 700 Jahren, indem sie die scheuen Tiere jedes Jahr im Frühjahr einfingen, schoren und dann wieder freiließen. Sie lassen sich am besten im Santuario de Vicuñas in der Pampa Galeras zwischen Nasca und Ayacucho und auf der Hochebene zwischen Arequipa und dem Colca-Tal beobachten.

Ein typischer Vogel für Peru ist der *cóndor*, den man wahrscheinlich beim Bergsteigen in der Cordillera Blanca oder beim Wandern auf dem Inka-Trail zwischen Cusco und Machupicchu durch die dünne Andenluft schweben sehen kann. Der Kondor (*vultur gryphus*) der größte Neuweltgeier, läßt sich von günstiger Thermik bis in große Höhen und sogar oft an die Pazifikküste tragen. Sein Gewicht kann 15 kg erreichen, er ernährt sich nur von Aas.

Die enorme Spannweite seiner Flügel bis zu 3,2 m ermöglicht ihm einen wahrhaft majestätischen Flug. In der alten, aber auch noch in der zeitgenössischen peruanischen Volkskunst ist der Kondor ein häufiges Symbol für die Inka, während der Stier die Spanier versinnbildlicht. Auf alljährlichen Festivals *(Yawar Fiesta)* in entlegenen Andendörfern (z. B. in Cotabambas und Chalhuanca, Apurimac) kann jeder als Mutprobe gegen einen Stier antreten, auf dessen Rücken ein Kondor festgebunden ist. Viele Indígenas glauben, der später freigelassene Kondor trage ihre Wünsche himmelwärts.

In Peru weit verbreitete und daher gut zu beobachtende Vögel sind Pelikane, Kormorane, Schlangenhalsvögel, *jabirus* (Riesenstörche), Inka-Seeschwalben, Papageien, Stärlinge und Kolibris.

Neben dem Jaguar und dem kleineren Ozelot ist der Puma (*felis concolor*) die wichtigste Raubkatze Perus. Bis 1,60 m lang und 96 cm hoch sowie maximal

Foto: Detlev Kirst

120 kg schwer, ist er ein Einzelgänger mit einem sehr großen Revier. Pumas kennen keine Konkurrenzkämpfe mit anderen Artgenossen – man geht sich aus dem Weg. Sie erbeuten Säugetiere nahezu aller Größen, zudem Vögel. Zu beobachten sind Pumas am ehesten im Manú-Nationalpark in Amazonien und den wenig besiedelten Ostabhängen der Anden.

Die Weibchen bringen nach drei Monaten Tragzeit bis zu vier stark gefleckte Junge zur Welt. Pumas jagen vor allem andere Säugetiere. In den Religionen der peruanischen Kulturen sind sie häufig als Symbol für Kraft und Macht vertreten.

Das Hochland bevölkern außerdem Gänse, Enten, Flamingos, Ibis, Wiesel, Andenhirsch (*taruka*) und der Weißschwanzhirsch. Der braunrote Andenfuchs ist nachtaktiv und ernährt sich von Vögeln, Fröschen und Früchten und reißt gelegentlich auch mal einige Hühner. Sein Habitat sind die Hochsteppen bis 4500 m Höhe.

Viscachas (Hasenmäuse), Verwandte der *chinchillas*, leben in felsiger Umge-

bung und springen wie kleine Kaninchen durch das unzugängliche Terrain. Frühmorgens und kurz vor Sonnenuntergang legen sie sich zum Aufwärmen in die Sonne und geben wie Murmeltiere Pfeiflaute von sich. Beim Wandern entdeckt man sie immer wieder in Höhen zwischen 3000 und 5000 m, auch in besiedelten Regionen, vor allem in Felsspalten und in Höhlen. Ihr Körper wird bis 30 cm und ihr buschiger Schwanz bis zu 20 cm lang. Über Jahrhunderte stellte man den Viscachas wegen ihres seidenweichen, graublauen Fells erbarmungslos mit Fallen nach. Heute gibt es auch kommerzielle Zuchtbetriebe für diese Tiere, die Gräser, Blätter von Büschen und junge Zweige fressen. Jährlich werden über 100 000 Felle produziert. Diese sind begehrt und teuer, aber sehr empfindlich gegen Nässe.

Für Peru sind zwei weitere Tierarten typisch: Der bis zu 1,8 m lange, schwarze *oso con anteojos* (Brillenbär), der Pflanzen, Früchte, Waldbeeren, kleine Tiere und Maiskolben auf waldnahen Feldern frisst, früher im Nebelwald mittlerer Höhen anzutreffen, heute vom Aussterben bedroht.

Häufiger zu sehen ist der von einheimischen Gourmets geschätzte *iguana* (Leguan), der vor allem in trockenen Gebieten anzutreffen ist und zwischen 10 cm und 2 m lang (einschließlich Schwanz) und bis zu einen Zentner schwer werden kann. Sein Schwanz ist oftmals deutlich länger als der Körper. Die sich meist träge bewegenden Leguane fressen Blätter, Früchte und Aas.

Die in den Flüssen, Seen und vor der Küste lebenden Tiere Perus sind nicht weniger faszinierend. Berühmt-berüchtigt sind die *piranhas* (Karibenfisch, Sägesalmler), die bis zu einem halben Meter lang werden können und nur im tropischen Nordosten Südamerikas, im Amazonas und seinen Nebenflüssen heimisch sind. Der Anblick ihres markanten, seitlich stark abgeplatteten Körpers und ihres kräftigen, furchterregend

Oben: Der Brillenbär lebt in mittleren Höhen des Nebelwaldes. Rechts: Kaimane lauern an den Flüssen des Amazonas-Gebietes.

Foto: Silvestris Online

aussehenden Gebisses mit den messerscharfen Zähnen hat schon manchem Schwimmer Todesfurcht eingejagt. Piranhas fressen andere, insbesondere kranke und verletzte Fische sowie Tiere, die ins Wasser fallen und Aas. Bekanntlich lockt das Blut verletzter Tiere Piranhas in Windeseile an. Ebenfalls in Amazonien zu Hause ist der *paiche (Arapaima gigas)*, ein bis zu 150 kg schwerer und bis zu 3 m langer Fisch.

Weitere Bewohner tropischer Flüsse Perus sind der Zitteraal (der seine Beute mit Stromstößen betäubt und seine Jäger „elektrisch" vertreibt), der Süßwasserrochen mit seinem hochgiftigen Stachel, die wegen des Fleisches früher gnadenlos gejagte Rundschwanzseekuh (*manati*) und sogar der rosarote Delfin.

Der Herr der Flüsse ist wohl der *caiman*, der im Amazonas und seinen Nebenflüssen, in Sümpfen mit schlammigem Grund und an weichen, sandigen Flussufern auf Beute wartet. Der Mohrenkaiman z. B., dessen Weibchen bis zu 60 hartschalige Eier legen kann, erreicht eine Länge von fast 5 m. Er ist fähig, sehr

große Beutetiere – bisweilen sogar Rinder – zu erlegen.

Dennoch gibt es ein Tier in Peru, das es mit einem ausgewachsenen Kaiman aufnehmen kann: die bis zu 9 m lange *anaconda*. Diese gigantische Würgeschlange ist tatsächlich in der Lage, auch große Reptilien und Säugetiere tödlich zu umarmen. Ähnlich gefährlich sind die ebenfalls ihre Beute erwürgende *boa* sowie die überaus giftige Buschmeisterschlange *chuchupe*.

In den kalten Bergseen und -flüssen tummeln sich vor allem Forellen. Im küstennahen Pazifik gibt es Millionen von *anchoas* – eine kleine Sardellenart, die sich von Plankton ernährt. Die Sardellen werden tonnenweise gefischt und zu Fischmehl verarbeitet, wenn sie vorher nicht schon den Vögeln oder dem *bonito*, einer Thunfischart, zum Opfer gefallen sind. Weitere Bewohner entlang der peruanischen Pazifikküste sind Pinguine, 7 Walarten, darunter der Blauwal, und Meerottern. Seelöwen lassen sich gut an den Islas Ballestas, vor der Halbinsel Paracas, beobachten.

KOKA – EIN TRAUM IN WEISS?

Auf Märkten im Hochland werden die getrockneten dunkelgrünen Kokablätter ganz legal angeboten, etwa als Tee. Die Campesinos in den Anden kauen die Blätter, mit Kalk oder Quinua-Asche vermischt (Kalzium bewirkt die Auflösung der Alkaloide), gegen Hunger, Durst und die tägliche Mühsal. Reisenden in den Anden wird Koka-Tee (*mate de coca*) gegen Symptome der Höhenkrankheit und Müdigkeit auf langen Trekkingetappen empfohlen.

Der Konsum von Koka-Blättern hat in Peru eine lange Tradition. Vermutlich schon vor der Blüte der Chavín-Kultur (um 1200-400 v. Chr.), kauten die Menschen unterschiedlichster Stämme und Regionen auf den Blättern, um Hunger, Durst und Schmerzen weniger zu spüren. Fährt man heute in einem Einheimischenbus, sieht man oft Ältere mit

Oben: Um 1890 erfreuten sich kokainhaltige Limonaden in Paris großer Beliebtheit. Rechts: In einer Koka-Pflanzung.

Folgen des Langzeitgenusses: grünen Zähnen und Lücken im Gebiss. In den Prophezeiungen der Schamanen spielte das Koka-Blatt eine große Rolle: Der Magier warf eine Handvoll Koka-Blätter in die Höhe, und je nach der Art, wie sie auf dem Boden lagen, las er die Zukunft. Heiler setzten sie schon vor 3500 Jahren als Medizin ein.

Die spanischen Conquistadoren wollten den Genuss der Blätter verbieten, sahen jedoch bald ein, dass die Bauern und die Minenarbeiter ihre schwere Arbeit auf den Feldern und in den Bergwerken kaum ohne dieses Sedativum ertragen konnten. Die Spanier legten nun selbst Koka-Plantagen im Urwald an, ließen Hochland-Indianer unter unmenschlichen Bedingungen in der Hitze des Amazonas-Tieflands schuften und massenhaft sterben. So mancher spanische Ritter verdiente sich ein Vermögen damit, die Blätter anzubauen und in langen Lamakarawanen zu den 1000 km entfernten Silberminen von Potosí in Bolivien transportieren zu lassen. Und die Kirche kassierte ein Zehntel des Profits vom Verkauf der von ihren Priestern auf der Kanzel als Teufelskraut gegeißelten Pflanze.

Koka ist ein traditionelles Genussmittel, dessen Konsum sich in Grenzen hält und in Peru legal ist; beim Kauen von (im Hochland mit Quinoa-Asche, an der Küste mit Muschelkalk vermischten) Kokablättern gelangt nur ein geringer Anteil des Wirkstoffs in den Blutkreislauf. Diese Art von Koka-Konsum macht wohl nicht süchtig.

Von 1887 bis 1903 enthielt Coca-Cola in den USA neben Koffein auch Kokain. Als die Nachfrage nach dem anfangs besonders von Intellektuellen und Künstlern geschätzten Kokain – zunächst in den USA, später auch in Europa – stark anstieg, wollten geschäftstüchtige Peruaner, Bolivianer und Kolumbianer davon profitieren. In den 1990er-Jahren stellten die illegalen Kokain-Exporte Perus bereits 20-40 % der Gesamtausfuhr. Bis heute ist der Kokablätter-Anbau ein

Foto: Volkmar E. Janicke

wichtiger Wirtschaftsfaktor in Peru und bei einem 45%-Anteil an der Welternte weitaus bedeutender als der Tourismus.

Nach Schätzungen der UNO werden in peruanischen Andentälern 65 000 ha mit den 2,50 m hohen Koka-Sträuchern bepflanzt, die jährlich – bei drei Ernten – rund 150 000 t Kokablätter erbringen. Die Kokabauern liefern aber nur 10 % ihrer Ernte für etwa 18 US-$ pro *arroba* (11 kg) bei der staatlichen Kokabehörde ENACO ab, die daraus Tee und Medizinprodukte herstellt. Der größte Teil der Blätter wird illegal, für den dreifachen Preis, an die Aufkäufer der kriminellen Kokainproduzenten verkauft, in verborgenen Dogenlaboren weiterverarbeitet und das „Koks" dann – etwa in Bananencontainern versteckt – von peruanischen Häfen tonnenweise in die USA oder nach Europa verschifft.

Zum Medienthema wurde das Big Business mit dem Kokain besonders durch den von Morden, Bandenkriegen, Entführungen und Bestechungsskandalen begleiteten Kampf der kolumbianischen Regierung gegen Drogenmafia und Guerilla, wobei letztere bald kaum noch voneinander zu unterscheiden waren. Schon die US-Präsidenten Reagan und Bush Sr. wollten den *narcotráfico* (Drogenhandel) an der Quelle in den Herkunftsländern Kolumbien, Peru und Bolivien bekämpfen – vergebens.

Die meisten Kokain-Abhängigen leben in den USA (41 %), Europa (26 %) und Lateinamerika (20 %). Die US-Regierung stellt jährlich 70 Mio. US-$ zur Bekämpfung des Koka-Anbaus zur Verfügung. Doch die Umwandlung der Plantagen in Obst- und Gemüsegärten könnte den finanziellen Verlust der Bauern kaum ausgleichen: Diese würden nicht einmal 10 % des Koka-Ertrags bringen. Eine Lösung des Drogenproblems in Peru ist nicht in Sicht, und seit einigen Jahren mischen auch maoistische Guerilleros vom Leuchtenden Pfad wieder beim Koka-Business mit – als Miliz der Drogenmafia. In Bezug auf Parlamentsabgeordnete in Lima kommt immer wieder Korruptionsverdacht auf, und zugleich floriert dort der Immobilienmarkt – möglicherweise wird so Drogengeld gewaschen.

CHRONOLOGIE PRÄKOLUMBISCHER KULTUREN UND ORTE

Zeit / Region	Nordküste	Nördliches Hochland	Zentrale Küste	Zentrales Hochland	Südküste	Südliches Hochland
Conquista ab 1533						
Später Horizont	INKA	INKA	INKA	INKA	INKA	INKA
Späte Zwischenperiode 1400						Cusco Machupicchu
1300	CHIMÚ Chan Chan Paramonga	CHACHAPOYAS Kuélap Gran Pajatén	CHANCAY / ICHIMAY	CHANCA	ICA / CHINCHA	
1200						KILLKE
1100	SICÁN (LAMBAYEQUE) Túcume					
1000						
Mittlerer Horizont 900	HUARI	HUARI Wilcahuaín	HUARI-PACHA-CÁMAC	HUARI Huari	HUARI Toro Muerto	HUARI Piquillacta
800						
700						
600						
500						
Frühe Zwischenperiode 400	MOCHE Sipán Huacas del Sol y de la Luna	CAJAMARCA Ventanillas de Otuzco	LIMA		NASCA Chanchilla Cahuachi Geoglifos de Nasca	PLAYA GRANDE
300						
200		RECUAY				
100				HUARPA		
0	VICÚS VIRÚ SALINAR					
-100					PROTO-NASCA	PUKARA
-200						
-300						
-400						
-500						
Früher Horizont -600	CUPISNIQUE	CHAVÍN Chavín de Huántar Cumbe Mayo Kuntur Huasi	ANCÓN			
-700						
-800					PARACAS NECRÓPOLIS	
-900						
-1000			Cerro Sechín		„Candelabro"	
-1100					PARACAS CAVERNAS (OCUCAJE)	LEGENDE z. B. MOCHE=Kultur Sipán=Ort
-1200	GUAÑAPE	KOTOSH				

30

LAND UND LEUTE

GEOGRAFIE

Mit knapp 1,3 Mio. km^2 (aber nur etwa 33 Mio. Einwohnern) ist Peru nach Brasilien und Argentinien der drittgrößte Staat Südamerikas. 13 % der Landesfläche stehen als Naturreservate unter staatlichem Schutz.

Naturfreunde geraten ins Schwärmen beim Anblick der mächtigen, schneebedeckten Berge der Anden. Der größte Nationalpark Perus, der Parque Nacional Manú, ist halb so groß wie die Schweiz und bietet mit seinem ursprünglichen Regenwald und rauschenden Flüssen diversen Indianerstämmen sowie unzähligen Tierarten einen geschützten Lebensraum. Einzigartig ist der Parque Nacional Huascarán in der Cordillera Blanca, der nach dem höchsten Berg Perus (6768 m) benannt ist. Überall im Hochland leben indianische Bauern (*indígenas, campesinos*) gemäß ihrer alten Traditionen; auf die schwimmenden Inseln des Lago Titicaca (3814 m) haben sich die Nachfahren der Uros zurückgezogen.

In den Regionen der Anden sind Lamas, Alpakas, die scheuen Vikuñas und der mächtige Andenkondor heimisch, während sich im Regenwald Jaguare, winzige Kolibris, Frösche, Affen und Schlangen tummeln.

Naturräume

Als eines der wenigen Länder Lateinamerikas besitzt Peru alle drei klassischen Landschaftsformen dieses Subkontinents: den Urwald (*la selva*), die Küste (*la costa*, hier ein Wüstenstreifen) und das Gebirge (*la sierra*).

Die *selva*, das Amazonas-Tiefland, macht 60 % des nationalen Territoriums aus, doch lebt hier nur ein Zehntel der Bevölkerung. Das feucht-tropische Klima mit bis zu 200 Regentagen jährlich und Durchschnittstemperaturen zwischen 20 und 30 °C lässt dort Urwaldriesen, Mahagoni, Zedern, Nussbäume, Kaffee, Kakao, Orchideen, Maniok und auch Koka bestens gedeihen.

Die 2414 km lange *costa*, die meist wüstenhafte Küste entlang des Pazifiks, umfasst 11 % der Fläche Perus, beheimatet aber fast 55 % der Bevölkerung. Bei einer Fahrt durch den grau-sandigen Küstenstreifen mit seinen kakteenbewachsenen Felsen kann man heute 54 Oasen entdecken, in denen 600 000 ha fruchtbares Land bewässert werden. Nördlich von Lima wachsen Baumwolle, Zuckerrohr und Reis; im Süden Früchte, insbesondere Weintrauben, Mangos und Melonen sowie Spargel, Mais und Oliven. Die großen Sardellenschwärme vor der Küste machen Peru zur drittgrößten Fischfangnation weltweit nach China und Indonesien, aber auch edlere Fische wie Seezunge, Seebrasse, Zackenbarsch und Seehecht gedeihen im kalten Humboldtstrom.

Die *sierra*, das Hochland zwischen Wüste und Urwald, bietet fast der Hälfte der peruanischen Bevölkerung Lebensraum. Intensive landwirtschaftliche Bebauung von sorgfältig errichteten Terrassen an den Hängen der Berge, tiefe Schluchten, reißende Gebirgsflüsse und schneebedeckte, über 6000 m hohe Gletscherriesen haben die hier in Hochlagen bis zu 5000 m lebenden Menschen seit jeher zu Höchstleistungen herausgefordert. *Quinoa* (Meldenart) und *quiwicha* (in Europa als Amaranth bekannt), Gerste, Kartoffeln und *oca* (Knollen-Sauerklee/ *oxalis tuberosa*) wachsen in Höhen bis über 4000 m. Die von den Amazonas-Quellflüssen gegliederte Ostabdachung der Anden, *La Montaña*, ist von dichten Nebelwald mit Baumfarnen bedeckt.

Perus durch Plattentektonik, Auffaltung und Vulkanismus entstandene Anden haben im Lauf von Jahrmillionen enorm tiefe, enge Täler erhalten. Geomorphologische Besonderheiten sind die *Puna*, die riesige, überwiegend flache Höhengrassteppe im südlichen Hoch-

Foto: Andreas M. Gross

land, und die trostlos wirkende Küstenwüste entlang des Pazifiks; auch liegt in der peruanischen Cordillera Blanca das größte Gletschergebiet der Tropen.

Erdbeben

Parallel zur Küste verläuft ein bis zu 8000 m tiefer Meeresgraben, an dem die pazifische Nasca-Platte unter die südamerikanische Kontinentalplatte gleitet. Entlang dieser vulkanreichen „Knautschzone" treten oft schwere Erdbeben auf, was die Inka mit ihrer erdbebensicheren Bauweise bereits berücksichtigt hatten. Seit der *conquista*, der spanischen Eroberung, verwüsteten immer wieder verheerende *terremotos* die neu gegründeten Städte, so beispielsweise Lima im Jahr 1746. Mehrere Male lag das Epizentrum des Bebens im Pazifik, und dann bildeten sich die gefürchteten Springfluten (*tsunami*), die mit ihren turmhohen Wellen Limas Hafenstadt Callao im Jahr 1746 hinwegspülten.

Am 31. Mai 1970 erschütterte eines der schwersten Beben der Geschichte Perus den Norden des Landes. An der Küste erlitten zahlreiche Orte zwischen Trujillo und Chimbote große Schäden. Im Hochland erbebten der Callejón de Huaylas, das idyllische Santa-Tal sowie die Cordillera Blanca und die Cordillera Negra. Eine Flanke des Huascarán rutschte ab, schwemmte eine Lawine aus Felsen, Eis und Schlamm talabwärts und begrub die Stadt Yungay mit 20 000 Menschen unter sich.

Klima

Peru kennt nicht vier, sondern nur zwei Jahreszeiten: eine trockene und eine feuchte, je nach geografischer Region. Die Abhänge der Ost-Anden und das Tiefland des Amazonas erhalten von Januar bis April den größten Teil ihres Jahresniederschlags, während die trockenere Zeit von Mai bis November andauert. Diese Jahreszeit

---

Oben: Oca (Knolliger Sauerklee) wächst in Höhen bis über 4000 m. Rechts: In der Cordillera Blanca liegt das größte tropische Gletschergebiet der Welt.

Foto: Oskar E. Busch (Montanus)

nennen manche Einheimische *verano* (Sommer), obschon sie im Durchschnitt meist etwas kühler ist als der feuchtere *invierno* (Winter).

In den Anden sind ebenfalls die Monate Januar bis April feuchter und wärmer als der trockenere und kühlere Sommer von Mai bis November, der in Hochlagen kräftige Nachtfröste mitbringen kann.

In der bis Chile reichenden Küstenwüste herrscht zwischen Dezember und März echter Sommer. Die Luft unter dem blauem Himmel ist heiß und schwül, für die Peruaner ist Badezeit. Von Mai bis November dagegen wird es entlang der Küste zumindest vormittags trist. Durch das kalte Tiefenwasser des Humboldt-Stroms kühlt sich die Luft über dem Meer soweit ab, dass die darin enthaltene Feuchtigkeit kondensiert. Aus dichten grauen Nebelwolken fällt der berüchtigte feine Nieselregen, den die Peruaner *garúa* nennen. Während dieser langen Phase der Inversionswetterlage lässt der Smog das Leben in der Hauptstadt Lima ziemlich trübe erscheinen.

Aus ungeklärten Gründen stößt alle vier bis sieben Jahre ein warmer Ableger des Äquatorialstroms weiter als üblich nach Süden vor. Da dieses Phänomen meist zur Weihnachtszeit auftritt, wird die warme Meeresströmung von den Peruanern *El Niño* („das Christkind") genannt. Bei den ungewohnt hohen Wassertemperaturen können viele Meerestiere nicht überleben. Milliarden von Kleinstlebewesen, die die Grundlage der Nahrungskette bilden, ziehen mit dem kalten Wasser nach Süden. Ihnen folgen Krebse, Fische, Seehunde, Pelikane, Möwen und Kormorane. Die Küstenfischer bleiben ohne Arbeit und Ertrag. Zudem gerät das gesamte Klima entlang der peruanischen Küste aus dem Gleichgewicht: Wo jahrelang kein Tropfen Wasser vom Himmel kam, gehen plötzlich wolkenbruchartige Regenfälle nieder, reißen Brücken und Straßen weg. Während die Wüste für kurze Zeit in ein Blütenmeer verwandelt wird, sind die Felder überflutet, was jedesmal verheerende wirtschaftliche Folgen hat. Die Auswirkungen von *El*

33

Foto: Christian Vinces (Shutterstock.com)

Niño sind besonders an der zentralen und nördlichen Küste zu spüren. So gingen beispielsweise 1982/1983 und 1997/1998 in der trockenen Region Chimbote innerhalb weniger Wochen 3000 mm Regen nieder, sonst nieselt es hier nur an wenigen Tagen im Jahr.

GESCHICHTE

Zeit der Jäger und Sammler

Vor 30 000 Jahren wanderten vermutlich die ersten Menschen über die Bering-Straße von Asien nach Amerika ein. Nach Peru gelangten die südwärts ziehenden nomadischen Jäger und Sammler vor 20 000 Jahren. In den Höhlen von Lauricocha (im Nordosten Perus) und Toquepala (bei Tacna) bemalten um 10 000 v. Chr. Wildbeuter die Felswände mit Jagddarstellungen. Die Bewohner der Küstentäler und des Hochlands entwickelten in den folgen-

den Jahrtausenden einfachen Ackerbau und eine begrenzte Viehzucht, auch fertigten sie erstmals Textilien mit geometrischen und figürlichen Mustern. Sie kannten noch keine Metallwerkzeuge.

Caral

Um 2700-2600 entstand im Tal des Río Supe (rund 200 km nördlich von Lima) die erste städtische Ansiedlung des Alten Amerika: Caral. Hier konzentrieren sich auf knapp 60 ha mindestens 32 identifizierte Gebäudekomplexe – u. a. sechs Tempelpyramiden – und ausgeklügelte Bewässerungskanäle. Über 3000 Menschen sollen in der Stadt, deren Blütezeit um 1600 zu Ende ging, gelebt haben. 2009 ernannte die UNESCO Caral zum Weltkulturerbe.

Chavín

Von etwa 1200-400 v. Chr. kristallisierte sich in den Tälern südöstlich von Huaraz in der Cordillera Blanca die Chavín-Kultur heraus, in deren Mittelpunkt die

Oben: Die Festung Paramonga der Chimú (12.-15. Jh.). Rechts: Stofffragment der Huari (6.-10. Jh.).

Foto: Andreas M. Gross

Verehrung tierisch-menschlicher Götter stand. Neben Spuren in der Hauptfundstätte Chavín de Huántar bezeugen der Kotosh-Tempel bei Huánuco, das Heiligtum von Cumbe Mayo nahe Cajamarca, die Ruinen von Garagay bei Lima, Cerro Sechín (im Casma-Tal; wohl etwas älter als die Chavín-Kultur) und der Cupisnique-Stil an der Nordküste (Küsten-Chavín) die Verbreitung der ersten panperuanischen Kultur im ganzen Land. Erstmals wurde jetzt Gold verarbeitet.

Paracas

Fast gleichzeitig, von etwa 1200-200 v. Chr., entwickelte sich unter ganz anderen ökologischen Bedingungen auf der wüstenhaften Halbinsel Paracas (bei Pisco) eine Kultur, deren Menschen großen Wert auf eine Bestattung der Verstorbenen (vor allem hochgestellter Persönlichkeiten) in feinsten Textilien legten. Die Mumien begrub man in Erdhöhlen (*cavernas*) zusammen mit Tongefäßen, Waffen, Essen und Schmuck für ihre Reise in das Totenreich.

Nasca

Die nächste bedeutende südperuanische Zivilisation, die Nasca-Kultur, erlebte ihre Blüte von 200 v. Chr bis 500 n. Chr. Auch die Nasqueños bestatteten ihre Toten in feinstgewebten, farbenfrohen Tüchern. Sie bauten Tempel aus getrockneten Lehmziegeln (*adobe*), sammelten Trophäenköpfe, legten unterirdische Bewässerungskanäle und die gigantischen Linien und Tierdarstellungen (*geoglifos*) im Wüstensand nahe der heutigen Stadt Nasca an.

Moche

Von der Zeitenwende bis 600 n. Chr. prägten die kriegerischen Moche in den Küstentälern um Trujillo mit einem raffinierten Bewässerungssystem, der Herstellung feiner Keramikgefäße und dem Bau massiver Wohn- und Grabpyramiden die Lebenswelt der Fischerdörfer. Die Moche kannten Menschenopfer und verwendeten Gold und Kupfer zur Schmuckfabrikation. Ihr Name leitet

Foto: Andreas M. Gross

sich von dem Hauptfluss dieser Kultur, dem Río Moche bei Trujillo, ab.

Huari

Die ehemalige Großstadt Huari in der Nähe von Ayacucho war das Zentrum der zweiten panperuanischen Kultur, die zusammen mit der Metropole Tiahuanaco im heutigen Bolivien von 500-1000 n. Chr. die Zivilisation im Anden-Hochland nachhaltig formte.

Abbildungen von einer stabtragenden Gottheit auf dünnwandiger Keramik, akribisch gemauerte Kanäle zur künstlichen Bewässerung, Wohnhäuser und Tempel von beachtlicher Höhe (ca. 10 m) sind ihre wichtigsten Merkmale.

Chimú

Die Träger der Chimú-Kultur (1200 bis 1450 n. Chr.) siedelten wie zuvor die Moche in der Region um Trujillo, doch kontrollierten sie auch die nördliche Küstenregion bis zur heutigen Grenzstadt Tumbes. Den 10. König Michancaman brachten die Inka als Geisel nach Cusco, seine Nachfahren regierten noch bei Ankunft der Spanier als Vasallenkönige an der Küste. Ihre Reichshauptstadt hieß Chan Chan und war von einer mächtigen Stadtmauer umgeben. Zentrales Element ihrer Religion bildete ein Mondkult, der die Verehrung von „Mondtieren" einschloss. Sie opferten Kinder in großer Zahl.

Kleine Regionalkulturen

Neben den erwähnten Kulturen vor dem Eintritt der Inka in die Geschichte existierten mehrere kleine Zentren in Peru: beispielsweise Kuélap bei Chachapoyas, Gran Vilaya unweit des Río Marañon und Gran Pajatén bzw. Abiseo zwischen den Ríos Ucayali und Huallaga. Diese Orte sind jedoch z. T. erst vor wenigen Jahren entdeckt worden und noch nicht ausreichend ausgegraben,

Oben: Goldmaske der Chimú (11.-14. Jh.). Rechts: Die Inka waren Meister der Architektur (hier: Ollantaytambo).

Foto: Volkmar E. Janicke

um ihre Bedeutung in der Geschichte zu bestimmen.

Die Inka

Der Legende nach traten die Söhne der Sonne, die Inka, um 1200 n. Chr. aus einer Höhle ans Tageslicht. Doch bereits 1533 war mit der Eroberung Cuscos durch Pizarros Truppen ihr Untergang besiegelt. Die Kultur der Inka ist vor allem deshalb so bekannt und so stark beachtet worden, weil sie in einem Land mit unterschiedlichsten ökologischen Bedingungen und extremen Klima- und Höhenunterschieden enorme künstlerische und technische Leistungen vollbracht hat.

Klare gesellschaftliche Strukturen ermöglichten es den Inka-Herrschern, ihre Macht zu stabilisieren und ihre Kenntnisse und Techniken nutzbringend einzusetzen. Die Einführung der *mita*, einer Form der Zwangsarbeit, bei der die Bauern für Priestertum und Adel mitarbeiten – dies bedeutete, dass sie zwei Drittel der Ernte abgeben mussten

– regelten die ausreichende Versorgung aller mit Nahrung.

Viel Wert legten die 13 aufeinander folgenden Inka-Herrscher, von denen erst Pachacutec Yupanqui (der 9. Inka und Gründer des großen Reichs) historisch belegt ist, auf die Beherrschung der Kriegskunst und auf politische Heiraten der jungen Männer des erblichen und des Amtsadels. Bereits mit 15 Jahren mussten sie sich im geschickten Umgang mit der Waffe beweisen und erhielten bei bestandener Prüfung den Titel „Sohn der Sonne". Ihrer Kriegskunst verdankten die Inka-Herrscher die Ausdehnung ihres Imperiums auf respektable 1,7 Millionen Quadratkilometer. Zur Zeit des letzten unabhängigen Inka, Atahualpa, umfasste das Reich Teile der heutigen Länder Peru, Kolumbien, Ecuador, Bolivien, Chile und Argentinien.

Die Inka integrierten die besiegten Kulturen großenteils in ihr Imperium, indem sie ihnen die Quechua-Sprache und ihren Sonnenkult aufzwangen und die Königssöhne der unterworfenen Völker in Cusco erzogen. Zudem über-

Foto: Mireille Vautier

treidespeicher und Vorratshaltung von Speisen in Tongefäßen ließen die Inka weniger anfällig für eventuelle Dürreperioden werden.

Das intelligent ausgebaute, heute auf etwa 30 000 km geschätzte, *Cápac Ñan* genannte Straßensystem der Inka verband die Städte und Festungen des Reichs miteinander. Zusammen mit den Nachbarn Ecuador und Bolivien soll dieses einmalige Wegenetz wieder in Stand gesetzt und besonders als Trekkingrouten touristisch genützt werden. Der Natur- und Umweltschutzbund Deutschland übernahm die Partnerschaft in der Gegend um Cajamarca für das Projekt. *Chasquis* (schnelle Stafettenläufer) überbrachten in kurzer Zeit Nachrichten und überwanden dabei die Hindernisse der Natur, etwa reißende Flüsse auf schwankenden und atemberaubend hohen Hängebrücken, geflochten aus dem Andengras *ichu*; Dörfler aus Quehue (100 km südlich von Cusco) erneuern alle 1-2 Jahre die „letzte Inkabrücke" über den Fluss Apurimac. Da die Inka das Rad nicht nutzten und nur in religiösen Zeremonien verwandten, dienten Lamas als Lasttiere. In Karawanen transportierten sie auf schmalen Saumpfaden schwere Lasten; einem Tier kann man bis zu 35 kg aufladen.

Auch die Kenntnisse der Inka in der Medizin waren beachtlich: Gehirnchirurgie in Form von Schädel-Trepanation (Schädelöffnung), der Einsatz von Chinin als Medikament, z. B. gegen Fieberkrankheiten wie Malaria, und die Sterilisation von Wunden hätten auch im damaligen Europa Bewunderung gefunden. Zwar kannten die Inka keine Buchstabenschrift und kein Alphabet, doch wussten sie sich mittels farbiger Knotenschnüre (*quipus*), eine Art codierte Gedächtnisstütze zu schaffen.

Unter der uneingeschränkten Macht des Inka-Imperiums litten viele unterjochte Völker, die dann beim Erscheinen Pizarros den Siegeszug der spanischen Eroberer unterstützten, zum Teil sogar erst ermöglichten.

nahmen die Inka deren positive Kulturelemente, Kenntnisse und Techniken, zum Beispiel in Landwirtschaft, Keramik, Bronze- und Waffenherstellung sowie Schmuckfertigung.

Auch in der Architektur waren die Inka Meister: Sie gestalteten die Türen und Nischen trapezförmig, so dass diese einem ebenso hohen Gewicht standhalten konnten wie zur gleichen Zeit in Europa romanische oder gotische Bögen. Die Qualität und Stabilität ihrer Bauwerke aus Granit, Andesit, Porphyr, Adobe, Holzbalken und Strohdächern war von der Megalithkultur von Tiahuanaco (Bolivien) beeinflusst.

Die Technik der künstlichen Bewässerung von Feldern hatten die Inka von den Kulturen entlang der Küste erworben und weiterentwickelt. Die Bauweise der Kanäle entspricht selbst modernen Anforderungen. Anlagen zur Wasserversorgung und Düngung, Ge-

Oben: Ein „Inka-Krieger" beim Inti Raymi-Fest in Cusco. Rechts: 1532 trifft der Inka Atahualpa auf den Spanier Pizarro.

Foto: Mireille Vautier

Pizarro und die Conquista

Zwei Söhne des Inka Huayna Cápac (1493-1527), Atahualpa und Huáscar, kämpften 1531 um das Erbe ihres Vaters – zu der Zeit, als der spanische Abenteurer Francisco Pizarro mit ca. 200 Conquistadoren in Nordperu bei Tumbes an Land ging. Nachdem Atahualpa über seinen Halbbruder triumphiert hatte, ließ er sich jedoch bei Cajamarca in eine Falle der Spanier locken, wurde gefangen und musste zusehen, wie fremde, bärtige Ritter, ausgerüstet mit Pferden und Feuerwaffen, in einer einzigen Nacht mehrere Tausend seiner tapfersten Krieger töteten.

Pizarro forderte für die Freilassung Atahualpas von den Inka ein ganzes mit Gold gefülltes Zimmer. Die Inka taten ihr Bestes, doch Pizarro hielt sein Wort nicht. Im Gegenteil: Unter dem Vorwand, Atahualpa habe die Ermordung Huáscars befohlen, ließ er den Inka-Herrscher 1533 hinrichten. Wenig später eroberten die Spanier die Inka-Hauptstadt Cusco, plünderten sie und setzten den ihnen zunächst willfährigen Manco Inca, einen Halbbruder Huáscars, als Nachfolger Atahualpas ein. 1536 rebellierte dieser gegen die neuen Herren, wurde jedoch zwei Jahre später von dem aus Chile zurückkehrenden Diego de Almagro vernichtend geschlagen.

Das koloniale Peru

In den folgenden Jahrzehnten wurde die Spitze der Inka-Hierarchie bei mehreren Rebellionen fast ausgerottet; 1572 enthauptete man schließlich in Cusco Túpac Amaru I., den Inka-Herrscher des Vilcabamba-Reichs. Doch auch Francisco Pizarro selbst fiel 1541 der Habgier seiner früheren Kameraden zum Opfer. Die spanischen Ritter etablierten nun ein politisches System in Peru, das es ihnen ermöglichte, die Schätze des Landes maßlos auszubeuten. Kaiser Karl V. hatte 1542 das gesamte südamerikanische *Nueva Castilla* zum Vizekönigtum Peru erhoben, das nun in den folgenden 300 Jahren 40 Vizekönige regierten. Der „Kolonialisierungserfolg" der Spanier erklärt

Foto: Johannes Frangenberg

sich durch die rastlose und skrupellose Arbeit der Missionare, die unersättliche Geld- und Goldgier der neuen Herren Perus und durch das perfekte System der *encomienda*. Dieses sah vor, dass die Indianer ihrem Dienstherrn, dem *encomendero*, den Ernteertrag schuldeten. Gleichzeitig hatten sie dadurch das „Recht" auf eine christliche Erziehung – ob sie diese wollten oder nicht. So genannte *corregidores* trieben die Tribute auf wenig zimperliche Art ein und lebten in Saus und Braus. Zusätzlichen Gewinn schöpften die Spanier durch den Abbau von Bodenschätzen, z. B. Silber im Cerro Rico bei Potosí im heutigen Bolivien, oder Quecksilber in den Minen nahe Huancavelica. Die Arbeitsbedingungen in den Minen waren mehr als unmenschlich und kosteten Tausenden versklavter Arbeiter auf qualvolle Art das Leben.

Den Indianeraufstand von 1780 auf Initiative José Gabriel Condorcanqui, der sich Túpac Amaru II. nannte, schlu-

gen die Spanier ein Jahr später kompromisslos nieder. Allerdings entschärfte der Vizekönig in Lima nach diesen blutigen Vorfällen die Ausbeutung der Indígenas, u. a. richtete er ein speziell für die Interessen der Einheimischen zuständiges Gericht, die *audiencia*, ein.

Unabhängigkeit

Das Aufbegehren der weißen Herren Perus gegen die spanische Kolonialmacht zu Beginn des 19. Jh. ist kaum denkbar ohne die Vorgänge in den USA (Unabhängigkeitskrieg), Frankreich (Revolution) und den Abspaltungsversuchen anderer spanischer Kolonien. Die in Peru geborene kreolische Oberschicht wehrte sich immer mehr gegen die aus Spanien gesandten Verwalter und Steuereintreiber. Als Republikaner kämpften sie gegen die Royalisten an und riefen nach den militärischen Erfolgen des aus Argentinien zu Hilfe gerufenen Generals José de San Martín am 28. Juli 1821 die Republik Peru aus. Nach erneuten Unruhen in Lima entschie-

Oben: Parade zum Nationalfeiertag in Cusco, Plaza de Armas.

den erst die Siege des venezolanischen Freiheitskämpfers Simón Bolívar mit seinem 10 000 Mann starken Heer am 6. August 1824 bei Junín im Hochland und des Generals Sucre am 9. Dezember 1824 bei Ayacucho über die spanischen Royalisten endgültig den Krieg zugunsten der Republikaner.

Nun begann die Zeit des Umbruchs und der Reformen: Das an die Metropolen der Küste kaum angebundene Hochland erhielt Telegrafie und Eisenbahn, die Hauptstadt Lima wurde modernisiert und ein neues Verwaltungssystem eingerichtet. Bald war die Encomienda aufgehoben und die Sklaverei abgeschafft. Der 1879 ausgebrochene Salpeterkrieg warf das verschuldete Peru jedoch zurück: Mit Bolivien zog das Land gegen Chile in einen Krieg um die Salpetervorkommen im heutigen Nordchile. 1883 war der Kampf entschieden, ein Jahr später verlor Peru die drei Provinzen Arica, Tacna und Tarapacá an Chile (1929 erhielt es Tacna zurück).

Das 20. und 21. Jahrhundert

Das 20. Jh. brachte auch in der städtischen peruanischen Wohnkultur große Veränderungen. Hatte man bis zur Jahrhundertwende die *casonas* (große Häuser) fast ausschließlich im Quincha-Stil, einer Konstruktion aus Holzlatten, Lehm und einem Geflecht aus Rohren, errichtet, so orientierte man sich später eher an englischen Landhäusern, französischen Schlössern, italienischen Villen mit Atrium, ja sogar griechischen Tempeln und orientalischen Palästen. Die *celosia* im ersten Stock, der prächtige holzgeschnitzte Balkon, überstand diesen Wandel jedoch. Ihn entdeckt man auch heute noch bei einem Bummel durch die Altstädte von Lima, Arequipa und Cusco sowie anderer Metropolen als Merkmal kolonialer peruanischer Architektur. Die betuchten Bewohner der Vorstädte bauten nun elegante Bungalows, die neu zugezogenen *campesinos* (Bauern) dagegen ihre Wellblechhütten.

In den 1980er Jahren bildete sich in der Region Ayacucho die gefürchtete maoistische Terrorgruppe *Sendero Luminoso* („Leuchtender Pfad") um den Mathematik- und Philosophieprofessor Abimael Guzmán. Ihre Anschläge und die oft genauso blutigen Vergeltungsaktionen der Polizei und des Militärs an unbeteiligten Campesinos rissen das Land in einen Strudel der Gewalt. Daran konnte auch der Präsident Fernando Belaúnde Terry nichts ändern. Zuvor, zwischen seinen beiden Amtsperioden (1963-68 und 1980-85) hatten linksgerichtete Generäle die Macht an sich gerissen, die Privatwirtschaft verstaatlicht und Agrar-, Industrie-, Gesundheits- und Bildungsreformen durchgeführt.

1990 begann die zehnjährige Ära Alberto Fujimoris. In den Wahlen um die Präsidentschaft hatte er, Rektor der Landwirtschaftlichen Hochschule *La Molina* in Lima, sich überraschend klar gegen den international anerkannten Schriftsteller Mario Vargas Llosa durchgesetzt, den Kandidaten der Demokratischen Front. Fujimori, Abkömmling japanischer Immigranten, trat für die Förderung des Mittelstands, für Reprivatisierung staatlicher Großbetriebe, für die Verbesserung des Schulwesens und der Straßen sowie für die Eindämmung von Inflation und Arbeitslosigkeit ein. Sein Reformkurs gestaltete sich zunächst als eine Rosskur, insbesondere für die Armen, erzielte jedoch bald schon bedeutende Erfolge.

In die Schlagzeilen kam Peru durch die blutigen Aktivitäten der (1992 mit der Festnahme Guzmáns zerschlagenen) Terrororganisation *Sendero Luminoso* sowie 1996/97 durch die gewaltsame Beendigung der Geiselnahme in der japanischen Botschaftsresidenz durch die Guerillagruppe *Túpac Amaru*.

Der größte außenpolitische Erfolg Alberto Fujimoris war die Beilegung des mehr als ein halbes Jahrhundert andauernden, wiederholt mit Waffengewalt ausgetragenen Konflikts mit Ecuador um weite Gebiete Amazoniens. Hinter-

Foto: dpa

grund der Auseinandersetzung war ein Krieg beider Länder im erdölreichen Oriente, bei dem Peru 1941 von Ecuador beanspruchte Gebiete besetzte. Im Protokoll von Rio de Janeiro (1942) wurde der Grenzverlauf – unter Teilnahme der USA, die bereits zu dieser Zeit die peruanische Montanindustrie kontrollierte – zugunsten Perus entschieden. Diese Regelung ist von der ecuadorianischen Regierung jedoch nie akzeptiert worden. Im Januar 1995 eskalierte der Konflikt erneut. Am 17. Februar 1995, unterzeichneten beide Staaten in Brasilia das vorläufige *Friedensabkommen von Itamaraty*. Es sieht dauerhaften Waffenstillstand, die Schaffung einer entmilitarisierten Zone und die Entsendung von 40 Beobachtern in die umstrittene Region vor. Der endgültige Grenzverlauf wurde mit einem 2. Friedensabkommen am 26. Oktober 1998 festgelegt, den neben Alberto Fujimori

der ecuadorianische Präsident Jamil Mahuad sowie weitere lateinamerikanische Regierungschefs unterzeichneten.

Gegen Ende der Amtszeit Fujimoris häuften sich Skandale und Korruption. Höhepunkt war die Aufdeckung der kriminellen Machenschaften seines Geheimdienstchefs Vladimiro Lenin Montesinos Torres. Ihm konnte u. a. nachgewiesen werden, dass er schwarze Konten in der Schweiz unterhielt, Abgeordnete der Opposition bestach sowie mit der kolumbianischen Drogen-Mafia kooperierte. Fujimori bestritt, von all dem etwas gewusst zu haben und entzog sich mit seiner Flucht nach Japan am 17. November 2000 der Justiz.

Nach einer Übergangsregierung ging bei der Stichwahl zu den Präsidentschaftswahlen 2001 Alexandro Toledo als Sieger hervor. Der 1946 in einem Andendorf geborene Toledo war der 76. Präsident Perus und das erste freigewählte Staatsoberhaupt indigener (indianischer) Herkunft. In einfachen Verhältnissen in Chimbote aufgewachsen – daher spricht er trotz indigener Ab-

---

Oben: Der ehemalige Präsident Alberto Fujimori wurde 2009 inhaftiert. Rechts: Rund 5 % der Peruaner sprechen noch die indigene Sprache Aymara.

Foto: Detlev Kirst

stammung kaum Quechua –, verdiente er seinen Lebensunterhalt zunächst als Schuhputzer (*lustrabotas*) und studierte später dank eines Stipendiums Volkswirtschaft in den USA.

Die Präsidentschaftswahl 2006 gewann Alan García Pérez von der sozialdemokratischen *Alianza Popular Revolucionaria Americana* (APRA). Er setzte sich mit 55 % der Stimmen gegen den linksnationalistischen Gegenkandidaten Ollanta Humala, einen ehemaligen Offizier und Putschisten durch. 2007 wurde Ex-Präsident Fujimori wegen Bestechung, mehrfachen Mordes, des Einsatzes von Todesschwadronen und anderer schwerer Menschenrechtsverbrechen zu 25 Jahren Gefängnis verurteilt.

2011 gewann Humala die Wahl gegen die Fujimori-Tochter Keiko. In seiner Regierungszeit bis 2016 wuchs die Wirtschaft weiter, viele Bergbauvorhaben litten jedoch unter starken Protesten der Bevölkerung gegen Raubbau an der Natur und Verschmutzung von Seen und Flüssen. Keiko war auch 2016 aussichtsreichste Kandidatin, verlor jedoch

in der Stichwahl um die Präsidentschaft gegen Pedro Pablo Kuczynski, der in Exeter und Princeton Wirtschaft studierte hatte und dessen Vater ein bekannter Bakteriologie-Forscher in Berlin war.

2018 wurde Ex-Präsident Fujimori von Präsident Kuczynski begnadigt, der aber bald darauf wegen Bestechungsvorwürfen zurücktrat; neuer Präsident wurde der parteilose Martín Vizcarra.

Aufsehen erregte 2018 die Entdeckung neuer Scharrbilder bei Nazca mit Hilfe von Drohnen.

KULTUR

Bevölkerung

Die rund 32 Mio. Einwohner konzentrieren sich auf die Großstädte an der Pazifikküste; im Amazonas-Tiefland (60 % der Gesamtfläche) leben hingegen nur 10 % der Peruaner. Dies ergibt eine Bevölkerungsdichte von 24 Personen pro km^2. Die Einwohnerzahl der Hauptstadt Lima ergab bei der Volkszählung von 2007 rund 8 Mio. (einschließlich

Callao). Der Zuzug nach Lima hat sich abgeschwächt, dennoch wachsen die Elendsgürtel (*pueblos jóvenes*) nördlich und südlich immer weiter in die Wüste.

Die Amtssprachen Perus sind Spanisch, Quechua und Aymara. 81 % der Bevölkerung sind Katholiken, 13 % Protestanten. Das Bruttonationaleinkommen pro Einwohner liegt bei 6600 US-$ pro Jahr, höher als beim Nachbarn Ecuador, mehr als doppelt so hoch wie dem Boliviens, aber weniger als die Hälfte Chiles.

Die Nachfahren der Inka verstehen sich als *indígenas* (wörtlich: „Eingeborene, Einheimische") bzw. auf dem Land als *campesinos*; die Bezeichnung *indio* wird oftmals als Schimpfwort empfunden. Ihr christlicher Glaube ist in vieler Hinsicht mit Elementen ihrer alten Naturreligionen vermischt.

Die größte Volksgruppe in Peru stellen mit 45 % die *indígenas*, gefolgt von 37 % Mestizen (Mischlingen aus Weißen und Indianern). Die meisten der *indígenas* sind Kleinbauern und leben im Hochland von Ackerbau und Viehwirtschaft unter schwierigen Bedingungen. Im Amazonastiefland sind noch 50 indianische Ethnien beheimatet, die zusammen ca. 300 000 Menschen zählen. Außerdem leben 12 % Weiße (Kreolen, die Nachfahren der Spanier; Europäer und Nordamerikaner), ca. 4 % Schwarze (Nachfahren der Sklaven) und ca. 2 % Japaner und Chinesen (Einwanderer des 20. Jh.) in Peru. Solch eine statistische Kategorisierung der Peruaner nur nach „rassischer" Herkunft wird jedoch immer fragwürdiger, da sich die unterschiedlichen Gruppen seit Pizarro stark vermischt haben und heute das kulturelle Zugehörigkeitsgefühl ein gewichtigeres Kriterium ist.

Die durchschnittliche Lebenserwartung der Peruaner beträgt augenblicklich 74 Jahre (bei Männern 72, bei Frauen 76 Jahre) und liegt damit ca. 7 Jahre unter dem europäischen Schnitt. Ursache

dafür ist die deutlich kürzere Lebensspanne im armen Hochland Perus. Oft sehen die Menschen sehr viel älter aus, als sie sind; die intensive Andensonne, die Tropen oder die harte Arbeit setzen dem Körper ungemein zu. 33 % der Bevölkerung sind jünger als 15 Jahre.

Die Säuglings- und Kindersterblichkeit liegen mit 13 bzw. 17 % deutlich über dem Durchschnitt der Industrienationen. Dies ist v.a. durch die ungenügende medizinische Versorgung auf dem Land bedingt. Die Wachstumsrate der peruanischen Bevölkerung liegt mit 1,1 % im Mittel der Entwicklungsländer und wird dem Land, v. a. wirtschaftlich, in den kommenden Jahrzehnten enorme Probleme bereiten: Jährlich müssten Hunderttausende von neuen Arbeitsplätzen geschaffen werden.

Der Anteil der städtischen Bevölkerung mit 79 % höher als in Deutschland. Dieser im weltweiten Vergleich extrem hohe Grad der Verstädterung ist bedingt durch die anhaltende ökonomisch motivierte Landflucht und – in den 1980er Jahren – auch durch den Terror des „Leuchtenden Pfads" im zentralen Hochland.

Fast alle Großstädte liegen an oder nahe der Pazifikküste: Lima mit der Hafenstadt Callao mit fast 9 Mio., Arequipa mit fast 1 Mio., Trujillo mit 800 000, Chiclayo mit 600 000, Piura mit 430 000 und Chimbote mit 370 000 Einwohnern. Zentrum des Hochlands ist die alte Inka-Hauptstadt Cusco mit 430 000 Einwohnern. Starken Zuwachs erlebt Iquitos am Amazonas, das mit 400 000 Einwohnern eine der größten Städte Perus ist.

Sprache

Das von 60 % der Bevölkerung gesprochene Spanisch dominiert in den Metropolen entlang der Küste. Quechua, die Sprache der Inka, wird dagegen im Hochland, und zwar von 35 % der Peruaner, gesprochen. Von den Quechuasprachigen beherrschen ca. 80 % auch zusätzlich Spanisch. Etwa 5

Rechts: 80 % der Peruaner sind Indígenas oder Mestizen (hier: Schulkinder in Lima).

Foto: Djembe (Dreamstine)

% der Peruaner kommunizieren in der alten indigenen Sprache Aymara, zu hören vorwiegend um den Titicaca-See. In Amazonien wiederum haben sich trotz Kautschuk- und Öl-Boom, trotz Urwaldabholzung durch zuströmende Siedler und Missionierung eine Vielzahl von indianischen Idiomen erhalten, wie z. B. Shipibo, Yagua, Pano, Tupi und Jívaro.

In Peru existieren zwei Amtssprachen nebeneinander: Spanisch und Quechua. Das peruanische Spanisch (hier *castellano* genannt) kennt zahlreiche Unterschiede zum europäischen Spanisch in Aussprache, Vokabular und Grammatik. Hervorragende peruanische Schriftsteller wie César Vallejo oder Mario Vargas Llosa haben mit ihrem großen Erfolg auch im sprachlichen Mutterland Spanien gezeigt, dass sie diese Sprache künstlerisch auf exzellente Art beherrschen.

Das Quechua haben die Inka im Zuge ihrer Expansion in alle Teile ihres Reichs Tahuantinsuyo verbreitet, und so wird es bis heute nicht nur in Peru, sondern auch in einigen Regionen Argentiniens, Boliviens, Ecuadors und Kolumbiens gesprochen.

Nach Meinung von Sprachforschern gehört das von annähernd 500 000 Indígenas im Departamento Puno am Titicaca-See und im Norden Boliviens gesprochene Aymara zu den am logischsten aufgebauten Sprachen der Welt und wäre besser als jede andere als Computersprache geeignet. Zwar existieren immer noch Dörfer, in denen die meisten Bewohner ausschließlich Aymara sprechen, doch droht diese Sprache über kurz oder lang auszusterben.

Bildung

Schon zur Inka-Zeit war Bildung nur auf Priestertum und Adel beschränkt. Daran änderte sich mit der Ankunft Pizarros nur wenig: Nach der Eroberung behauptete die Kirche mehrere Jahrhunderte lang das Bildungsmonopol. Die gesamte schulische Erziehung in Peru lag in den Händen der Klöster. Erst lange nach Ende der Kolonialzeit entwickelte sich ein halbwegs funktio-

Foto: Andreas M. Gross

nierendes Schulsystem mit staatlichen Schulen und einer Schulpflicht von 6-15 Jahren. In den großen Städten gibt es zwar genügend Schulen und Lehrer, doch müssen die Kinder von armen Familien, die in den Slums der Vorstädte leben, hier oft schon sehr bald Geld verdienen, statt am Unterricht teilnehmen zu können. So sind – entgegen anders lautender amtlicher Erfolgszahlen – vermutlich noch fast 10 % der Peruaner Analphabeten. In manchen ländlichen Regionen können 30 % der Campesinos nicht lesen und schreiben, in Lima offiziell nur 2,8 % der Bürger.

Auf dem Land stellen sich weitere Probleme: immenser Lehrermangel (nicht zuletzt der miserablen Bezahlung wegen), lange Anfahrtswege zur Schule und fehlende Mittel für die Anschaffung der erforderlichen Schuluniform. Dennoch gibt es eine große Zahl passionier-

ter, engagierter junger Lehrer, die mit viel Idealismus neben ihrem Beruf auch als Sozialarbeiter für die betreffenden Familien fungieren. Da jedoch gerade hier nur ungefähr 70 % der Kinder die Sekundarschule abschließen, plant Peru eine Änderung seines Schulsystems.

Die Eltern aus der Mittel- und Oberschicht schicken ihre Kinder meist auf teure Privatschulen von Kirchen oder ausländischen Institutionen, weil deren Niveau höher liegt.

Heute besuchen über 75 % aller Jugendlichen weiterführende Schulen. Die Berufsausbildung liegt jedoch nach wie vor im Argen. Lehrberufe gibt es nur wenige, die Ausbildung zum Facharbeiter ist rar und teuer, und die Projekte der internationalen Entwicklungszusammenarbeit im Bereich der Berufsbildung sind bislang nur ein Tropfen auf den heißen Stein.

Die Spanier gründeten in Lima mit der Universidad San Marcos eine der ersten Universitäten Lateinamerikas. Heute existieren landesweit 72 staatliche und private Universitäten, 26 davon allein

Oben: Die Kosten für Schuluniform und Schulweg. sind hoch. Etwa 5 % der Peruaner sind Analphabeten. Rechts: Die Fiesta de la Virgen del Carmen in Paucartambo.

Foto: Mireille Vautier

in Lima. Hier werden jedoch meist nur geisteswissenschaftliche Studiengänge angeboten. Für technische Disziplinen fehlen die Professoren, das Know-how oder die finanziellen Mittel. Der größte Teil der Uniabsolventen wird in die Arbeitslosigkeit entlassen – in den 1990er Jahren waren das bedenkliche 80 %.

Neben den Landbewohnern sind vor allem die Frauen benachteiligt. Auf dem Land werden Mädchen meist nur Hausfrauen und Viehhüterinnen, andere Wege stehen ihnen nach Abschluss der Grund- bzw. Sekundarschule selten offen. Auch die Kinder der Campesinos im Hochland werden stark vernachlässigt: Mindestens 10 % von ihnen können weder Spanisch sprechen noch verstehen, sondern ausschließlich in ihrer Muttersprache Quechua oder Aymara kommunizieren. Ein Unterricht in spanischer Sprache mit zudem inadäquaten Lehrbüchern in großstädtischem Spanisch und mit ebensolchen Inhalten, die für das Leben in den Anden wenig brauchbar sind, geht völlig an ihren Bedürfnissen vorbei.

Religion

Zur Zeit der präinkaischen Regionalkulturen, aber auch noch während des Inka-Reichs waren Religion, Frömmigkeit und Arbeit untrennbar mit dem Alltag der Menschen verwoben. Dies änderte sich erst mit der Missionierung und, viel mehr noch, mit den Einflüssen der modernen Welt zu Beginn des 20. Jh. Die Padres der katholischen Kirche aus Spanien, zunächst Dominikaner, dann auch Franziskaner, waren zuallererst Handlanger der Conquistadoren. Sie schreckten selbst vor Folter, Inquisition und Mord nicht zurück. Der Dominikaner-Padre Vicente de Valverde etwa tat sich als eifriger Befürworter der Ermordung des Inca Atahualpa hervor; er und viele seiner Ordensbrüder waren in der Behandlung der Indianer keineswegs zimperlich. Sie wollten in erster Linie dem Papst Missionierungserfolge melden und wandten daher auch weniger christliche Methoden der „Bekehrung" an.

Die Mönche erkannten jedoch bald, dass die Eingeborenen auch nach ihrer

Foto: Mireille Vautier

Taufe viele Elemente ihrer religiösen Tradition beibehielten: Der Sonnengott *Inti*, dessen Vertreter *Inca* wie Jesus auf die Erde herabgestiegen war, wurde weiterhin heimlich verehrt, und die Anbetung der Erde in Form der Erdgöttin *Pachamama* blieb für viele Indianer in der Muttergottes Maria bestehen. Die *apu* (Berggipfel) und die *cocha* (Seen), waren für die Indígenas beseelt und erwarteten von ihnen Opfer, ebenso die vielen *huacas* (heilige Orte). Daran konnte auch die systematische Zerstörung dieser Huacas durch die Missionare nichts ändern. *Illapa*, der indianische Donnergott, erhielt in *Santiago*, dem Heiligen Jakob, seine neue, vermeintlich christliche Gestalt. Selbst die traditionellen Totenbräuche zelebrierten die Indígenas weiterhin, nun allerdings am 1. und 2. November, dem christlichen Fest von Allerheiligen und Allerseelen. Die Abgeschiedenheit vieler Andendörfer begünstigte die Bewahrung ihrer religiösen Traditionen, besonders, wenn der Priester nur einmal im Jahr kam, um Trauungen, Taufen und ähnliches vorzunehmen. Schweren Herzens mussten die Mönche gerade in den ersten Jahrzehnten der Missionierung theologische Kompromisse eingehen.

Kirchliche Feiertage sind nicht nur für die Bewohner der kleinen Andendörfer die größten Festtage im Jahresverlauf; auch in Cusco, Puno, Arequipa und anderswo bilden sich kilometerlange Prozessionen mit Tausenden von Gläubigen, die stundenlang singend und betend durch die Straßen ziehen, manchmal von militärischer Blasmusik unterstützt. Während die Frauen mit aller Inbrunst Litaneien sprechen, den Rosenkranz beten und Kirchenlieder singen, nehmen zahlreiche Männer das Fest zum Anlass, ordentlich Maisbier (*chicha*) zu trinken.

Die katholische Kirche versucht sich seit einigen Jahren vom Image der Eroberer zu lösen und nimmt nun eher eine Vermittlerposition zwischen Armen und Reichen ein. Der Peruaner Gustavo Gutierrez gilt als Vater der mittlerweile in ganz Lateinamerika verbreiteten „Theologie der Befreiung". 1968 zum ersten Mal öffentlich eingefordert, versucht diese Glaubensrichtung, innerhalb der katholischen Kirche politisches Engagement mit christlichem Auftrag zu verbinden und die Rechte der Armen und Benachteiligten einzuklagen – was immer wieder zu heftigen Konflikten mit dem machtkonservativen Vatikan führt.

Papst Johannes Paul II., wegen seiner Einstellungen zu Familienplanung und Emanzipation von lateinamerikanischen Bischöfen häufig kritisiert, sah sich 1986 bei seinem Besuch in Peru gezwungen, zumindest ein Stück weit einzulenken. Er sprach 1986 die am 10. Januar 1686 gestorbene Priorin des Klosters Santa Catalina in Arequipa, Ana de los Angeles Monteagudo y León, selig – für die patriotischen Peruaner eine sehr wichtige Geste.

Oben: Die Priorin des Klosters Santa Catalina in Arequipa – 1986 selig gesprochen. Rechts: Peruanerinnen in Lima (Miraflores).

Foto: Andreas M. Gross

Zwar ist die römisch-katholische Konfession die offizielle Religion Perus, doch garantiert die Verfassung seit 1973 völlige Religionsfreiheit. Staat und Kirche sind seit 1980 getrennt, der Religionsunterricht an Schulen ist eingeschränkt. Dennoch kommt der ohnehin stark verschuldete Staat nicht daran vorbei, zumindest einige der von den Spaniern in grenzenloser Verschwendungssucht erbauten zahllosen Kirchen des Landes unter hohem Aufwand zu restaurieren – allein aus Interesse an wachsenden Besucherzahlen.

Mentalität

Bei aller Vorsicht vor Verallgemeinerungen lassen sich einige Trends in der Mentalität der Peruaner erkennen. Viele *amigos* (Freunde, auch nur Bekannte) aus der gleichen gesellschaftlichen Schicht zu haben, ist eminent wichtig. Männer, noch mehr jedoch Frauen, legen in der peruanischen Öffentlichkeit viel Wert auf ein gepflegtes Äußeres. Ein raffiniertes Dekolleté, hochhackige Schuhe oder

hohe Lederstiefel, ausgefeilte Kosmetik und eine aufwändige Frisur können dabei einen Großteil des Haushalts- oder Taschengeldes verschlingen.

Peruaner vermeiden es, bei der Arbeit und in der Freizeit allein zu sein, suchen nach kurzweiliger Gesellschaft. Auch die Bindungen an die verschiedenen Mitglieder der Großfamilie sind extrem ausgeprägt. Oft leben Peruaner mit vielen Verwandten unter einem Dach, meist aus wirtschaftlicher Not.

Sind die Weißen und Mestizen in aller Regel recht offen und kontaktfreudig, so erleben Reisende die Indígenas manchmal als eher schüchtern und zurückhaltend. Ihnen gegenüber sollte man auf jeden Fall Respekt zeigen. Insbesondere beim porträtierenden Fotografieren gilt es, vorher um ihr Einverständnis zu bitten. Ein freundlicher Gruß wie *Buenos dias!* („Guten Tag") oder *Qué tal?* („Wie geht's?") ebnet Wege und öffnet Türen.

Der zwischenmenschliche Umgang in Peru ist geprägt von sehr höflichen und diplomatischen Formen. Man redet sich förmlich mit *Señora* und *Señor* oder

49

Foto: Mireille Vautier

gar (noch respektvoller) mit *Doña* und *Don* an und spart auch nicht mit Komplimenten.

Unter Männern sind herzliches Schulterklopfen und der *abrazo*, die Umarmung, üblich. Frauen, die man bereits kennen gelernt hat, kann man einen Wangenkuss geben, das Händeschütteln ist obligatorisch. Ein Peruaner erkundigt sich gerne in freundlichem Ton nach der Familie und streut während der Antwort des Gegenüber immer wieder ein positives „Wie schön!" oder „Wie gut!" ein.

In Peru gehört es zur Höflichkeit, zu einer Einladung mindestens eine Viertelstunde nach der vereinbarten Zeit einzutreffen, um auf den Gastgeber nicht aufdringlich zu wirken. Ein anderer Aspekt von Höflichkeit wirkt sich für Reisende zuweilen ungünstig aus. Kann ein Peruaner die Frage nach dem Weg z. B. nicht beantworten, so wird er dies aus Höflichkeit nicht zugeben und lieber irgendetwas sagen, als passen zu müssen. Trotz der weitverbreiteten Hilfsbereitschaft und Offenheit gegenüber ausländischen Besuchern Perus versuchen jedoch einzelne Einheimische – auf Märkten, im Taxi u. ä. – diese manchmal zu übervorteilen, in der Annahme, der Tourist habe ja ohnehin sehr viel Geld.

Das Verhältnis zwischen Mann und Frau ist geprägt von traditionellen spanischen und indianischen Werten, von Verhaltensmustern wie Stolz, Ehre, Eifersucht etc. Der viel zitierte *machismo* in Lateinamerika hat in den vergangenen Jahrzehnten zwar an Schärfe verloren, doch werden in den Schulen und Familien die Mädchen weiterhin darauf vorbereitet, später einmal gute Mütter und dienende Ehefrauen zu sein. In den Familien der Oberschicht ist die in aller Regel nicht berufstätige Frau zwar zu Hause das Familienoberhaupt, nicht aber außerhalb des Heims, in der Gesellschaft. Dort gilt es dagegen, sich dem Ehegatten unterzuordnen. In der Mittelschicht lässt sich die Rollenverteilung zwischen Mann und Frau weniger klar abgrenzen,

---

Oben: Das Mural „Die Geschichte Cuscos" von Juan Bravo Vizcarra. Rechts: Mario Vargas Llosa, der bekannteste Autor Perus.

denn hier arbeitet die Frau mindestens ebenso viel wie der Mann, oft nicht nur im Haushalt. In den rein indigenen Familien dagegen fällt der Frau die vergleichsweise ungünstigste Rolle zu. Sie muss hart arbeiten, den Haushalt führen und die Kinder erziehen, oft nebenbei noch Geld verdienen und sich darüber hinaus ihrem Mann unterordnen.

In der Freizeit zeigen sich die Vorlieben der Menschen. Peruaner lieben melancholische wie lebhafte Musik und Tanzveranstaltungen, singen gern zusammen in geselliger Runde und versuchen sich hoffnungsvoll im Glücksspiel. Mehrmals wöchentlich kauft man Lose an der Straße und spielt das beliebte Pferdetoto. Auch Stierkämpfe, vor allem in Limas Plaza de Acho-Arena, bei denen der Stier im Kampf vom Torero getötet wird, und der ebenfalls tödlich endende Hahnenkampf gehören trotz aller Proteste von Tierschützern weiterhin zu den beliebtesten „Sportarten" der Peruaner (neben dem Fußball).

Foto: Archiv für Kunst und Geschichte, Berlin

Bildende Kunst und Theater

Wie die prähistorischen Felsmalereien (z. B. Bilder einer Kamelidenjagd in der Toquepala-Höhle) und die kunstvollen Darstellungen einiger Inka-Fürsten erlangten die von Felipe Guamán Poma de Ayala detailliert gezeichneten und kommentierten Szenen aus dem Alltag der Inka große Bekanntheit.

La Pintura Colonial, die Malerschule Limas, sowie die *Escuela Cusqueña* (Cusco-Schule) übernahmen während der Kolonialzeit Maltechniken und Motive aus Europa, insbesondere aus Sevilla, und arbeiteten lokale Eigenheiten hinein – gut zu erkennen bei einer Abendmahl-Darstellung in der Kathedrale von Cusco, in der statt eines Lammes ein Meerschweinchen (*cuy*) auf dem Tisch liegt.

Spezifisch peruanische Elemente setzten die Maler Sérvulo Gutiérrez und Fernando Szysko in ihren meist abstrakten Gemälden im 20. Jh. um. Andere Künstler wie z. B. Juan Bravo Vizcarra orientierten sich in ihren Wandgemälden am mexikanischen Muralismo.

Die Theaterkultur ist trotz der langen Tradition von Dramen der Inka in Cusco und der spanischen Vizekönige in Lima nur wenig ausgeprägt. Neben Aufführungen bei großen Festen, wie dem Inti-Raymi-Fest in Cusco (24. Juni), und einzelnen Bühnen in Lima wird heute vor allem in den *café teatros* der Limeñer Vorstädte Miraflores und Barranco Theater in Form von Sketchen und volkstümlichen Komödien gespielt.

Literatur

Die Peruaner können auf eine sehr lange literarische Tradition zurückblicken. Neben den Poeten der Inka war Garcilaso de la Vega, Sohn eines spanischen Ritters und einer Inka-Prinzessin, mit seiner *Geschichte der Inka* im 17. Jh. der erste nennenswerte peruanische Autor. Ebenfalls sehr bekannt in Peru sind Ricardo Palmas *Peruanische Traditionen*, die um 1900 erschienen und vom Alltag der einfachen Bevölkerung erzählen.

Foto: Klaus Boll

Das sozialkritische Werk *Die Welt ist groß und fremd* des Mestizen Ciro Alegría (1909-67) beschreibt den alltäglichen Kampf indianischer *campesinos* (Kleinbauern) in Nordperu gegen Ausbeutung und die Profitgier der Großgrundbesitzer und gilt als ein Klassiker der lateinamerikanischen Literatur.

Überaus lesenswert sind die Werke von José María Arguedas (1911-1969), so der Roman *Trink mein Blut, trink meine Tränen* über die schwierige Lage der Campesinos im Hochland. Eine große Hoffnung der peruanischen Literatur, Manuel Scorza, kam 1983 mit 55 Jahren bei einem Flugzeugabsturz nahe Madrid ums Leben. Seine Romane (z. B. *Der schlaflose Reiter*) engagieren sich für die Indígenas Perus mit surrealer Fantasie.

In Europa kaum bekannt, obwohl in 20 Sprachen übersetzt, gilt der 1954 in Lima geborene Alonso Cueto als sensibler Beobachter der peruanischen Realität. *Das Flüstern der Walfrau* und *Die blaue Stunde* sind seine wichtigsten Werke.

Weltweit am bekanntesten sind die sozialkritischen Bücher des 1936 in Arequipa geborenen Mario Vargas Llosa: Fast alle seine Bücher spielen in Peru, z. B. *Das grüne Haus, Maytas Geschichte, Gespräch in der Kathedrale, Lob der Stiefmutter* und *Der Geschichtenerzähler*. Als Schriftsteller, erster lateinamerikanischer Präsident des PEN-Clubs, Kandidat für das Amt des Staatspräsidenten (1990) und Nobelpreisträger (2010) hat er einen großen internationalen Ruf. Mit seinem 2000 erschienenen Werk *Das Fest des Ziegenbocks* knüpft er an die Tradition des lateinamerikanischen Diktatorenromans an. In ihm beschreibt er die Gewaltherrschaft des Rafael Leónidas Trujillo in der Dominikanischen Republik, der 1961 einem Attentat zum Opfer fiel.

Oben: Von Beruf Schuhputzer – zum Überleben reicht das kaum. Rechts: Souvenirs aus peruanischen Mineralien.

Foto: Andreas M. Gross

WIRTSCHAFT

In Peru existieren eigentlich zwei Wirtschaftssysteme nebeneinander. Die Menschen in untererschlossenen Bergregionen haben mancherorts noch ihr fast geldloses Tauschsystem und kleinbäuerliche Landwirtschaft in erster Linie für die Selbstversorgung beibehalten. Andererseits ist Peru fest in die Weltwirtschaft eingebunden: Ausländische Investitionen (an inländischem Privatkapital mangelt es) fließen reichlich und gezielt in den Bergbau. Dadurch ist das rohstoffreiche Peru zu einer bedeutenden Bergbaunation geworden und führt weltweit bei der Silberförderung; bei Kupfer ist es Dritter, bei Zink Dritter und bei Gold Sechster.

Mehr als 50 % seiner Exporte stammen aus dem Bergbausektor, dennoch zählt Peru zu den ärmeren Nationen. Die Preise für die exportierten Rohstoffe aus Bergbau stiegen zwar zuletzt, besonders für Kupfer und Gold, aber die für importierte Autos, Maschinen und Haushaltsgeräte stiegen im selben Umfang.

Während Geld für Schulen und Krankenhäuser fehlt, zahlen die mächtigen internationalen Bergbaukonzerne kaum Steuern – was Ex-Präsident Humala ändern wollte (erfolglos), und sie hinterlassen Umweltschäden.

Nur noch 25% aller Peruaner leben unter der Armutsgrenze (überwiegend auf dem Land), ein erfreulicher Rückgang von über 20% in den Jahren unter den Präsidenten Toledo, Garcia und Humala. Der staatlich geregelte Mindestlohn beträgt etwa 250 Euro, doch das doppelte wäre für ein Leben über der Armutsgrenze nötig. Die Verteilung des Reichtums könnte kaum ungleicher sein: Die Hälfte des gesamten Einkommens in Peru geht an nur etwa 10 % der Bevölkerung. Die Arbeitslosenrate liegt offiziell zwar nur bei rund 6 %, doch leben besonders in den Großstädten viele verdeckte Beschäftigungslose, wie Straßenhändler oder Losverkäufer. Im Hochland sind die vielen nicht ausgelasteten *Campesinos* (Landlosen) ebenfalls nicht arbeitslos gemeldet.

Das Problem der hohen Inflation

scheint gelöst, da Peru mit 3,7 % eine der besten Raten Lateinamerikas aufweist. Die Auslandsverschuldung wurde auf 20 % des BIP gesenkt (rund 40 Mrd US-$), das reale Wirtschaftswachstum sank im gleichen Jahr auf – immer noch beachtliche – 3,8 %.

Der Außenhandel war 2015 trotz steigender Rohstoffexporte defizitär: den Importen von 38 Mrd. US-$ (zu 23 % aus China und 21 % aus USA) standen Exporte im Wert von über 33 Mrd. US-$ gegenüber. Diese stammten zu 42 % aus dem Bergbau (Kupfer, Silber, Gold, Zink u.a.) 6 % Erdöl und zu 21 % aus dem Nahrungsmittelsektor. China hat die USA als Haupthandelspartner Perus abgelöst.

Projekte der Entwicklungszusammenarbeit versuchen, Stromversorgung, Bewässerung, Abwasser- und Müllentsorgung in den Städten, Bergbau, Fischerei , Bildung und die Gesundheits-Versorgung zu verbessern.

Oben: Im Amazonas-Tiefland wird Öl und Gas gefördert.

Landwirtschaft

Die Landwirtschaft, die nur 5 % des Bruttosozialprodukts erwirtschaftet, beschäftigt mangels Mechanisierung 26 % der Erwerbstätigen Perus. Im Vergleich dazu: Die Industrie erzielt 35 % des BSP mit 17 % der Berufstätigen.

Spargel, Rohrzucker, Baumwolle, Kaffee, Kakao, Avocados, Südfrüchte und Alpakawolle bilden wichtige Exportgüter. Peru zählt mit rund 40.000 zertifizierten Erzeugern zu den weltgrößten Exporteuren von Bioprodukten (u. a. Kaffee); Erlös: 3 Milliarden Dollar pro Jahr.

Mais, Bohnen, Kartoffeln, Weizen und Schafwolle spielen für den Eigenbedarf der Bevölkerung eine große Rolle. Die Arbeitsbedingungen in der Landwirtschaft sind vielfach sehr hart. Mit Inka-Methoden werden Terrassen in enormen Höhenlagen bebaut. Zudem beschränkt der nur saisonale Niederschlag den Ertrag der Felder. So muss Peru trotz allem Weizen, Futtermais, Sojaöl und Milch importieren. Im Hochland leben ungefähr 900 000 Familien ausschließlich oder überwiegend von der Landwirtschaft, sie bewirtschaften immerhin 35 % der gesamten landwirtschaftlich nutzbaren Fläche. Die Böden sind jedoch oft wenig ertragreich, die Felder meist sehr klein, häufig auch an steilen Hängen gelegen. Der lange Frost, die kurze Wachstumsperiode im Andensommer und lange Transportwege erschweren die Arbeit der Campesinos zusätzlich. Wegen der Landknappheit bleibt ihnen nur außer der Landflucht nur die Möglichkeit, alte und schwer erreichbare Terrassen (*andenes*) wieder instand zu setzen und zu bewässern – im Lauf der Kolonialzeit waren 50 % der zur Inka-Zeit betriebenen Terrassen verfallen.

Rohstoffe, Industrie, Tourismus

Die Ölförderung deckt gut die Hälfte des Energieverbrauchs; neue Ölvorkommen, vorwiegend im Amazonas-Tiefland, lassen die Ökonomen hoffen, schüren jedoch Bedenken bei Umweltschützern. Erdgas wird immer wichtiger, seit aus den Gasvorkommen in Camiseat, im subtropischen Tiefland 230 km nördlich von Cusco, der Brennstoff durch ein Gasodukt über die Anden zur Küste nach Pisco und weiter bis nach Lima strömt. Die Bewohner Cuscos müssen jedoch mehr für das Gas aus ihrer Region zahlen als die Bürger Limas.

In den großen Bergbauminen arbeiten rund 80 000 vorwiegend indigene, schlecht bezahlte Arbeiter unter miserablen Bedingungen. Sie fördern Silber, Kupfer, Gold, Eisenerz, Zink und Blei und verarbeiten die Erze in den großen Verhüttungsanlagen entlang der Nordküste weiter. Die Erschließung neuer Gold- und Kupfervorkommen wird mancherorts durch Bürgerproteste verhindert. Die wichtigsten Häfen für den Export – Callao, Paita, Talara und Chimbote – liegen nördlich von Lima. Zwei Drittel der Industrie befinden sich im Großraum Lima, darunter die Bus- und LKW-Endmontage, die Produktion kleiner Elektrogeräte, Textil-, Chemie- und Pharma-Erzeugnisse sowie von Genussmitteln und Getränken.

Peru gehörte bis vor einigen Jahren zu den größten Fischfangnationen der Welt. Durch die Überfischung des Pazifik vor allem durch asiatische Fangflotten fiel Peru jedoch auf Rang 12 zurück.

Präsident Fujimoris betrieb die Privatisierung großer Staatsunternehmen, was sein Nachfolger Toledo fortführen wollte; doch kam es 2002 bis 2005 zu Massenprotesten, die sich u.a. gegen die Privatisierung von Elektrizitätswerken und ungehaltene Wahlversprechen Toledos richteten. Wie Fujimori suchte er bis 2006 verstärkt ausländische Investoren. Sein exportorientierter Nachfolger, Präsident García, ließ 2008 Proteste gegen die Privatisierung des Regenwaldes gewaltsam niederschlagen.

Korruption und illegaler Koka- und Schwarzmarkthandel beeinträchtigen die wirtschaftliche Entwicklung Perus stark, andererseits könnte Peru ohne die Erlöse aus dem Kokainverkauf und dem informellen Sektor – den zahllosen Straßenhändlern – kaum überleben.

Besucher aus dem Ausland kommen nach Peru weniger wegen Sonne, Strand und Meer, sondern eher aus Interesse an den altperuanischen Kulturen, insbesondere den grandiosen Inka-Stätten, der spanischen Kolonialarchitektur seiner Städte und natürlich wegen seiner Menschen. Urwaldexkursionen, Bergsteigen und Trekking in den Kordilleren der Hochanden hingegen reizen abenteuerlustige Touristen.

Nach dem starken Rückgang der Besucherzahlen in den 1980er Jahren infolge der damaligen politischen Instabilität (u. a. verursacht durch den Terror von *Sendero Luminoso* und *Túpac Amaru*), besuchen das Land mittlerweile jährlich ca. 3,5 Millionen Touristen (47% aus Chile) darunter etwa 800 000 Europäer (vor allem Spanier, Franzosen und Deutsche). Peru erwirtschaftet im Tourismus über 4 Milliarden US-Dollar pro Jahr – der Fremdenverkehr ist zu einem wichtigen Wirtschaftsfaktor geworden.

Casa Oquendo de Osambela in der Altstadt von Lima

Foto: Volkmar E. Janicke

LIMA

ALTSTADT

MUSEEN AUSSERHALB

DES ZENTRUMS

MIRAFLORES

DIE UMGEBUNG LIMAS

★★LIMA

Fuhr man früher nach der Landung in ★★**Lima** vom Flughafen in die Innenstadt, konnte man sich vom staubigen Grau der Beton- und Adobehäuser abgeschreckt fühlen, von den Bettlern, dem Müll und dem chaotischen Verkehr, alten Bussen, qualmenden LKW. Noch 1984 meinte der peruanische Nobelpreisträger Mario Vargas Llosa in seinem Roman *Maytas Geschichte*: „Wenn man in Lima lebt, muss man sich entweder an das Elend und den Schmutz gewöhnen oder verrückt werden oder sich umbringen".

Der viele Monate über der Stadt hängende *garúa* (Nebel, der bisweilen von einem leichten Nieselregen begleitet wird) lässt Lima zwar tatsächlich zuweilen etwas trist erscheinen, und auch heutzutage gibt es noch ausgedehnte Armenviertel – doch die bekommt der „Normaltourist" kaum mehr zu sehen. Neuerdings gibt es viel Positives zu berichten über die 9-Mio.-Metropole (mit Callao), die auf einer zur Pazifikküste leicht abfallenden Ebene vor den Ausläufern der Anden liegt: Die Müllabfuhr arbeitet fleißig, die Gehsteige sind wieder sicher begehbar und die großen Alleen begrünt; auch der Verkehr mu-

tet dank funktionierender Ampeln und neuer Straßen überraschend zivilisiert an. Im gepflegten Stadtteil Miraflores locken hübsche Straßencafés, Diskos und gute Hotels, und in der historischen Altstadt Limas sind zahlreiche prächtige, sorgfältig restaurierte Kolonialbauten, unzählige Kirchen und eine mächtige Kathedrale erhalten. Schöne Plätze, eine belebte Fußgängerzone und mehrere archäologische Museen von Weltruf machen einen Besuch Limas zum Muss einer Peru-Reise.

Seit Jahrtausenden haben die dichtbesiedelten Flussoasen der Küstenregion Menschen verschiedenster Kulturen Heimat gegeben. Die sich zu beiden Seiten des Río Rimac (der ihr seinen Namen gab) ausbreitende Metropole liegt zwar in den Tropen, erlebt jedoch nur im Sommer über drei bis vier Monate hinweg richtig schwül-heiße Tage, und Surfer schätzen die konstanten Wellen des gar nicht so „Stillen" Ozeans, die an die langen Kiesstrände Limas branden.

Die Städte, die die Spanier in Lateinamerika gründeten, sollten die Enge und Unübersichtlichkeit der mittelalterlichen spanischen Städte überwinden. Daher ließen die Stadtgründer im peruanischen Vizekönigtum die Straßen der neuen Siedlungen mit dem Lineal ziehen. Die Straßen verliefen rechtwinklig, die Häuserblocks (*cuadras, manzanas*) waren gleich groß und quadratisch.

Links: Wachablösung am Regierungspalast.

» Stadtplan S. 60–61 u. S. 67, Info S. 81

59

LOS OLIVOS

Avenida Angélica Gamarra de León Velarde

SAN MARTÍN
DE PORRAS

Cerro
La Milla

Avenida Angélica

Avenida Torres

Valle

Aeropuerto Internacional
"Jorge Chávez"

Avenida

Perú

Avenida

Avenida

Universitaria

Y. Avalés

Duarez

Avenida

Avenida V.

Elmer

Río   Rimac

J.

Y. Baquijano
Y. Castilla

LA LEGUA

Argentina

República

(Avenida Colonial)

Ave. C. G.
Amezaga

Avenida

CALLAO

Cementerio
Baquijano

BELLAVISTA

Guardia

Chalaca

P. Zonal
Yahuar Huaca

Universidad
Nacional
de San Marcos

Parque
Zoológico
Las Leyendas

27

Univer-
sidad
Católica

Centro
Histórico

Ave. 2 de Mayo

Saenz

Peña

Fauccett

SAN MIGUEL

Fortaleza del
Real Felipe

38

Buenos
Aires

Ave. José Galvéz

LA PERLA

de

la

Marina

Museo Histórico Militar

Ave.

Ave. Huascar

Colegio Militar
Leoncio Prado

LA

Avenida

la

Paz

Ave.   de

PUNTA

Ave. Bolognesi
Ave. Grau

Circuito de Playas

Tomasita

Escuela
Naval

La Punta

O C É A N O

N

P A C Í F I C O

GROSSRAUM LIMA

23 · 28 / 35 · 38

0   1   2   3 km

© Nelles Verlag GmbH, München

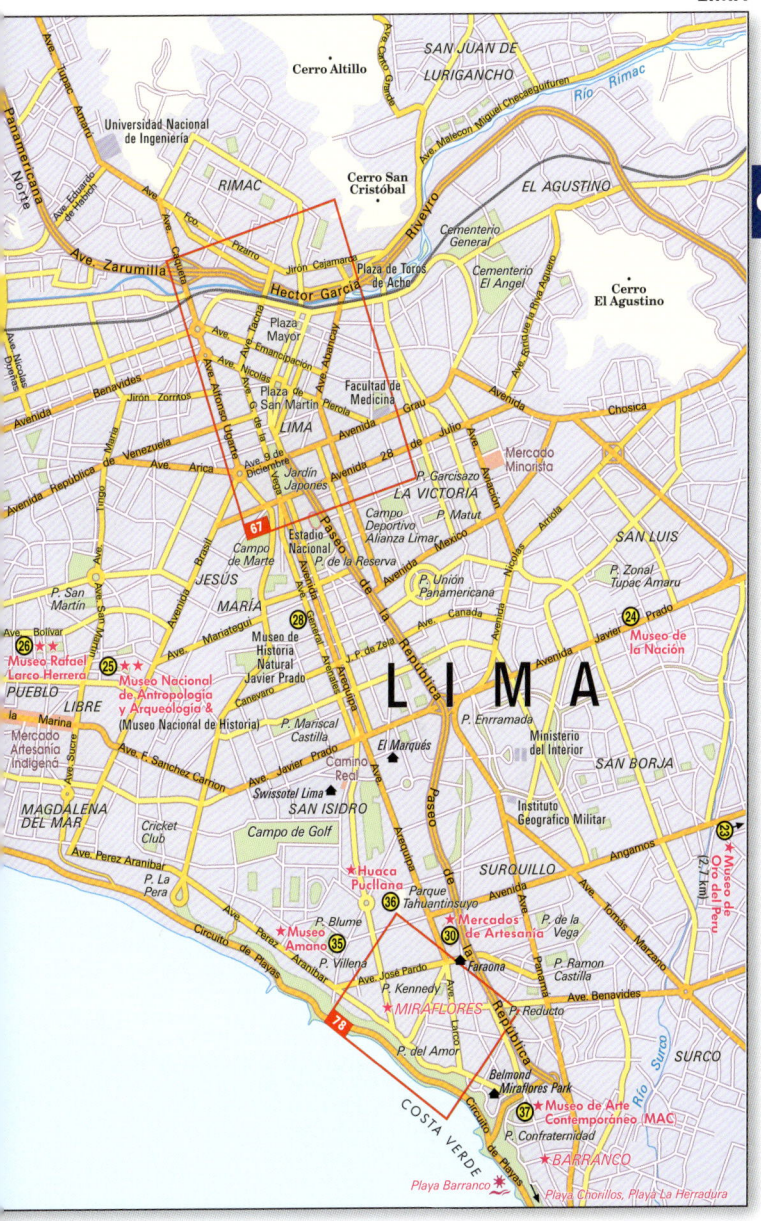

Foto: Christian Vinces (Shutterstock.com)

Am ebenfalls quadratischen Zentrum, der Plaza de Armas (Plaza Mayor), lagen Kirche, Rathaus, Gouverneurspalast und andere öffentliche Gebäude. In der Umgebung des großen Hauptplatzes durften sich nur die Adligen ansiedeln.

Außer für Parks ließen die Spanier auch Platz für prunkvolle Klöster, Kirchen, Hospitäler und ähnliches. Am Stadtrand errichteten Handwerker, kleine Händler und Tagelöhner ihre bescheidenen Häuser, außerhalb der Stadtgrenzen bezogen Indígenas, die ihr Land verloren hatten, notdürftige Hütten.

Nachdem Pizarro dem Wunsch seiner Berater nachkam, die neue Hauptstadt von Jauja im zentralen Hochland an die Küste zu verlegen, konnte am 18. Januar 1535 der Gründungstag *Ciudad de los Reyes* feierlich begangen werden (geplant war die Gründung am 6. Januar, daher „Stadt der Könige" genannt).

Pizarro soll damals den Plan seiner Stadt mit dem Schwert eigenhändig in den Boden gezeichnet haben. Die Entscheidung für Lima und gegen Jauja fiel aus wirtschaftlichen und politischen Überlegungen, da man in den neu erworbenen Kolonien auf einen Hafen angewiesen war, der eine schnelle Seeverbindung zum Mutterland garantierte.

Das ursprüngliche *Lima Cuadrada* oder *Centro Histórico* (wie die Altstadt Limas mit mindestens 300 000 Einwohnern heute noch genannt wird) war in 117 *cuadras* aufgeteilt, die bald schon, 1562, um ein neues Stadtviertel im Norden ergänzt werden mussten. Zu Beginn des 17. Jh. zählte Lima bereits 20 000 Einwohner, vorwiegend indianische Bedienstete, Handwerker, afrikanische Sklaven und wenige Hundert Angehörige spanischer Familien. 1680 errichteten die Limeños rund um die Stadt eine massive Schutzmauer mit zwölf Toren, um sich so gegen drohende Überfälle britischer Piraten zu schützen. 1687 und 1746 zerstörten kräftige Erdbeben den Großteil der Häuser, das

Oben: Lima, eine aufstrebende Metropole am Pazifik (Stadtteil Barranco). Rechts: Die Kathedrale von Lima an der Plaza Mayor.

Foto: salko3p (Shutterstock.com)

Wachstum war nun bis zur Mitte des 19. Jh. gebremst. Gleichzeitig entstanden in Bogotá und Buenos Aires neue Vizekönigtümer, die Limas Monopolstellung im Überseehandel mit Europa beendeten und die reichen Geldquellen versiegen ließen. Die glanzvolle Blütezeit war damit vorbei.

Eine erste Eisenbahnlinie zum Pazifikhafen Callao – dem heute größten Hafen Perus – entstand 1851. Teile der alten Stadtmauer konnten niedergerissen werden; eine weitere Brücke über den Río Rimac entstand. Im *Guerra del Pacífico* (Salpeterkrieg; 1879-1883) erlebte Lima 1881 die Plünderung durch chilenische Truppen.

Eine breite Allee, später sogar eine Straßenbahnlinie, führte in den vornehmen Badeort Miraflores, dem Lima immer näher rückte, bis es ihn schließlich verschlang. Die Stadt wirkte wie ein Magnet auf viele Menschen des Hochlandes; bereits in den 1920er Jahren zählte die Stadt 250 000 Einwohner. Doch erst mit Beginn der Landflucht in den 1960ern wuchs Lima zur Millionen-

metropole mit 43 *distritos* (Stadtteilen) an. Ein ehrgeiziger Plan sieht vor, bis 2021 – 200 Jahre Unabhängigkeit – ein U-Bahnnetz mit fünf Linien und über 130 km Länge zu errichten.

★★CENTRO HISTÓRICO (ALTSTADT)

Plaza Mayor

Die ★★**Plaza Mayor** ① (ehemals Plaza de Armas) bildet das historische Zentrum und den geschichtsträchtigsten Ort der Metropole. Hier endeten grandiose Prozessionen, hier waren die Köpfe enthaupteter Aufständischer ausgestellt und die Scheiterhaufen der Inquisition entzündet worden. Sehenswerte Gebäude, wie die Kathedrale aus der Kolonialzeit und die im Kolonialstil errichteten Paläste des Erzbischofs und der Regierung sowie das Rathaus, gruppieren sich um die Plaza, die am 8. September 1651 eingeweiht und 1997 mit großem Aufwand renoviert wurde. Weitere prächtige historische Bauwerke

» Stadtplan S. 67, Info S. 81

Foto: Günther Lahr

An der Ostseite der Plaza Mayor ragt die ★**Catedral** in den Himmel, zu deren Bau Francisco Pizarro persönlich den Grundstein legte. Die ursprüngliche Kirche war bald zu klein, und so entschloss man sich zur Erweiterung. Die Arbeiten begannen 1564. Aber kurz nach der Einweihung im Jahr 1625 richtete ein Erdbeben so schwere Schäden an, dass ein Neubau nötig wurde, den aber 1746 ein erneutes Beben beschädigte. Im Innenraum wirkt das mächtige, 1996 renovierte Renaissance-Bauwerk sehr farbenprächtig. Das vom katalanischen Künstler Pedro Noguera um 1623 geschnitzte **Chorgestühl** gilt als eines der feinsten der Welt. Der **Hauptaltar** scheint mit Silberschmuck geradezu überladen, die vielen Seitenaltäre stehen ihm nur wenig nach. Geht man vom Eingang aus rechts zur ersten **Seitenkapelle**, kann man durch ein Fenster den **Sarkophag Pizarros** bestaunen, der erst 1977 bei Ausgrabungen zu Tage gefördert wurde. Teile der Kapellenwände sind mit Mosaikarbeiten geschmückt, das Wappen der Stadt Lima und Pizarros darstellend. Links vom Hauptaltar liegt der Eingang zum **Museo de Arte Religioso**.

Das Besondere an dem **Palacio Arzobispal** links neben der Kathedrale sind seine breiten, filigran geschnitzten Balkone. Solche Vorbauten ließ sich die Oberschicht Limas früher viel kosten. Der Bischofspalast ist im Stil des Hochbarocks errichtet, er ist mit dem Kombiticket der Kathedrale zu besichtigen.

Die **Municipalidad de Lima** erhebt sich gegenüber der Kathedrale. Nach dem Brand des ursprünglichen Rathauses konnte der Neubau im Jahr 1944 im neokolonialen Stil vollendet werden. Schöne Holzbalkone und eine Gemäldegalerie machen das Gebäude sehenswert.

Neben dem Rathaus treffen sich Politiker und Geschäftsleute in den Räumen des **Club de la Unión**. Die elegante koloniale Fassade dieses noblen und traditionsreichen Hauses rundet das Bild an der Plaza Mayor stilvoll ab.

sind von hier aus in wenigen Minuten zu Fuß erreichbar. Auffallend viele Gebäude der Altstadt wurden im Stil des Klassizismus errichtet, den die diversen Diktatoren Perus seit der Unabhängigkeit bevorzugten. In der Mitte der Plaza plätschert der 1650 errichtete Bronzebrunnen, der sich in drei Etagen gliedert.

Der **Palacio de Gobierno** an der Nordseite der Plaza Mayor, auch bekannt als Pizarro-Palast, ist nach Voranmeldung (mit Pass, Jr. Union 264, 2 St.) Mo-Sa gratis zu besichtigen. Das 1938 fertiggestellte neoklassizistische Bauwerk ruht auf den Fundamenten des ehemaligen Pizarro-Palastes. Vor dem Eingang spielt sich täglich (außer sonntags) gegen 11.45 Uhr ein Spektakel ab: Die blaurot uniformierte Wache des Präsidenten, das Junín-Husarenregiment, vollzieht im Stechschritt den **Wachwechsel**.

Oben: Der Palacio Arzobispal ist für seine filigran geschnitzten Balkone berühmt. Rechts: Kreuzgang im Convento de Santo Domingo.

     » **Stadtplan S. 67, Info S. 81**

Foto: Christian Vinces (Shutterstock.com)

Westlich der Plaza Mayor

Der Durchgang zwischen Rathaus und Club führt zur Pasaje Los Escribanos, dort auf Nr. 145 findet man ein Büro der **Touristeninformation**. Wenige Schritte weiter, im neoklassizistischen ehemaligen Hauptpostamt eröffnete Präsident Gracia im März 2011 das **Casa de la Gastronomia** ② (Jiron Conde de Superunda, Di-So 9- 17 Uhr). Mit Schautafeln und Fotos wird hier die vielfältige Küche der peruanischen Regionen anschaulich dargestellt.

Das **Postamt** *(Serpost)* findet man in der Jiron Camana, gegenüber des Dominikanerklosters, eine reiche Auswahl an **Postkarten** aus ganz Peru wird in der Passage hinter dem Postgebäude angeboten. Die Camana-Straße führt zum Rimacfluss; am Ufer, auf der von Imbissständen gesäumten neuen Promenade **Alameda „Chabuca Granda"**, erinnern sich die Limeños bei den beliebten **Freiluftkonzerten** an die populärste Interpretin der *Música Criolla*.

An der Ecke der Straßen Camana und Conde de Superunda befindet sich der Eingang zum sehenswerten ★**Convento de Santo Domingo** ③. Von der ursprünglichen Innenausstattung der 1599 eingeweihten Kirche sind noch einige **Heiligenfiguren** und das prachtvolle, aus Zedernholz geschnitzte **Chorgestühl** auf der Empore erhalten. Alles andere fiel dem klassizistischen Erneuerungseifer des 19. Jh. zum Opfer. Das angrenzende Kloster, das im 17. Jh. zu den größten und reichsten der Stadt zählte, wurde von einem Vertrauten Francisco Pizarros, dem Dominikanerpater Vicente de Valverde, gegründet. Sehenswert ist der erste der drei noch erhaltenen **Kreuzgänge**. 1604-1606 in Sevilla gefertigte *Azulejos* (farbige Kacheln) sowie Gemälde, die das Leben des hl. Dominik illustrieren, schmücken die Wände. Im barocken **Kapitelsaal** wurden seit 1551 die Vorlesungen der ersten peruanischen Universität abgehalten. Auch ein Blick in die **Klosterbibliothek** mit rund 25 000 Bänden lohnt sich. Am Durchgang zum zweiten Innenhof führt eine Treppe zur **Gruft** der drei Landesheiligen Santa

» **Stadtplan S. 67, Info S. 81**   65

Rosa, des dunkelhäutigen San Martín de Porres sowie Beato Juán Masias.

Der liebevoll gestaltete kleine **Platz** gegenüber dem Klostereingang mit einem **Denkmal für die Schuhputzer** sowie die restaurierten kolonialen **Balkone** in der ★**Jiron Conde de Superunda** zeigen, weshalb Limas Altstadt von der UNESCO als schutzwürdig erklärt wurde. In der gleichen Straße auf Nr. 298 fällt die blaue Fassade eines kolonialen Herrenhauses ins Auge. Die stilvolle **Casa Oquendo de Osambela** ④ mit Patio aus dem späten 18. Jh. beeindruckt durch die Eleganz der renovierten Räume mit ihren alten Möbeln und den maurischen Kassettendecken. Das Gebäude wird für wechselnde **Kunstausstellungen** genutzt.

Nach zwei Häuserblocks überquert man die verkehrsreiche Avenida Tacna und stößt direkt auf das **Santuario de Santa Rosa** ⑤. Das „Heiligtum" wirkt von außen wie ein hübsches, aber unbedeutendes Kirchlein. Doch hier wird eine der bekanntesten Heiligen der katholischen Welt verehrt: die hl. Rosa von Lima (1586-1617). Den ihr geweihten Altarraum errichtete man an der Stelle ihres aus Lehm erbauten Geburtshauses. Santa Rosa zog sich täglich hierhin zum Gebet zurück, nachdem sie sich zuvor bis zur völligen Erschöpfung für die leidenden Menschen aufgeopfert hatte. Sie war die erste Heilige Lateinamerikas und ist heute Schutzpatronin der Neuen Welt.

Im Garten steht ein Schlösschen aus luftgetrockneten Lehmziegeln und ein Brünnlein, in das Rosa damals den Schlüssel für die Eisenketten warf, den ihr Büßergewand zusammenhielten. Noch über 380 Jahre nach ihrem Tod kommen heute täglich viele Pilger hierher, schreiben ihre Leiden und Wünsche auf einen Zettel und werfen diesen in den 19 m tiefen Brunnenschacht. Alljährlich am 30. August feiert die Pfarrgemeinde das stadtbekannte Santa Rosa-Fest mit einer großen Prozession und einem Festgottesdienst.

Folgt man der Avenida Tacna in südlicher Richtung, so erreicht man nach der dritten Querstraße die **Iglesia de las Nazarenas** ⑥. Die Kirche erzählt eine interessante Geschichte: In diesem früher ärmlichen Stadtbezirk lebten einst freigelassene schwarze Sklaven. Einer dieser Sklaven hatte an eine Lehmmauer ein Bildnis des gekreuzigten Jesus gemalt. Als das Erdbeben von 1655 die gesamte Stadt erschütterte, war dieses Bild das Einzige, was unversehrt blieb. Natürlich war dies für die Gläubigen ein großes Wunder. Man erbaute nun eine neue Kirche und brachte das Bild dorthin. Ihm werden auch heute noch magische Kräfte zugeschrieben. So soll man vor vielen Jahren bei einer Flutkatastrophe dieses Bild dem anstürzenden Wasser entgegengehalten haben – und selbstverständlich wichen die Fluten.

Las Nazarenas ist der Ausgangspunkt der wohl spektakulärsten Prozession Limas. Vom 1. Oktober an beginnen gläubige Limeños, sich zum Zeichen der Buße violett zu kleiden oder zumindest eine violette Krawatte zu tragen. Am 18., 19. und 28. Oktober wird dann das in Silber gefasste Gemälde des „Herrn der Wunder" (*El Señor de los Milagros*) auf einer 1000 kg schweren Trage durch die Straßen getragen, mit feierlichen Stops an Krankenhäusern, Feuerwehrzentralen und anderen öffentlichen Gebäuden. Die Gebete und Gesänge der Tausenden Gläubigen werden von der manchmal markerschütternden Blasmusik einer Militärkapelle unterstützt. Das Bild des gekreuzigten Jesus Christus, eine Kopie des ursprünglichen Wandbildes in der Iglesia de Las Nazarenas, soll seit 1670 Kranke heilen und Verzweifelte trösten. Arme Straßenhändler und Schuhputzer, hungernde Indígenas mit ihren unterernährten Kindern, aber auch reiche Geschäftsleute, mächtige Politiker und skrupellose Militärs knien während der Prozession ehrfurchtsvoll vor dem *Señor de los Milagros* nieder und erbitten seine Hilfe.

Die Bruderschaft *Hermandad del Se-*

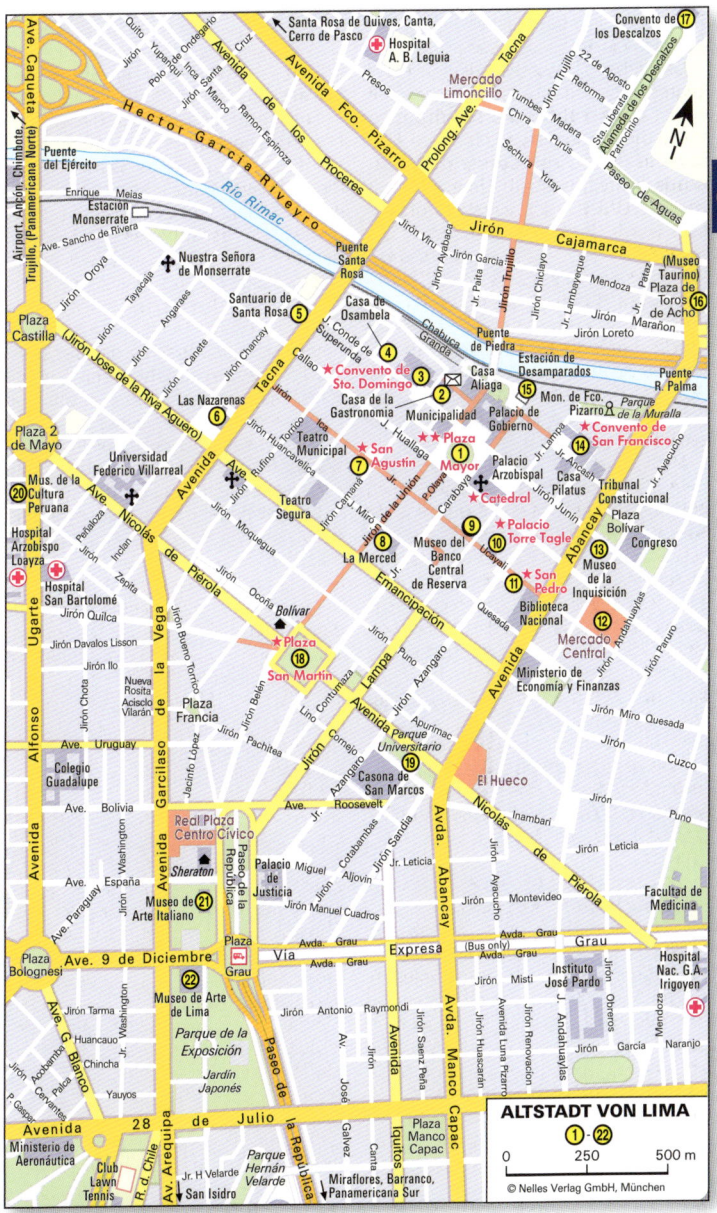

ALTSTADT VON LIMA

① - ㉒

0   250   500 m

© Nelles Verlag GmbH, München

Foto: The Power of Forever Photography (iStockphoto)

ñor de los Milagros führt die Prozession an, ein angesehenes Amt für die Limeños. Anlässlich des Festes wird der *Turrón de Doña Pepa* gebacken: ein süßer Kuchenteig mit bunten Zuckerperlen, auf den sich nicht nur die Kinder schon Wochen im voraus freuen.

Südlich der Plaza Mayor

Unweit der Plaza Mayor stößt man in dem Jirón Ica / Ecke Camaná auf die ★**Iglesia de San Agustín** 7, die zu den sehenswertesten der Stadt zählt. Die 1720 vollendete Barock-Fassade mit stilisierten Weintrauben, Blättern, kleinen Figuren, geometrischen Verzierungen und Bogennischen ist ein typisches Beispiel für die Arbeit der spanischen Baumeisterfamilie Churriguera, deren Stil im 17. und 18. Jh. die Kirchenbaukunst Lateinamerikas prägte, obwohl keines

der Familienmitglieder je Lateinamerika besuchte. Die im 16. Jh. begonnene Kirche erlitt schwere Schäden beim Erdbeben von 1687, wurde während des 19. Jh. restauriert und 1970 wieder stark erschüttert. Kunsthistoriker bezeichnen ihre Fassade als die eindrucksvollste ganz Limas. Das Innere ist schlicht, doch die Sakristei besitzt eine detailliert ausgearbeitete *Mudéjar*-Decke, und der „Todesschütze" gilt als eine der wertvollsten barocken Schnitzfiguren Perus.

In dem Jirón de la Unión / Ecke Miró befindet sich die Kirche des Gnadenordens **La Merced** 8. Mit dem Bau wurde bereits 1534, ein Jahr vor der offiziellen Stadtgründung, begonnen. Er steht an genau der Stelle, an der die Missionare die erste Hl. Messe im späteren Lima abhielten. Die 1639 in reinem Barock-Stil vollendete Kirche mit Klosteranbau fällt außen durch ihre rötliche Fassade, innen durch Wände mit bunten Azulejos auf. Mittelpunkt der Kirche ist die Statue der Muttergottes der Gnade (*merced*) mit ihrem kostbaren Gewand. Über der Figur prangt das Band der Großmarschallin

Oben: Die belebte Jirón de la Unión in der Altstadt von Lima. Rechts: Kunsthistorisch äußerst wertvoll ist das churrigereske Portal von San Agustín.

Foto: Rafal Cichawa (Dreamstime.com)

von Peru. Die Muttergottes ist die Patronin der Armee. Im 17. Jh. soll sie Lima vor einem Piratenüberfall geschützt und im 19. Jh. den peruanischen Freiheitskämpfern gegen die spanischen Kolonialherren geholfen haben.

Östlich der Plaza Mayor

In der Jirón Ucayali / Ecke Lampa ist in einem massiven Granitbau das **Museo del Banco Central de Reserva** ⑨, das Museum der peruanischen Zentralbank untergebracht. Im Jahr 1982 hat die Bank in den Kellerräumen des Gebäudes ein Ausstellung für präkolumbische Kunst eingerichtet. Die Dauerausstellung zeigt Keramiken vor allem der Vicus-Kultur (um 0-300 n. Chr.), Goldfiguren und -schmuck aus Lambayeque sowie Funde aus der Inka-Zeit. Im Obergeschoss sind Gemälde peruanischer Künstler aus dem 18. bis 20. Jh. ausgestellt.

Einen Häuserblock weiter befindet sich der ★**Palacio Torre Tagle** ⑩, der zu Recht als das koloniale Schmuck-

stück Limas gilt. 1735 für den *caballero* (Ritter) José de Tagle y Brancho (später Marquis de Torre Tagle) erbaut, war es auch das Geburtshaus seines Sohnes, des zweiten Präsidenten Perus.

Das Patrizierhaus mit dem Löwenkopf-Symbol ist ein Meisterwerk seiner Zeit: Allein die rosa gestrichenen Wände und der strahlend weiße Haupteingang mit seinen bronzebeschlagenen Türen wirken schon majestätisch. Die aus dunkelbraunen Edelhölzern grandios geschnitzten, ausladenden Erker sind in ihrer Eleganz einzigartig. Zudem waren sie sehr praktisch: Die noblen Damen der Oberschicht Limas konnten durch die Gitter der Balkone das Treiben auf der Straße ungestört und unbeobachtet verfolgen. Innen und außen verwendeten die Tischler nur die besten Hölzer: Zeder, Mahagoni und Cocobolo. Sehenswert ist auch der im *Mudéjar*-Stil gehaltene gepflasterte Innenhof mit einem Springbrunnen. Der Palast dient heute als Sitz des Außenministers und seines diplomatischen Korps und sein Inneres ist deshalb nicht zu besichtigen.

» **Stadtplan S. 67, Info S. 81**

Foto: Klaus Boll

In der Jirón Azangaro / Ecke Ucayali sieht man die barocke ★**Iglesia de San Pedro** ⑪. Als Kreuzbasilika von Jesuiten erbaut, diente sie später als letzte Ruhestätte des Vizekönigs O'Higgins. 1638 geweiht, hat sie wie durch ein Wunder alle Erdbeben fast unbeschadet überstanden; selbst das auffallend große Gewölbe über der Vierung und die kleinen Kuppeln über den Enden der Seitenschiffe haben die Erdstöße ausgehalten. Hervorragende Fliesenarbeiten, vergoldete Altäre und wertvolle Täfelungen mit eingelassenen Ölgemälden machen die Kirche zu einer kunsthistorischen Schatzkammer. In den großen Holzbalkonen zu beiden Seiten des Hauptaltars wohnten ausschließlich der Vizekönig und hohe geistliche Würdenträger den Gottesdiensten bei. An den Holzschnitzereien erkennt man – wie so oft in den Kirchen Limas – den maurischen Einfluss. Die Glocke von San Pedro mit dem liebe-

Oben: Der Palacio Torre Tagle, ein koloniales Schmuckstück. Rechts: In der Bibliothek des Convento de San Francisco.

vollen Namen *La Abuelita* („Großmütterchen") rief 1821 zum Unabhängigkeitskampf auf – eine Parallele zum *Grito de Dolores* von Miguel Hidalgo in Mexiko.

Numismatiker werden nun einen Abstecher zum **Museo Numismático de Banco Wiese** in der Jirón Cusco 245 machen. Die dortige Münzsammlung präsentiert peruanisches Geld. Zum Besuch des Museums bedarf es keiner Münzen – der Eintritt ist frei.

Freunde von Straßenmärkten dürfte der **Mercado Central** ⑫ in der Avenida Ucayali/Ecke Jirón Ayacucho interessieren. Die vielen Stände reichen längst über den ursprünglich zugewiesenen Häuserblock in die Seitenstraßen hinaus, und so ist der Markt tagtäglich zum Bersten voll. Sicher findet man hier auch Souvenir-Schnäppchen, doch ist das Warenangebot vorwiegend für einheimische Haushalte gedacht.

Folgt man dem Jirón Ayacucho in nördlicher Richtung, so erreicht man nach zwei Häuserblocks die grüne **Plaza Bolívar**, an der sich rechter Hand der monumentale **Kongresspalast** erhebt.

Im **Museo de la Inquisición** ⑬ an der Südseite der Plaza tagte einst das gefürchtete Inquisitionsgericht. Nach seiner Abschaffung im Jahr 1813 wurde das Gebäude von überlebenden Opfern gründlich verwüstet und später wieder aufgebaut. Danach diente es zunächst als Senatsgebäude und ist heute Teil der Universitätsbibliothek. Wesentlich interessanter dürfte für die meisten Besucher die gruselige Folterkammer im Untergeschoss sein. Wachspuppen, deren Köpfe mit Kapuzen verdeckt sind, liegen auf dem Streckbett wie einst die Angeklagten, bevor sie – ob schuldig, geständig oder nicht – ausgepeitscht, gevierteilt, verbrannt oder mit der spanischen Garotte erdrosselt wurden. Das Museum weckt auch Erinnerungen an ein Stück der jüngeren peruanischen Geschichte, denn es ist durchaus vorstellbar, dass sich hier vielleicht die Schergen der zahlreichen Militärdiktaturen inspirieren ließen.

Foto: Detlev Kirst

Nördlich der Plaza Mayor

Folgt man der breiten Avenida Abancay in nördlicher Richtung und biegt links in den Jirón Ancash ein, so sieht man gleich die gelben Barocktürme des ★**Convento de San Francisco** ⑭ Das 1546 von Franziskaner-Mönchen gegründete Kloster gehört – wie der gesamte koloniale Altstadtkern – heute zum Weltkulturerbe der UNESCO. Die mächtige Anlage mit den beiden markanten Holzkuppeln der Klosterkirche konnte jedoch erst 1672 vollendet werden. Im barocken Stil des Klosters sind an manchen Wandornamenten arabisch-andalusische (*mudejar*) Einflüsse erkennbar. Besonders die **Zedernholzkuppel** über der Haupttreppe von 1625 ist einmalig in Amerika. Das **Chorgestühl** auf der Empore der Kirche (mit 132 Plätzen) aus dunkelbraunem Zedernholz, die goldene, mit Juwelen besetzte **Monstranz** und mehrere wertvolle **Gemälde** der spanischen Maler Francisco de Zurbarán und José de Ribera, Mitte des 17. Jh. entstanden, lassen den Reichtum

des Ordens zu jener Zeit erahnen. Auch die 71 geschnitzten **Tafeln** aus Panama-Zeder mit Darstellungen franziskanischer Heiliger stellen eine Kostbarkeit dar. Im ★**Kreuzgang** des Klosters, durch schmiedeeiserne Gitter vom Innenhof getrennt, erzählen aus dem südspanischen Sevilla importierte **Fliesen** sehr anschaulich das Leben des hl. Franziskus.

In den sehenswerten , erst 1947 wieder geöffneten ★**Katakomben** ruhen, in Regalen sorgfältig geordnet – ja teilweise zu geometrischen Mustern zusammengelegt – die Gebeine von mehr als 70 000 Seuchenopfern Limas.

Auch die grandiose, aber wenig beachtete **Bibliothek** mit ihren 20 000 ledergebundenen antiquarischen Büchern und 6000 Pergamenten aus der Kolonialzeit Perus ist einen Besuch wert. Bei einer Führung kann man Katakomben, Bibliothek und Klosteranlage kennen lernen.

Die **Casa Pilatus**, gegenüber dem Kloster San Francisco, ist eines von mehreren, in der ganzen Stadt verstreuten typischen Herrenhäusern der peru-

» **Stadtplan S. 67, Info S. 81**

71

anischen Oberschicht aus dem 18. Jh., die bis heute erhalten geblieben sind. In diesem Haus mit dem biblischen Namen hat Perus Verfassungsgericht, das Tribunal Constitucional, seinen Sitz.

Folgt man dem Jirón Ancash, trifft man gleich nach dem nächsten Häuserblock auf die grünweiß gestrichene Fassade des Hauptbahnhofs, der bezeichnenderweise **Estación de Desamparados** ⑮ („Station der Verlassenen") genannt wird. Der Personenverkehr über den spektakulären, 4818 m hohen Anticona-Pass nach La Oroya wurde stark eingeschränkt. Im Oktober 2009 eröffnete Präsident Garcia dort ein Literaturzentrum, die **Casa de la Literatura** (Di-So 10-20 Uhr), wo in 18 Sälen die peruanische Literatur seit der Kolonialzeit bis heute sehr anschaulich – gratis unter Leitung von Studenten – präsentiert wird, allerdings sind Spanischkenntnisse erforderlich.

Parallel zu den Eisenbahnschienen

verläuft der **Río Rimac**, von dem die spanischen Eroberer den Namen der Stadt Lima ableiteten. Der Río Rimac bringt Wasser aus den Bergen an die dichtbesiedelte Küste. Allerdings hat er mit dem Wachstum Limas zu einer 8-Mio.-Metropole nicht mithalten können; in der Trockenzeit herrscht – besonders in den Armenvierteln – extremer Wassermangel.

Jenseits des Río Rimac

Die **Puente de Piedra** („Steinbrücke") westlich des Bahnhofs war die erste Brücke über den Río Rimac. 1610 im romanischen Stil errichtet, verfügt sie über eine merkwürdige, von außen nicht sichtbare Besonderheit: Die Maurer rührten den Mörtel für die Brücke angeblich mit Hunderttausenden von Seevogeleiern an. Diese einzigartige Mixtur sollte ihn haltbarer machen und scheint bis heute zu wirken – die Brücke hat bislang allen Erdbeben und Fluten standgehalten. Zwei Blocks nördlich des Flusses und 500 m östlich der Brücke liegt die **Plaza**

Oben: Stierkampf auf der Plaza de Toros de Acho.
Rechts: Plaza San Martín.

Foto: Christian Vinces (Shutterstock.com)

de Toros de Acho ⑯, die bereits seit 240 Jahren (eröffnet 1766) als Stierkampfarena dient – sie soll sogar eine der drei ältesten der Welt sein. In der Saison, von Oktober bis Dezember, ist das Stadion sonntagnachmittags prall gefüllt mit leidenschaftlich mitgehenden Zuschauern, deren Anfeuerungsrufe für Toro oder Torero oft nach außen dringen.

Das hier untergebrachte **Museo Taurino** erzählt von der Geschichte des Stierkampfes (nicht nur in Peru) und zeigt die hautenge, reich geschmückte Kleidung der Matadoren und ihr Handwerkszeug: Degen, *banderillas* (Spieß mit Widerhaken), *capa* (Umhang) etc. Historische Gemälde von Stierkämpfen illustrieren diesen lebensgefährlichen Broterwerb.

Von der Stierkampfarena lässt sich ein Abstecher zu dem im gleichen Stadtteil (Rimac) gelegenen **Convento de los Descalzos** ⑰, unternehmen. Das 1592 gegründete, heute noch von Mönchen bewohnte Kloster des Barfüßerordens liegt am nördlichen Ende der Alameda de los Descalzos, einer Promenade mit Grünanlagen und Statuen. Auf einem geführten Rundgang (nur auf Spanisch) durch das Kloster sieht man über 300 wertvolle religiöse Gemälde, ein großes Refektorium, enge Mönchszellen und zwei reich ausgeschmückte Kapellen. Der Orden betrieb hier einst eine Knabenschule und widmete sich auch intensiv einer der schönsten Nebensachen der Welt: der Herstellung und dem Genuss von Wein. In der Klosterküche aus dem 17. Jh. stehen noch mehrere Geräte, die zur Weinproduktion benutzt wurden. Die kleine Kirche inmitten des Parks, **Santa Liberata**, wurde 1549 erbaut und gilt als älteste Limas.

Plaza San Martín und Paseo de la República

Die Altstadt (*centro histórico*) wird im Süden von der Avenida Nicolás de Piérola und der großzügig angelegten ★**Plaza San Martín** ⑱ begrenzt. Der hübsche Platz verdankt seinen Namen dem argentinischen General und Befreier San Martín, der 1821 in Huaura (bei Huacho nördlich von Lima) die Unabhängigkeit Perus ausgerufen hat. Der spanische Bildhauer Mariano Benlliure schuf das zentrale, 1921 aufgestellte Bronzedenkmal, das den General in Reiterpose porträtiert. An dem massiven Sockel sind Gedenkplatten mit Daten seiner Taten und Schlachten angebracht. Auf der Plaza San Martín versammeln sich oft Demonstranten; nach Feierabend und an Wochenenden versuchen Clowns, Gaukler und Musikanten, sich ein Zubrot zu verdienen, während indianische Hausmädchen und junge Rekruten zur „Brautschau" hierherkommen.

An der westlichen Seite des Platzes erhebt sich das ehrwürdige, 1927 errichtete **Hotel Bolívar**, in dem früher auch ausländische Prominenz logierte. Unmittelbar daneben beginnt der **Jirón de la Unión**, die wichtigste Fußgängerzone des historischen Zentrums. In dieser tagsüber sehr belebten Straße tummeln sich eilige Geschäftsleute, Geldwechsler und Straßenverkäufer. Kinos, Schmuckgeschäfte, Buchhandlungen, Uhrenläden, Banken und Boutiquen bieten zu beiden Seiten der Flaniermeile ihre Dienste an.

Zwei Häuserblocks östlich der Plaza San Martín breitet sich der **Parque Universitario** (19) aus. Die geschmackvolle koloniale **Casona de San Marcos** an der Südseite des Platzes war ursprünglich das Zentrum der ältesten Universität Südamerikas, konnte jedoch sehr bald die vielen Studenten der spanisch-kreolischen Oberschicht nicht mehr fassen. Im Park fällt ein aus Deutschland stammender Uhrturm auf, dessen Uhrwerk einst um 12 Uhr mittags die peruanische Nationalhymne spielte. Leider nahmen die chilenischen Besatzer den Mechanismus im letzten Jahrhundert mit.

Liebhaber besonderer Museen seien noch auf Ziele etwas abseits der Touristenpfade hingewiesen.

Das **Museo de la Cultura Peruana** (20) liegt in der Avenida Alfonso Ugarte 650 und ist am besten per Taxi zu erreichen. Die den Ruinen von Tiahuanaco (auf bolivianischer Seite des Titicaca-Sees) nachempfundene Fassade verspricht etwas mehr als das Innere halten kann. Überaus sehenswert ist jedoch die völkerkundliche Abteilung, die sich mit der variantenreichen Volkskunst und dem exzellenten Kunsthandwerk Perus beschäftigt. Keramik, Schnitzereien, moderne Kunst, Volkskunst, Trachten, aber auch wertvolle Altarbilder und Kreuze im synkretistischen Stil der missionierten Indianer aus der Region Ayacucho vermitteln ein Bild der alten peruanischen Kulturen. Besondere Aufmerksamkeit verdienen der Schmuck und die Zeremonialgegenstände der Indianervölker Amazoniens (u. a. der Shipibo) sowie koloniale Silberarbeiten und Möbel.

Zwei lange Häuserblocks südlich der Plaza San Martín öffnen sich die engen Straßen der Altstadt zu einer großzügigen **Parkanlage**. Auf der Rasenfläche stehen unter imposanten Königspalmen einige beachtenswerte moderne Denkmäler, darunter ein indianischer Bauer mit zwei in ein Joch gespannten Ochsen. Die Gebäude um die Grünanlagen könnten kaum unterschiedlicher sein: Auf der einen Seite ein moderner Wolkenkratzer und die Betonburg des Sheraton-Hotels, auf der anderen der behäbige klassizistische Palast des obersten Gerichtshofs und neben dem Sheraton das **Museo de Arte Italiano** (21), ein zierliches, mit großen Mosaikwänden geschmücktes Bauwerk im Stil der italienischen Renaissance. Die italienischen Einwohner Limas schenkten 1921, zum 100. Jahrestag der Unabhängigkeit, den kunstinteressierten Menschen Perus dieses Bauwerk inklusive der zwölf Flügel mit Gemälden wenig bekannter Maler der vergangenen 200 Jahre. Die italienische Botschaft organisiert häufig Ausstellungen in seinen Räumen.

Unter der **Plaza Grau**, einem turbulenten Verkehrsknotenpunkt, ist eine

Rechts: Exponate im Larco-Museum.

Foto: Susanne Kremer (Schapowalow)

zentrale, unterirdische **Busstation** mit Shopping-Bereich entstanden, von der der moderne *Metropolitano*, ein Expressbus, quer durch Lima fährt. Das riesige **Denkmal** inmitten des Platzes erinnert an den tragischen Helden des Salpeterkriegs (1879-83), **Miguel Grau**.

Das **Museo de Arte** ㉒ (MALI) residiert in einem großen, stilvollen klassizistischen Gebäude an der Südwestseite der Plaza Grau; Eingang durch den **Parque de la Exposición** auf der Rückseite. Die Ausstellungsstücke vermitteln einen Überblick des Kunstschaffens von den präkolumbischen Indianerkulturen bis zur Gegenwart. Einen Schwerpunkt bilden die zahlreichen Gemälde aus der berühmten Schule von Cusco, die im ehemaligen Herzen des Inka-Reichs über Jahrhunderte hinweg einen eigenen Malstil entwickelte. Über 7000 Exponate aus der Geschichte Perus, darunter Keramik, Goldarbeiten, koloniale Möbel und präkolumbische Artefakte runden die Ausstellung ab.

Westlich des Kunstmuseums beginnt die 8 km lange, prachtvolle **Avenida**

Arequipa, die südwärts in die noblen Distrikte **San Isidro** (Diplomatenviertel) und **Miraflores** führt.

MUSEEN AUSSERHALB DES ZENTRUMS

Bei einem Aufenthalt in Lima lohnt der Besuch des ★**Museo de Oro del Peru** ㉓ in der Avenida Alonso Molina 100 in Monterrico. Das weltbekannte, in Privatbesitz befindliche Goldmuseum ist in Kellerräumen untergebracht. Seine zahlreichen Vitrinen präsentieren Zeremonialgegenstände, diverse Werkzeuge und Schmuck aus Gold, Silber, Edelsteinen sowie Federn. Von den ehemals mehr als 6000 ausgestellten Objekten erwiesen sich nach umfangreichen wissenschaftlichen Untersuchungen die Mehrzahl als geschickte Fälschungen! Seit 2001 sind nur noch etwa 800 als authentisch erwiesene Kunstwerke ausgestellt, die die hohe Kunstfertigkeit der präkolumbischen Kulturen Perus, v. a. Sicán und Chimú, bezeugen. Die **Waffensammlung** im Erdgeschoss gilt als eine der

» Stadtplan S. 67 u. S. 60-61, Info S. 81

Foto: Mireille Vautier

besten ihrer Art, ist jedoch mit wertvollen Exponaten aus aller Welt etwas überfrachtet. Tausende altertümlicher Feuerwaffen, Pistolen, Degen, Schwerter, Rüstungen und Wappen beschwören ein blutiges Bild der Kämpfe seit Pizarros Ankunft in Peru herauf. Auch Kleider des Adels aus der Kolonialzeit sind im Erdgeschoss ausgestellt. Gute Info-Dienste leistet der neue Audio-Guide, auch in Deutsch, für die wichtigsten Vitrinen.

Das **Museo de la Nación** ㉔ in der Av. Javier Prado Este, San Borja wurde umgestaltet und stellt keine archäologischen Funde mehr aus. Die wichtigsten Objekte befinden sich jetzt im neuen Museum in Pachacámac (s. S. 172). Das Gebäude nutzt nun das Kulturministerium, v. a. für Büros. In einigen Sälen finden noch Wechselausstellungen statt.

Im Distrikt Pueblo Libre, an der Plaza Bolívar, liegt das berühmte ★★**Museo Nacional de Antropología y Arqueo-**

logía ㉕ (Führungen auf Spanisch und Englisch). Unzählige Exponate aus allen Jahrtausenden der peruanischen Geschichte belegen die lange Besiedlung Perus. Das Museum für Anthropologie und Archäologie präsentiert Steinreliefs der Chavín-Kultur, hervorragende Keramiken aller peruanischen Kulturen, edelste Stoffe der Paracas-, Huari- und Inka-Kultur – die besten Webarbeiten Amerikas überhaupt – und Belege für fachmännisch durchgeführte Schädel-Trepanationen aus vorinkaischer Zeit. Die berühmte ★**Raimondi-Stele** aus der Chavín-Zeit sowie das raumfüllende, detaillierte **Modell der Inka-Stadt Machupicchu** (s. S. 122) machen den Rundgang durch das Museum zum Erlebnis. Nicht versäumen sollte man die durch eine Panzertür gesicherte ★**Schatzkammer** im Untergeschoss, mit Silber-und Goldfunden der alten Kulturen.

Der Ausgang führt durch das **Museo Nacional de Historia**. In der ehemaligen Residenz der Generäle Simón Bolívar und José de San Martín erinnern spätkoloniale und frührepublikanische

Oben: Moche-Keramik im Museo Nacional de Antropologia y Arqueología. Rechts: Ein heiliges Tier in Gold gefasst (Museo de Oro).

  » Stadtplan S. 60-61, Info S. 81

Möbel und Gemälde an die unruhigen Zeiten des Unabhängigkeitskampfes. Neben persönlichen Gegenständen der Freiheitshelden sind Handschriften, Porträts und Uniformen ausgestellt, die den langwierigen, blutigen Ablösungsprozess Lateinamerikas von Spanien lebendig werden lassen.

Das privat geführte ★★**Museo Rafael Larco Herrera** 26 (in der Avenida Bolívar 1515, gleichfalls im Ortsteil Pueblo Libre) hat sich auf die Präsentation präkolumbischer Keramik, insbesondere der Moche, spezialisiert. Schon der erste Blick in die großen Ausstellungsräume lässt den Besucher ahnen, was ihn auf ihn zukommt: eine äußerst umfassende Sammlung von fast 60 000 Ausstellungsstücken. Exzellente Webarbeiten, darunter ein Stofffragment mit 157 Fäden pro cm (!), *fardos* (Mumienbündel) und ein großer Saal mit ★**Goldschmuck** machen diese Sammlung zu einer der wertvollsten Südamerikas. Ein Highlight ist die Kollektion ★**Erotischer Keramiken:** Sie zeigen originelle Varianten der sexuellen Praktiken vorkolumbischer (und somit vorkatholischer) Kulturen. Das durchgestylte **Café del Museo** betreibt Perus Spitzenkoch Gastón Acurio.

Wer sich auf seine Wanderungen im Amazonas-Dschungel, auf dem Inka-Trail oder in der Cordillera Blanca vorbereiten und die dort lebenden Tierarten kennenlernen möchte, sollte dem **Parque Zoológico Las Leyendas** 27 nördlich der Avenida de la Marina, einen Besuch abstatten. Der Zoo folgt in seiner Gliederung der topografischen Aufteilung Perus: Tiere der *costa* (Küste), der *sierra* (Berge) und der *selva* (Urwald) fristen hier ein trauriges Leben in Käfigen.

Auf dem Weg von der Innenstadt nach Miraflores lohnt ein Besuch des **Museo de Historia Natural Javier Prado** 28 in der Av. Arenales 1256, denn hier befindet sich die einzige nennenswerte museale Natursammlung Limas. Fauna, Flora und traditionelle Heilkunde werden in dem zur Universidad San Marcos gehörenden Gebäude thematisiert.

★MIRAFLORES UND ★BARRANCO

Die palmengesäumte Avenida Arequipa, die von der Altstadt schnurgerade nach Süden führt, endet nach etwa 6 km am **Óvalo José Pardo** 29, Zentrum des Distrikts ★**Miraflores** und kommerzieller Brennpunkt des Landes. Banken, Reisebüros, Feinschmecker- und Fastfood-Restaurants, Kaufhäuser, Diskotheken, Straßencafés und die meisten guten Hotels konzentrieren sich hier in „walking distance".

Vom Óvalo zwei Blocks nördlich, gelangt man zu den sehr besuchenswerten ★**Mercados de Artesanía** 30 (Av. Petit Thouars), wo man in allen Variationen, Preisen und Qualitäten vor allem indianisches Handwerk erwerben kann: handgestrickte Pullover, Ponchos, Schmuckgegenstände, kunstvoll verzierte Flaschenkürbisse, herrlich windschiefe Tonkirchen aus Ayacucho, Wandbehänge aus Alpakawolle, bunte Mützen, Altäre aus Salzteig und fantasievolle Keramikfiguren. Der Markt ist nicht nur für Touristen gedacht, auch

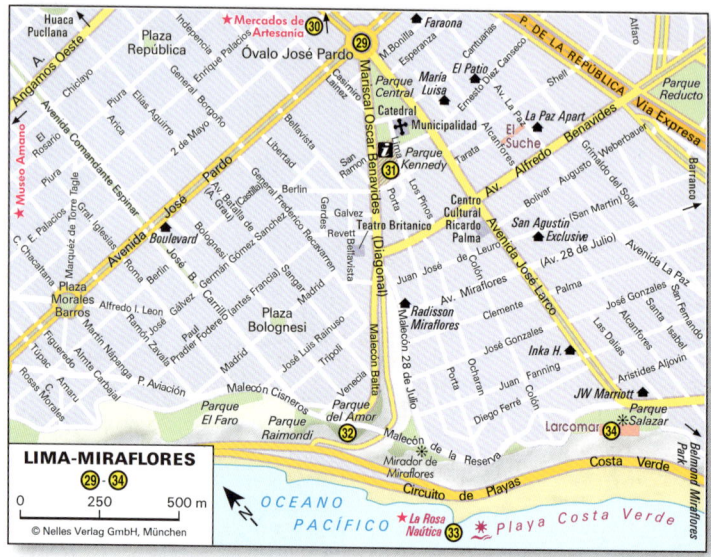

Einheimische kaufen hier gerne ein.

Im **Parque Kennedy** ③, südwestlich des Óvalo, verkaufen einheimische Künstler ihre Gemälde, und am Wochenende finden hier Konzerte statt. Rund um den Park treffen sich Jung und Alt im *Café de la Paz*, *Café Tigre* oder im *Café Haiti*.

Wenige Häuserblocks hinter dem Parque Kennedy stößt man auf eine Straße, die sich hoch oben am Steilhang der Küste entlangschlängelt. Gleich links neben einer Brücke, die eine tiefe Schlucht überspannt, liegt der kleine **Parque del Amor** ③, der seinen Namen der hier aufgestellten Skulptur eines sich küssenden Pärchens verdankt. Von der Grünanlage genießt man einen herrlichen Blick über die weite Meeresbucht und kann neben den **Wellenreitern** auch die **Paraglider** aus nächster Nähe beobachten, wie sie ihr Fluggerät zwischen Steilküste und Hochhäusern manövrieren.

Südlich des „Liebesparks" lädt eines der bekanntesten Restaurants der Stadt zum Entspannen und Schlemmen ein: ★**La Rosa Naútica** ③. Attraktiv auf einem Pier im Meer gelegen, bietet es in stilvollem Ambiente eine breite Palette teurer, exzellenter Fischgerichte, etwa *corvina a la macho* (Meerbrasse mit Meeresfrüchtesauce). Mittags gibt es häufig ein großes Buffet. Für Kurzbesucher oder als Aperitif empfiehlt sich der hier legendäre gute *pisco sour*.

Oberhalb der Costa Verde, am **Malecón de la Reserva**, lockt **Larcomar** ③, eine Mall mit Geschäften, Theater, Kinos, Casino, Bars, Cafés, Eisdielen und schicken Lokalen. Bei einem Drink oder Dinner kann man von den Restaurantterrassen die **Aussicht** auf den Sonnenuntergang am Pazifik genießen.

Das ★**Museo Amano** ③ in der Calle Retiro 160 konzentriert sich auf präkolumbische Artefakte. Der Gründer, der japanische Ingenieur Yoshitarao Amano, achtete darauf, nur besondere Exponate zu präsentieren – mehrere dienten der peruanischen Post als Vorlage für

---

Rechts: Blick vom Einkaufszentrum Larcomar auf Miraflores und die Costa Verde.

Foto: tbradford (iStockphoto)

Sondermarken. Kenner präkolumbischer Textilien finden hier die größte Sammlung von Webarbeiten und Gazen der Chancay-Kultur (Späte Zwischenperiode; etwa 1000-1400 n. Chr.) sowie einzigartige Stoffe aus den Gräbern der Halbinsel von Paracas (400-100 v. Chr.). Besucher werden hier – nach vorheriger Anmeldung – in kleinen Gruppen eingelassen; der Eintritt ist frei.

Ein Zeugnis der Lima-Kultur (200-700 n. Chr.) ist die große Lehmziegelpyramide ★**Huaca Pucllana** 36 im **Parque Tahuantinsuyo** in Miraflores. Hier befinden sich auch ein kleines **Museum** und ein stilvolles **Gourmetlokal**.

★**Barranco**, südlich von Miraflores, ist ein attraktives Viertel, in dem viele Künstler wohnen und arbeiten; in den Kneipen erwacht nachts das Leben, in der **Av. Grau** locken in schönen **Kolonialstilhäusern** Traditionslokale wie das *Las Mesitas*. Westlich der hübschen ★**Plaza de Barranco**, wo am Wochenende beim **Nachtmarkt** viel los ist, überspannt die romantische **Puente de los Suspiros** („Seufzerbrücke") den ge-

pflegten **Promenadeweg** zum Strand. 2013 eröffnete in Barranco, im Künstlerviertel in Limas Süden, das ★**Museo de Arte Contemporáneo (MAC)** 37, ein zeitgenössisches Kunstmuseum, das sich der Gegenwartskultur Perus und Lateinamerikas widmet. Für Freunde moderner Kunst unbedingt sehenswert!

Die **Strände** von Miraflores, Barranco und – weiter im Süden – **Chorillos** (dort v. a. **La Herradura**, wo vom Morro Solar der kolossale **Cristo del Pacifico** aus Kunststoff grüßt) gehören zu den beliebtesten Badeplätzen der Limeños, die diesen Abschnitt **Costa Verde** nennen. Idyllische Südseestrände darf man dort zwar keinesfalls erwarten – geografisch ist die eine Küstenwüste –, aber gute Wellen für **Surfer**.

DIE UMGEBUNG LIMAS

Die heute über 800 000 Einwohner zählende Hafenstadt (offiziell „Konstitutionelle Provinz" innerhalb der 43 Distrikte Limas mit dem Internationalen Flughafen Jorge Chávez) **Callao** – mit

» Stadtplan S. 78 u. S. 60-61, Info S. 81

79

Foto: Mireille Vautier

Lima längst zusammengewachsen – diente einst als Vorposten Limas gegen die Überfälle von Piraten wie Francis Drake. Das Erdbeben und die nachfolgende Flutkatastrophe von 1746 forderten 5000 Menschenleben, doch mit dem Guano-Boom erlebte Callao eine neue Blüte. 1940 legte ein Erdbeben die Stadt erneut in Schutt und Asche.

Außer dem großen **Industriehafen** ist das 1747-74 aus massiven Natursteinen erbaute **Fortaleza del Real Felipe** ㊳ sehenswert, das heute als Museum dient (tägl. 9-16 Uhr) und einen Besuch lohnt. Hier hielten sich die unterlegenen spanischen Soldaten nach dem Ende des Unabhängigkeitskrieges ein ganzes Jahr, bevor sie sich den peruanischen Truppen ergaben.

Das historische Zentrum der Hafenstadt Callao wurde unlängst restauriert und wird nun unter dem Slogan **Callao Monumental** touristisch vermarktet. Etwa 10 Minuten Fußweg vom Museum,

in der Jirón Constitución 250, werden Führungen angeboten.

Cajamarquilla (etwa 5 km nordöstlich des Zentrums im Distrito San Juan de Lurigancho) war eine Adobestadt der Huari an der Küste. Labyrinthartig angelegte Straßen durchziehen die Anlage, die Vertiefungen aufweist, deren Bedeutung nicht geklärt ist. Drei Häusergruppen, Terrassen und Pyramidensockel sind noch zu sehen.

Etwa 10 km östlich des Stadtkerns (im Distrikt Ate) zweigt von der Carretera Central eine Straße ab, die nach 1 km zu den präkolumbischen Ruinen von **Puruchuco** führt. Ein 1953 rekonstruiertes Adobe-Bauwerk, vermutlich ein früherer vorinkaischer Palast eines Dorfvorstehers (*curaca*), ragt aus dem komplizierten System von Gängen und Wegen heraus. Das kleine Museum am Eingang präsentiert Keramikgefäße, Steinwerkzeuge und Textilarbeiten, heimische Pflanzen sowie präparierte Tiere, z. B. *cuys* (Meerschweinchen) und haarlose Hunde.

Die Kleinstädte **Chaclacayo** (30 km) und **Chosica** (34 km von Lima im Tal des Río Rimac) haben sich zu feinen Ferienorten entwickelt. Hier, in 700 bis 850 m Höhe, sind die Temperaturen im Winter (von Mai bis Oktober) durchschnittlich 10 °C höher als an der nebligen Küste und im Sommer angenehm kühl.

Zu Ausflügen von Lima bieten sich die **Panamericana**, die die Stadt von Nord nach Süd durchquert, oder die **Carretera Central** in die meist engen Täler der Zentralanden an.

Weitere interessante Ausflüge in die Umgebung Limas, etwa zur Orakel-Ruine **Pachacámac** (23 km südlich) und zu dem beliebten Strandort **Pucusana** (70 km südlich) sind im Kapitel „Südküste" beschrieben (s. S. 172).

Oben: Webarbeiten der Chancay-Kultur im Museo Amano.

Lima (☎ 01)

🛈 **iPerú**, C. Jorge Basadre 610, San Isidro, Tel. 4211627, Mo-Fr 9-18 Uhr; Larcomar, Módulo 10, Miraflores, Tel. 4459400, 11-13, 14-20 Uhr. Flughafen J. Chavez, Tel. 5748000, 24 Std. **Info für Lima**: Pasaje Los Escribanos 145, Zentrum, Tel. 3151542.
Touristenpolizei: Jiron Moore 268, Magdalena, Tel.4601060, 4604525.

✕ **Astrid & Gastón**, Gourmetlokal, „neuandine" Küche, San Isidro, Paz Soldan 290, Tel. 4422777, 13-15, 19-23 Uhr. **Central**, internat. bekannter Küchenchef Martinez, Sta. Isabel 376, Miraflores, Tel. 2428515, 20-23:15 Uhr, www.centralrestaurante.com.pe. **El Señorio de Sulco**, gute Küche, schöne Lage, Miraflores, Malecón Cisneros 1470, Tel. 4410183. **Scena**, Trendlokal in Villa, Di-Sa Show, Miraflores, C. Francisco P. Camino 280, Tel. 2418184, www.scena.com.pe. **Alfresco**, alles was das Meer bietet, Malecón Balta 790, Miraflores, Tel. 2428960, Mo-Sa 12-22, So 12-17 Uhr. **Segundo Muelle**, exzell. Fischlokal, Av. Conquistadores 490, San Isidro, Tel. 7179998, Mo-So 12-17 Uhr. Mehr Filialen unter: www.segundomuelle.com. **La Candelaria**, lokale Küche, Folkloreshow Do-Sa 21 Uhr, Av. Bolognesi 292, Barranco, Tel. 2471314.

🏛 **Kathedrale** und **Palacio Arzobispal**, Mo-Fr 10-13 und 14-17 Uhr, Sa-So 10-16 Uhr, Plaza Mayor. **Museo de Oro**, tgl. 11-19 Uhr, Calle Alonso de Molina 1100. **Museo Nacional de Arqueología, Antropologia e Historia**, Di-Sa 9-17 Uhr, So 9-16 Uhr, Plaza Bolivar. **Museo de Arte – MALI**, Di-Fr u. So 10-20, Sa 10-17 Uhr, Paseo de Colón 125. **Museo Amano**, Mo-Fr nachm., nur nach telefon. Voranmeldung, Calle Retiro 160, Tel. 4412909. **Museo Larco Herrera**, Mo-So 9-18 Uhr, Avenida Bolívar 1515. **Museo de la Inquisición y del Congreso**, Mo-So 9-17 Uhr, Jr. Junin 548. **Museo Nacional de la Cultura Peruana**, Mo-Fr 10-18, Sa 9-12 Uhr, Av. Alfonso Ugarte 650. **Convento de San Francisco**, Mo-So 9.30-17.30 Uhr, Plaza San Francisco. **MAC**, Av. Almte. Miguel Grau 1511, Barranco, Tel. 5146800, Di-So 10-18 Uhr. **Callao Monumental**, Jr. Constitución 250, Callao, Tel. 989771342, Di-So 11-18 Uhr, So. Gratis. **Huaca Pucllana**, Mi-Mo 9-16 Uhr, C. Gral. Borgoño 800. **Convento Santo Domingo**, tägl. 9.30-18 Uhr, Jr. Camaná 170.

🛍 **SOUVENIRS**: In **Miraflores** (Av. Petit Thouars) u. an der **Av. de la Marina** (Richtung Aeropuerto) Straßenmärkte für Kunsthandwerk. Im Einkaufszentrum **Camino Real** in San Isidro bietet **Alpaca 111** erstklassige Alpaka-Produkte. Im **Museo de Oro** kann man Schmuck nach altperuanischem Vorbild kaufen.

🛫 **FLUG**: Die wichtigsten Städte werden tgl. mehrmals vom Internat. **Flughafen Jorge Chávez** in Callao (15 km von Plaza Mayor) angeflogen. Per *Micro* oder Taxi (ca. 10-15 US-$, mit Registrierung am Taxi-Schalter ca. 20 US-$) kommt man vom Flughafen ins Stadtzentrum. **LATAM**, Av. José Pardo 513, Miraflores, Tel. 2138200, www.latam.com. **Avianca**, Av. José Pardo 811, Miraflores, Tel. 5118222, www.avianca.com. **Peruvian Airlines**, Av. José Pardo 495, Miraflores, Tel. 7156122/23, www.peruvianairlines.com. **STAR PERU**, Av. José Pardo 601, 11. St., Miraflores, Tel. 7059000. www.starperu.com. **LC Busre**, Av. José Pardo 269, Tel. 2041313, www.lcbusre.pe, reservas@lcperu.pe. **Vivaair** (Ryanair-Gruppe), mit 2 Airbussen als Billigflieger im Inlandsdienst. Nur online buchbar: www.vivaair.com.
MICROS (Kleinbusse für bis zu 12 Personen) vermietet **Alejandro Maldonado**, Tel. 4450564; **Flores**, Tel. 4771518.
COLECTIVOS / BUSSE verkehren auf festen Linien, erstere halten fast überall auf Zuruf.
ÜBERLANDBUSSE: Kein Busbahnhof, Busse starten am Firmensitz. **Ormeño** bedient alle Städte Perus: Terminal Nacional, Av. Carlos Zavala 177, Tel. 4275679. **Oltursa**, Av. Aramburú 1160, Surquillo, Tel. 4758559. **Cruz del Sur**, südl. Küste, Hochland, Trujillo, Av. Javier Prado 1109, La Victoria, Tel. 3115050 und 93555346, Jr. Quilca 531, Zentrum, www.cruzdelsur.com.pe. **Movil Tours**, Huaraz, Trujillo, Chiclayo, Cajamarca, Jaen, Tarapoto, Chachapoyas, Cusco und Pt. Maldonado, Paseo de la República 749, Lince, Tel. 7168000. www.moviltours.com.pe.
ZUG: Züge der berühmten **Ferrocarril Central** ab Estación de Desamparados nach Huancayo fahren nur zu Feiertagen wie Ostern, Fiestas Patrias (Juli); Preise: ca. US-$ 212 im *Clásico*, ca. US-$ 303 im *Turístico*, hin- und zurück inkl. Essen; Reserv.: **Ferrocarril Central Andino**, Av. José G. Barrenechea 566, San Isidro, Tel. 2266363, www.fcca.com.pe.
TAXI: bequem und sicher: www.easytaxi.com.pe.

Lima 3

Foto: Archiv für Kunst und Geschichte, Berlin

ZENTRALES HOCHLAND

**VON LA OROYA NACH
TINGO MARÍA
VON TARMA NACH OCOPA
HUANCAYO
HUANCAVELICA
AYACUCHO**

4

Zentrales Hochland

Nur wenige Großstädte wie Huancayo und Ayacucho, meist Kleinstädte und Dörfer, hübsche alte Stadtkerne, Kirchen und Klöster mit kolonialem Charme und der höchstgelegene See Amerikas prägen das Bild des zentralen Hochlands. Im Vergleich zu Lima, Cusco, Machupicchu oder Arequipa wird das zentrale Hochland nur selten von ausländischen Touristen besucht. Die Region ist arm und wenig entwickelt; eine einzige Eisenbahnlinie, schlechte Straßen und nur vereinzelte Flughäfen sind Indikatoren für eine miserable Infrastruktur. Auf diese Situation hatte auch der *Sendero Luminoso* immer wieder hingewiesen (bis 1992), allerdings sehr gewalttätig und oft zum Nachteil der Einheimischen.

Von La Oroya nach Tingo María

Ein einzigartiges Erlebnis ist die Fahrt mit dem Zug von Lima Richtung Huancayo über den **Abra Anticona**, den mit 4818 m zweithöchsten Eisenbahnpass der Welt, nahe der welthöchsten Bahnstation **Galera** auf 4871 m. Nach 190 km, bei denen man Hunderte von Kurven, 58 Brücken und 69 Tunnel passiert, erreicht man als erste größere Zwischenstation die Industriestadt **La**

Links: „El Nazareno", eine bemalte Holzfigur in der Iglesia de Santo Domingo, Ayacucho.

Oroya ❶. Hier fließen der Río Yauli und der Río Mantaro auf einer Höhe von 3750 m ineinander. Ein großer Teil der etwa 40 000 Einwohner arbeitet in den staatlichen Centromín-Bergwerken und Hochöfen, die hier Blei und Kupfer schmelzen. Rauchende Kupferhütten prägen das wenig malerische Antlitz der Stadt. Kurios wirkt hier der höchstgelegene Golfplatz der Welt, eine Hinterlassenschaft der US-Amerikaner, die lange Zeit in eigener Regie die Minen und die Verhüttung betrieben hatten.

Eine streckenweise holprige und kurvige Straße führt nach Norden in das pittoreske Städtchen **Junín ❷**. Hier besiegte General Sucre für den venezolanischen Freiheitskämpfer Simón Bolívar 1824 auf der Pampa de Junín die Truppen der peruanischen Royalisten und der Spanier. Ein Obelisk erinnert an diese geschichtsträchtige Schlacht.

Der nahe ★**Lago de Junín**, mit ca. 300 km² Perus zweitgrößter See nach dem Lago Titicaca und 200 m höher als dieser gelegen, ist ein Paradies für Flamingos, Andengänse, Fischreiher, Ibisse, Frösche und andere wasserliebende Tiere und Pflanzen. Touristisch ist er bislang jedoch kaum erschlossen.

Nördlich des Sees führt eine Abzweigung (9 km) zu der wenig attraktiven Minenstadt **Cerro de Pasco ❸**. Die 70 000 Einwohner zählende Hauptstadt des Departamento Pasco ist gezeich-

» Karte S. 84-85, Info S. 93

ZENTRALES HOCHLAND

0   25   50   75 km

© Nelles Verlag GmbH, München

net von der Verhüttung von Blei, Zink und Kupfer. In der Nähe liegt auch das höchste Kohlebergwerk der Welt. Die Nächte in 4350 m Höhe sind bitterkalt, Sehenswürdigkeiten gibt es keine.

100 km nördlich von Cerro de Pasco, am Oberlauf des Río Huallaga, liegt in der moderaten Höhe von 1850 m die ruhige Andenstadt **Huánuco** ❹ mit ihren weithin sichtbaren Kolonialkirchen San Francisco und San Cristóbal. Die 180 000 Einwohner Huánucos leben vom Zuckerrohranbau und der Herstellung von Rum. Sehenswert in der Hauptstadt des gleichnamigen Departamento ist das ★**Museo de Ciencias** in der Avenida General Prado 495. Eine liebevoll eingerichtete Sammlung naturhistorischer Gegenstände – allerdings ziemlich viele auf relativ engem Raum – gibt Auskunft über Geologie, Topographie, Fauna und Flora der Region. Die Exponate sind auf Spanisch und Lateinisch benannt.

Nur 5 km von Huánuco entfernt, nahe der Straße nach La Unión, haben japanische Archäologen 1963 Reste einer der frühesten Andenkulturen Perus ausgegraben: den **Templo de Kotosh**. Die Menschen dieser Kultur hatten bereits eine differenzierte Gesellschaftsordnung entwickelt und einige der frühesten Keramiken der Anden geschaffen. Die hier entdeckte Steinplatte mit einem Paar „Gekreuzten Händen" aus Lehm, wohl vor 3000-4000 Jahren geschaffen, wird aus Sicherheits- und Konservierungsgründen heute im Museo Nacional de Antropología y Arqueología in Lima (s. S. 76) verwahrt. Die Mauerreste des Atriumtempels sind zum Schutz überdacht worden.

Westwärts, nach 140 weiteren, sehr kurvigen Kilometern gelangt man nach **La Unión** ❺, dessen Hauptattraktion die Ruinen der Inka-Stadt **Huánuco Viejo** bilden. Eine 11 km lange schlechte Straße führt zu einer Hochebene mit über 500 Jahre alten Tempeln, Befestigungsanlagen, Wohnräumen für Verwaltungsbeamte, Vorratskammern und Resten einer schmalen Inka-Straße.

» **Karte S. 84-85, Info S. 93**

Vom 3250 m hoch gelegenen La Unión, nur ca. 40 km Luftlinie von der bekannten Ruinenstätte Chavín de Huántar entfernt, führt eine holprige Straße in die Cordillera Blanca – die Direttissima für Bergsteiger.

Die 55 000 Einwohner zählende Stadt **Tingo María ❻**, 136 km nördlich von Huánuco, liegt beiders in den Osthängen der Anden (*montaña*) auf nur 650 m Höhe. LC Busre (s. Info Lima) fliegt Mo und Fr von und nach Lima. Der Ort markiert die kulturelle Grenze zwischen den Indígenas des Hochlands und jenen Amazoniens. Das Klima ist immer heiß und schwül. Tingo María fungiert seit Jahrzehnten als Umschlagplatz für Koka-Blätter und Marihuana, zudem für Kaffee, Mais, Bananen und Zuckerrohr. Außer Universität, **Zoo** und **Botanischem Garten** weist die Stadt keine Sehenswürdigkeiten auf.

Von Tarma nach Ocopa

Rund 60 km östlich des Eisenbahnknotenpunkts La Oroya liegt **Tarma ❼**. Seine ca. 60 000 Einwohner leben – auf einer Höhe von 3000 m – weitgehend von den landwirtschaftlichen Erträgen des fruchtbaren Talbodens. Tarma, nach den Ureinwohnern dieser Region, benannt, verfügt zwar über eine Inka-Tradition und wurde bereits um 1540 von den Spaniern als Vorposten in den zentralen Anden neu gegründet, doch sind keine Kolonialbauten mehr erhalten.

In den letzten Jahren entstanden viele moderne Gebäude, nicht immer zum Vorteil des Stadtbilds. Die religiösen Feierlichkeiten in der Karwoche und die große Karfreitags-Prozession über Blumenteppiche um die neue Kathedrale Santa Ana an der Plaza de Armas locken die meisten Besucher nach Tarma.

Von Tarma lohnt ein kurzer Ausflug ins 8 km entfernte **Acobamba ❽**. Etwa 1500 m außerhalb des Dorfs kann man

das Heiligtum des **El Señor de Muruhuay** besuchen, eine im frühen 19. Jh. auf den Felsen gemalte Christusdarstellung. Um das Bild herum haben Gläubige 1972 eine Kapelle mit einem kleinen Glockenturm gebaut, der insbesondere im Mai die Christen der Umgebung zu Gottesdiensten und Prozessionen herbeiläutet.

Von Tarma verläuft eine Straße geradewegs südlich nach **Jauja ❾**, das Perus erste Hauptstadt war, bis Pizarro die Kapitale des Vizekönigtums aus wirtschaftlichen und politischen Erwägungen 1535 an den Pazifik, nach Lima, verlegte. Jauja genießt, glaubt man der Statistik, die meisten Sonnenscheinstunden aller peruanischen Hochlandstädte und verfügt über eine stattliche Kathedrale mit 15 (!) Seitenaltären. Hier haben schon viele der Insassen des hiesigen Tuberkulose-Sanatoriums für ihre Gesundung gebetet.

Die Straße nach Huancayo führt durch das Städtchen **Concepción ❿** auf 3250 m Höhe, das für seinen bunten Sonntagsmarkt und die anschließenden Stierkämpfe in der Arena de Toros bekannt ist.

5 km nordwestlich in **Ocopa** liegt der **Convento de Santa Rosa de Ocopa**, ein 1724 von Franziskanermönchen erbautes Kloster. Hier bildeten sie Prediger für die Urwaldmissionen aus. Die gut erhaltene Klosterbibliothek mit Tausenden von staubigen Bänden, zahlreichen wertvollen religiösen Gemälden der berühmten Schule von Cusco sowie einer kleinen Sammlung präparierter Tierkörper des nahen Urwalds lohnen diesen Abstecher von der Hauptroute. Wer unkonventionelle Übernachtungen nicht scheut, kann auf die einfachen Gästezimmer in den ehemaligen Mönchszellen und das gute Restaurant des Klosters zurückgreifen.

Huancayo

Die 400 000 Einwohner der Universitätsstadt **Huancayo ⓫**, gleichzeitig

---

Rechts: Hoch beladener Lastwagen auf den Schotterstraßen des Hochlands.

Foto: Günther Kiepke (PhotoPress)

Hauptstadt des Departamento Junín, leben vorwiegend von der Landwirtschaft. In der 3250 m hoch gelegenen Region im schönen Tal des Río Mantaro wird heute fast die Hälfte der peruanischen Weizenernte eingebracht.

Das bereits 1572 gegründete Huancayo ist ein ideales Ziel für Freunde des peruanischen Kunsthandwerks. Eine große Auswahl und gute Preise charakterisieren den sonntäglichen **Mercado** für Wollartikel in der Avenida Huancavelica. Die beste Zeit zum Marktbummel ist gleich nach Sonnenaufgang bis 10 Uhr. In mehrere Blusen, Jacken, Röcke und Decken warm eingepackte Indígenas verkaufen im blassen Morgenlicht fein gravierte Kalebassen, Wolldecken und -ponchos, Silberschmuck nach traditionellen Vorlagen, Alpakapullover sowie Wandteppiche.

Als Sitz eines Erzbischofs versteht sich Huancayo auch als religiöses Zentrum. Zahlreiche kirchliche Fiestas sind Höhepunkte im sonst sehr arbeitsreichen Alltag der Stadtbewohner: Buntes Treiben am Tag der hl. Drei Könige (6. Januar),

eine große Prozession an Karfreitag und mehrere Tage anlässlich der *Fiesta de San Juan* am 24. Juni bringen Abwechslung in den Jahresverlauf. Wichtigste Feierlichkeit Huancayos ist die einwöchige *Fiesta de La Virgen de Cocharcas* („Feier der hl. Jungfrau von Cocharcas"), die am 8. September beginnt.

★Huancavelica

Knapp 150 km weiter südlich von Huancayo, nach unzähligen Kurven und Schlaglöchern, erreicht man die nächste größere Ansiedlung im zentralen Hochland: ★**Huancavelica** ⑫, die Hauptstadt des gleichnamigen Departamento. Der Stadtname ist die spanische Verballhornung eines Quechua-Wortes für „Steinidol". Huancavelica liegt 3680 m hoch und ist in den vergangenen Jahrzehnten von einem verschlafenen Bergstädtchen auf etwa 40 000 Einwohner angewachsen.

1572 auf Anordnung des spanischen Vizekönigs von spanischen Prospektoren gegründet, die hier nach Silber und

Foto: Carlos Sala Fotografía | Shutterstock.com

dem zur Verhüttung des Silbers von Potosí notwendigen Quecksilber suchten, beschäftigen die Bergwerke der Region auch heute noch viele Minenarbeiter in mehreren Silber- und Kupferstollen. Im Lauf der Jahrhunderte haben sich die früher unmenschlichen Arbeitsbedingungen in den Stollen deutlich gebessert. In und um Huancavelica leben nur sehr wenige Weiße oder Mestizen, vielmehr fast ausschließlich Quechua-sprechende Indígenas, die Kartoffeln und Weizen anbauen und ihre Leder- und Alpakaprodukte auf den nahen Märkten verkaufen.

Huancavelica wirkt angenehm beschaulich und hat Charme. Die nahen Berge laden zu Wanderungen ein, etwa zum Gipfel des **Cerro de Santa Barbara**, von dem sich ein schöner Blick auf das homogene Stadtbild von Huancavelica bietet. Der Río Ichu (von den Einheimischen meist Río Huancavelica genannt),

durchschneidet die Stadt. Südlich liegen die **Plaza de Armas**, das historische Rathaus oder **Municipalidad** und acht mehr schlecht als recht erhaltene koloniale Kirchen. **La Catedral**, die Kathedrale von 1633 an der Plaza de Armas, besitzt einen fein gearbeiteten Altar aus der spanischen Kolonialzeit; die **Iglesia de San Francisco** von 1774 (drei Blocks westlich der Plaza) kann sogar stolze elf koloniale Altäre vorweisen.

Nördlich des Flusses, im Stadtteil San Cristóbal, sprudeln heiße Quellen aus dem Boden. Die **Baños Termales** umfassen heiße Duschen und einen sehr warmen Swimmingpool.

Der tägliche **Mercado** für landwirtschaftliche und kunsthandwerkliche Erzeugnisse erlebt sonntags seinen farbichen Höhepunkt. An diesem Tag tragen viele ältere Männer schwarze und bunte Wollbommeln an den Mützen, Hüften und Knien. Mit Wolltroddeln schmücken sie auch die Tiere, die sie auf dem Markt verkaufen. Die roten Wollknäuel, gerade bei den Lamas und Alpakas ein fotogener Farbtupfer, symbolisieren die

Oben: An der Plaza de Armas prangt die Kathedrale von Huancavelica. Rechts: Die Kalebassenschnitzer in der Gegend sind bekannt für ihre Kunstfertigkeit.

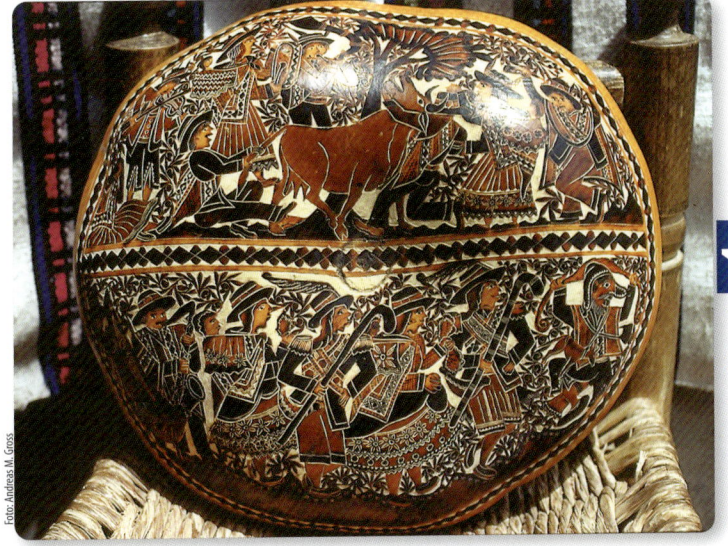

Foto: Andreas M. Gross

Verbundenheit der Tiere und ihrer Besitzer mit *Pachamama*, der „Mutter Erde".

Die im Volksmund **Tren Macho** genannte Schmalspurbahn (da sie schon früher abfuhr, wann sie wollte und ankam, wann es ihr passte) von Huancayo nach Huancavelica benötigt für die 128 km etwa 5 Stunden – falls sie überhaupt fährt: Die 91 cm schmalen, durch Erdrutsche gefährdeten Gleise sind ebenso alterschwach wie die Loks; für die geplante Privatisierung fehlen bislang finanzstarke Interessenten. Eine Fahrt mit der 1926 eröffneten Bahn, bei der 38 Tunnels und 15 Brücken passiert werden, ist landschaftlich sehr reizvoll.

★★Ayacucho

Den südlichsten Punkt des zentralen Hochlands markiert die geschichtsträchtige Großstadt ★★**Ayacucho** ⓭. Die 1539 von Spaniern gegründete heutige Hauptstadt des gleichnamigen Departamento liegt rund 2750 m hoch und zählt 150 000 Einwohner. Ayacucho hat eine der ältesten Universitäten Perus (1677 gegründet, von 1886-1958 jedoch geschlossen) und gilt als eine der besuchenswertesten Kolonialstädte im peruanischen Hochland. Viele der 37 meist kolonialen Kirchen Ayacuchos stehen den Gläubigen und Touristen während der Messen noch offen, andere sind wegen Baufälligkeit nicht zugänglich. Ayacucho gilt zudem als „Geburtsstadt" der maoistischen Terrorgruppe *Sendero Luminoso* in den 1980er Jahren – ein Attribut, auf das nur wenige ihrer Einwohner stolz sind. Schließlich sind im Verlauf der Gewaltaktionen über 5000 Ayacuchanos ermordet worden. Seit dem Ende des Sendero-Terrors (1992) möchte sich die attraktive Andenstadt zur – nach Cusco – zweitwichtigsten Touristenmetropole Perus entwickeln.

Die meisten Kirchen Ayacuchos sind alle zu einer Zeit entstanden, als eine extreme Variante des europäischen Barock, der **Churriguerismus** – die Kunst der spanischen Baumeisterfamilie Churriguera (v. a. José-Benito Churriguera, 1665-1725) – populär war. In

» Karte S. 84-85, Stadtplan S. 91, Info S. 93

seiner reinen Form zeigt er mit Kunst überladene Sakralbauten. Jede Wand, jede Decke, jede Fassade wurde mit Ornamenten, Heiligenfiguren, religiösen Symbolen oder Gemälden ausgefüllt. Auch die goldschimmernden Altäre und fein geschnitzten Kanzeln, Bänke und Beichtstühle sind in diese Gesamtkomposition integriert. Betrachter können kaum einen Quadratmeter freier, ungeschmückter Wand erkennen.

Das Herz Ayacuchos bildet die stimmungsvolle ★**Plaza de Armas**. Der Platz wird von den Einheimischen wegen des hier in den Himmel ragenden großen Reiterstandbilds von General Antonio José de Sucre auch **Parque Sucre** genannt

Die **Prefectura** ①, in der die Büros der Verwaltung des Departamento untergebracht sind, entstand Mitte des 18. Jh. und wurde knapp 200 Jahre später von ihrem privaten Besitzer an den Staat verkauft. Ein weiteres Beispiel für

die prächtigen Kolonialgebäude Ayacuchos ist die **Municipalidad** ②, insbesondere wegen ihrer Säle mit kunstvollen Stuckarbeiten und antiken Möbeln.

In der ★**Catedral** ③ aus dem 17. Jh. präsentiert das **Museo de Arte Religioso** christliche Gemälde verschiedener kolonialer Malerschulen, Heiligenfiguren, Monstranzen, Weihrauchfässer und liturgische Priestergewänder. Die Kathedrale ist außen recht schlicht, innen jedoch bezeugen neun prächtige Altäre, mehrere davon mit feinem Blattgold überzogen, den ehemaligen Reichtum der katholischen Kirche in Peru. Rechts grenzt an die Kathedrale die oben erwähnte **Universität**.

Effektvoll flankieren zwei mächtige, reich dekorierte graue Türme das rosafarbene Portal der 1645-1705 errichteten Kirche ★**La Compañía de Jesús** ④ ein Helldunkel-Kontrast, der für zahlreiche Sakralbauten des Vizekönigreichs Peru typisch ist. Das Bildnis *Jesu' im Todeskampf* im Inneren wird an der Karfreitagsprozession durch die Gassen der Stadt getragen.

Oben: Ayacucho; Reiterstandbild von General Antonio José de Sucre und Kathedrale.

 » Stadtplan S. 91, Info S. 93

AYACUCHO ⑬

0   200 m

© Nelles Verlag GmbH

Westlich des **Mercado** erhebt sich die **Iglesia de Santa Clara** ⑤, in der das Bild des Jesús de Nazareno, des Schutzherrn von Huamanga (Ayacucho), verehrt wird. Die Schlichtheit der eintürmigen Fassade kontrastiert mit dem kunstvoll gestalteten Inneren, von dem die Kanzel und die prächtige ★**Kassettendecke** im Mudéjar-Stil mit Muschel- und Perlmutteinlagen besondere Aufmerksamkeit verdienen.

Sehenswert sind in der **Iglesia de San Francisco de Asís** ⑥ in der Avenida 9 de Diciembre die prächtigen Goldretabeln (Altaraufsätze) des Barock. Die Fassade der 1723 errichteten dreischiffigen Kirche weist unverkennbar Elemente der Renaissance auf und ist damit älter.

Den luxuriösen Lebensstil der Kolonialzeit und des 19. Jh. demonstriert das **Museo Andrés Avelino Cáceres** ⑦ benannt nach dem Anführer des peruanischen Widerstands in den Anden gegen die Chilenen während des Salpeterkrieges (1879-1884). In diesem attraktiven Adelshaus des 17. Jh., der *Casona Vivanco*, sind Waffen, Möbel, Dokumente, Gemälde u. v. m. zu sehen.

Im Süden der Altstadt, jenseits des Río Alameda, liegt die 1703 vollendete **Iglesia de Santa Teresa** ⑧ mit wertvollen Gemälden der Cusco-Schule und Altären, die zu den prächtigsten ganz Perus zählen. Zum Kloster gehört auch die schlichte und recht unscheinbare **Iglesia de San Cristóbal**, 1540 geweiht und damit die älteste Kirche der Stadt.

»» Stadtplan S. 91, Info S. 93

Foto: Detlev Kirst

Im zweiten Block (*cuadra*) nördlich der Plaza de Armas fällt die ungewöhnliche Architektur der 1548-1562 errichteten ★**Iglesia de Santo Domingo** ⑨ ins Auge: Über einem Portikus mit drei weiten Bögen liegt eine Galerie, deren sechs schmale Holzsäulen nicht recht zu dem wuchtigen Bauwerk zu passen scheinen. Ungewöhnlich ist zudem der kleine freistehende Glockenturm, an dem angeblich die Inquisition die Verurteilten aufgehängt hat. Nicht versäumen sollte man den Kreuzgang und die Kunstwerke im Inneren, u. a. die Figur des *El Nazareno* (s. Bild S. 82).

Außerhalb des Zentrums, 1 km nördlich der Plaza de Armas, entlang des Jíron Asamblea (der später dann in die Avenida Independencia übergeht), ist im **Centro Cultural Simón Bolívar** das **Museo de Antropología y Arqueología Hipólito Unánue** ⑩ mit zahlreichen Artefakten der Huari-Kultur

untergebracht. Die Exponate – zumeist Keramikgefäße und steinerne Figuren – stammen größtenteils aus der ehemaligen Huari-Hauptstadt (s. u.).

Besonders wichtig im kulturellen Leben der Stadt sind die Prozessionen der Osterzeit. Die ★★**Semana Santa** (Karwoche) wird mit einer großen Prozession am Palmsonntag eingeleitet. Die meisten Teilnehmer und Zuschauer erleben dann die *Procesión del Encuentro* am Mittwochabend der Karwoche. In dieser „Prozession der Begegnung" ziehen Tausende von Gläubigen, darunter auch zahlreiche Indígenas aus der ländlichen Umgebung, mit Fackeln und Opferkerzen in den Händen durch Ayacucho und wiederholen damit symbolisch den Weg Jesus von Pilatus' Gericht nach Golgatha. In der ersten Novemberwoche findet alljährlich die *Semana de Ayacucho* statt: die Ayacucho-Woche, ein Volksfest mit Musik und Tanz, bei dem die regionale Kultur farbenfroh präsentiert wird.

Die Semana Santa bietet jedoch mehr als nur Prozessionen: Folkloristi-

Oben: In Quinua werden die Dachfirste mit Tonkirchen geschmückt, die man in Ayacucho als Souvenir erwerben kann.

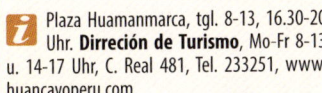

sche Tanzabende, Kunstausstellungen und kunsthandwerkliche Märkte mit den hübschen **Tonkirchen** aus dem nahen Quinua, gravierte Kürbisse, ★**Retablos** (ursprünglich Tragealtäre von Missionaren und Maultiertreibern; heute auch mit alltäglichen Szenen), Wandteppiche und Silberschmuck. Bei Konzerten und Paraden, in der Begeisterung für Pferderennen, in Kochwettbewerben und während der alljährlichen Landwirtschaftsmesse kommt die lateinamerikanische Lebensfreude der Einwohner zum Ausdruck.

Umgebung von Ayacucho

Etwa 20 km nördlich von Ayacucho entfernt (in Richtung Quinua) liegt die Hauptstadt der **Huari (Wari)** ⑭, von der noch beachtliche Mauerreste sowie aufwändig gearbeitete Gräber der zeitlich etwas früheren Tiahuanaco-Kultur zu besichtigen sind. Neben der Ausgrabungsstätte befindet sich das **Museo del Sitio** (tägl. 8-17 Uhr) mit Keramiken und anderen Kleinfunden.

Nach weiteren 17 km erinnert ein monumentales, von innen ersteigbares Denkmal in der **Pampa de Quinua** an die Schlacht vom 9. Dezember 1824, als 6000 Soldaten des venezolanischen Generals Sucre das um 3000 Mann stärkere Heer der Royalisten besiegten und damit Perus Unabhängigkeit von Spanien erkämpften. Im nahe gelegenen Töpferdorf **Quinua** ⑮, bekannt durch seinen Sonntagsmarkt und eine Kolonialkirche, illustriert ein kleines historisches Museum die Begleitumstände der Schlacht anhand von alten Gemälden, Gewehren und Fahnen.

Von Ayacucho führt eine streckenweise atemberaubende Route über Andahuaylas und Abancay über hohe Bergstraßen und tief eingeschnittene Täler ins ehemalige Herz des Inka-Imperiums nach Cusco. Ein Besuch der Kolonialstadt und ihrer Umgebung (s. S. 97) bildet den idealen Anschluss einer Reise durch das zentrale Hochland.

Huancayo (☎ 064)

ℹ Plaza Huamanmarca, tgl. 8-13, 16.30-20 Uhr. **Dirreción de Turismo**, Mo-Fr 8-13 u. 14-17 Uhr, C. Real 481, Tel. 233251, www.huancayoperu.com.

🚌 *BUS:* nach Lima: **Cruz del Sur**, Jr. Ayacucho 281, Tel. 235650; **ETUCSA**, Jr. Puno 220, Tel. 232638; Ayacucho: **Expreso Molina**, Jr. Angaráes 334, Tel. 224501. Huancavelica: **Empresa Hidalgo**, C. Loreto 350. *ZUG:* nach Lima s. S. 81. **Huancavelica – Tren Macho:** Mo-Sa 6.30, 12.30, So 14 Uhr.

🍴 **Olímpico**, peruan u. regionale Spezialitäten, Av. Giráldez 199. **Martín Fierro**, gute Fleischgerichte, Jirón Ayacucho 165, Tel. 671366. **Sabores del Peru**, Pasaje Julio Sumar 175, El Tambo, Tel. 245903.

Huancavelica (☎ 064)

ℹ Jr. Victoria Garma 444, Tel. 752938, www.huancevelica.com.

🚌 *ZUG:* Nach Huancayo: Mo-Sa s. dort, So 6.30 Uhr.

🍴 **Hotel Mercurio**, internationale Küche, passabel, Plaza de Armas. **La Japonesita**, japanische Gerichte, guter Fisch, v. a. *trucha* (Forelle), Calle Baranca.

Ayacucho (☎ 066)

ℹ Plaza de Armas, Portal Municipal 45. Tel. 818305. **Policia de Turismo**: Jr. Arequipa, Cuadra 1, Tel. 312055, www.dirceturayacucho.gob.pe.

🚌 *ANFAHRT:* Täglich per Bus von Lima (ca. 9 Std.) via Pisco und von Cusco (ca. 18 Std.) via Andahuaylas; von Huancayo (6 Std.); von Huancavelica (5 Std.); per Flugzeug aus Lima tägl. (45 Min.).

🍴 **Urpicha**, Regionalküche, netter Innenhof, Jr. Londres 272.

🏛 **Museo Andrés Avelino Cáceres**, Mo-Sa 8-12 und 15-17 Uhr, Jirón 28 de Julio 508. **Museo de Antropología y Arqueología Hipólito Unánue**, Mo-Fr 9-17, Sa 9-12 Uhr, Centro Cultural S. Bolívar, Av. Independencia.

Zentrales Hochland

4

Machupicchu thront wie ein Adlerhorst über dem Urubamba-Tal.

Foto: Johannes Fangerberg

CUSCO UND DAS HEILIGE TAL DER INKA

CUSCO

DIE UMGEBUNG CUSCOS

DAS HEILIGE TAL DER INKA

INKA-TRAIL

MACHUPICCHU

CHOQUEQUIRAO

5

Cusco und das Heilige Tal der Inka

★★CUSCO

★★**Cusco** ❶, in luftiger Höhe von 3330 m über dem Meeresspiegel gelegen, war 300 Jahre lang für die Inka der „Nabel der Welt". Hier befand sich das Zentrum von Tahuantinsuyo, dem ungefähr 1,7 Mio. km² großen „Reich der vier Regionen" mit den wichtigsten Tempeln und Palästen. Heute faszinieren prächtige Kolonialarchitektur, aber auch Reste atemberaubender Inka-Baukunst die Besucher aus aller Welt. Kein Wunder also, dass Cusco das unbestrittene touristische Zentrum Perus ist. Die Andenstadt mit ihren grandiosen Sakralbauten ist seit dem 16. Jh. eine der bedeutendsten Zentren der katholischen Kirche in Lateinamerika.

Wandert man von der Plaza de Armas hinauf zu den Ruinen von Sacsayhuamán und blickt dann hinab auf Cusco, so erscheint die Stadt wie ein rotbraunes Dächermeer in dem weiten Talkessel. Die wenigen modernen Gebäude haben den homogenen Gesamteindruck noch nicht stören können. Cuscos Hauptplatz ist auch abends – im Gegensatz zu anderen Städten des Hochlandes – sehr belebt, besonders junge Touristen genießen das breite Angebot an Kneipen und Bars. Tagsüber ist die über 430 000 Einwohner zählende Stadt

geschäftiges Zentrum für Handel und Verkehr. Es gibt hier zahlreiche Märkte, viele kleine Läden, einen wichtigen Bahnhof, einen bedeutenden Flughafen (der bald nach außerhalb verlegt werden soll) und viele historische Sehenswürdigkeiten. Die *cusqueños*, meist Quechua-Indianer und Mestizen, haben in der langen Stadtgeschichte zahlreiche verheerende Erdbeben erleben müssen, doch stets war der Wille der Menschen zum Wiederaufbau stärker.

Bereits vor der Zeitenwende lebten im Tal von Cusco kleine Stämme. Einer Legende nach gründete der Inka Manco Capac um 1200 n. Chr. die Hauptstadt seines Reichs. Er nannte sie *cusco* (*qosqo* auf Quechua), „Nabel der Welt", denn sie bildete die Kreuzung der beiden Hauptachsen des Inka-Reichs. Eine Inka-Hängebrücke aus Andengras bei Quehue, 100 km südlich, belegt die Raffinesse des Wegenetzes.

Nach Überzeugung der *Cusqueños* dachte Manco Capac bei der Anlage der Königsstadt an die Form eines Pumas: Sacsayhuamán bildete dabei den Kopf, Cusco den Körper, und der Fluss Huatanay den Schwanz der Raubkatze. Bereits zur Inka-Zeit gab es deutlich voneinander getrennte Stadtteile: *hanán* (oben) und *hurín* (unten). Im Norden lebte der Inka-Adel, in der Unterstadt im Süden Handwerker, Bedienstete, Bauern und Zugereiste. Mitte des 15. Jh. erhielt Cus-

Links: Junge Frau aus Ollantaytambo.

» Karte S. 110-111, Stadtplan S. 100-101, Info S. 130-131

Foto: SAKARET (Shutterstock.com)

co ein gänzlich neues Gesicht: Der für die immense Expansion des Imperiums verantwortliche Inca Pachacutec Yupanqui (1438-1471) ließ, nachdem er die Belagerung Cuscos durch die kriegerischen Chanca erfolgreich abgewendet hatte, die Stadt komplett niederreißen und von 50 000 Fronarbeitern glanzvoll wiederaufbauen, damit sie als würdiges Zentrum des neuen Reichs die Macht der Inka symbolisieren konnte. Cusco erhielt nun ein raffiniertes Wassersystem, gepflasterte Straßen und imposante Gebäude anstelle der alten Strohhütten. Die Bauern bewässerten das fruchtbare Tal unterhalb der Stadt und pflanzten Kartoffeln, Bohnen, Mais und Quinua.

Die spanischen Eroberer unter Francisco Pizarro erreichten Cusco 1533 nach einem langen und beschwerlichen Marsch durch das Hochland. Sie plünderten die mit Gold und Silberschmuck überhäufte Stadt, verwüsteten deren Bauwerke und ermordeten Unzählige der insgesamt etwa 40 000 Einwohner.

1536 kam es zu einem blutigen Aufstand unter Manco Inca. Tausende von Indígenas belagerten monatelang die Stadt und setzten sie immer wieder mit Feuerpfeilen in Brand; ein Großteil von Cusco fiel den Flammen zum Opfer.

Beim Wiederaufbau ließen die Spanier meist die mächtigen Inka-Fundamente stehen und setzten kleinere Felsblöcke von Tempeln und Wällen als Außenmauern für diverse Gebäude darauf, die sie später mit kunstvollen Fassaden schmückten. Wie zur Zeit der Inka zog es nun erneut die besten Handwerker und Künstler Perus zum „Nabel der Welt"; sie schufen grandiose Kirchen und koloniale Paläste. Hier entwickelte sich die *Cusco-Schule*, die in Malerei, Architektur und Bildhauerei bald in ganz Südamerika und selbst in Spanien von sich reden machte. Doch der neue Glanz währte nicht allzu lange: Das Erdbeben von 1650 ließ über 80 % der von den Spaniern errichteten Bauwerke wie Kartenhäuser in sich zusammenstürzen; anders als die Inka

Oben: Zur Zeit des Inka-Reichs galt Cusco als „Nabel der Welt". Rechts: Indígenas vor der Kathedrale an der Plaza de Armas.

» Stadtplan S. 100-101, Info S. 130-131

Foto: Andreas M. Gross

hatten sie nicht erdbebensicher gebaut. 1950 erschütterte ein weiteres schweres Erdbeben die Stadt. Bis in die 1960er Jahre hinein blieb Cusco dann eine sehr ruhige, ja fast verschlafene Stadt. Erst die touristische Erschließung des nahe gelegenen Machupicchu belebte erneut die wirtschaftliche Entwicklung.

★Plaza de Armas

Vor dem Stadtrundgang sollte man sich das *Boleto Turístico del Cusco* (BTC) besorgen, ein Pauschalticket, das 5 Tage lang zum Besuch der wichtigsten Ausgrabungsstätten und einiger Museen in und um Cusco berechtigt. Die Eintrittskarte wird von COSITUC in der Avenida Sol 103 verkauft.

Die große ★**Plaza de Armas** ①, der Waffenplatz Cuscos, hieß zur Zeit der Inka *Huacaypata* („Platz der Krieger"). Bereits damals bildete er das Zentrum der Stadt, und von hier aus gingen die vier Hauptstraßen in die vier Regionen des Reichs Tahuantinsuyo. Nach Berichten spanischer Chronisten soll der

von Tempeln und Palästen umgebene Platz bis zur Ankunft der *conquistadores* einen halben Meter hoch mit Erde bedeckt gewesen sein; Reisende hatten sie als Zeichen ihrer Unterwerfung aus allen Landesteilen zum Nabel der Welt mitgebracht.

Am östlichen Rand der Plaza steht die mächtige Kathedrale mit den beiden Kirchen El Triunfo und Jesús María y José, im Süden wird sie von der Iglesia de La Compañía begrenzt. Zahlreiche koloniale Arkaden, Grünanlagen und abzweigende kleine Gassen geben der Plaza Charme und ein angenehmes Flair. Tagsüber wimmelt es hier von Schuhputzern sowie Quechua sprechenden Indianerfrauen und -mädchen, die versuchen, Lose, *pulseras* (wollene gewebte Armbänder), Alpaka-Pullover und -Mützen an die Besucher der Stadt zu verkaufen. Die Bänke in der Mitte des Platzes laden dazu ein, in aller Ruhe das bunte Treiben zu genießen und den Blick hinauf zur haushohen Christus-Statue (nahe der Festung Sacsayhuamán), die der auf dem Corcovado in Rio de Janeiro gleicht, schweifen zu

» **Stadtplan S. 100-101, Info S. 130-131**

CUSCO UND DAS HEILIGE TAL DER INKA

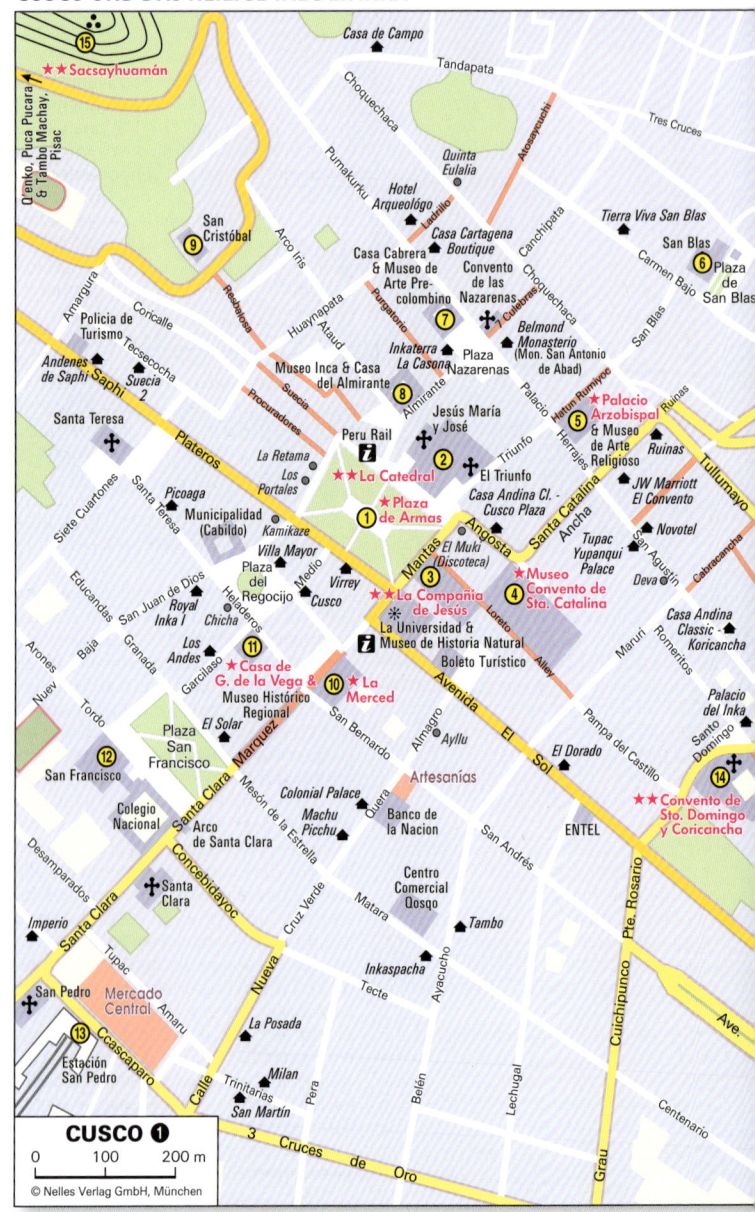

★★ Sacsayhuamán

Qenko, Puca Pucara & Tambo Machay, Pisac

Casa de Campo
Tandapata
Choquechaca
Choquechaca
Pumakurku
Tres Cruces
Quinta Eulalia
Hotel Arqueológo
San Cristóbal
Arco Iris
Ladrillo
Casa Cartagena Boutique
Tierra Viva San Blas
Canchipata
Casa Cabrera & Museo de Arte Pre-colombino
Convento de las Nazarenas
San Blas
Carmen Bajo
⑥ Plaza de San Blas
Huaynapata Ataud
⑦
Culebras
Choquechaca
Canchipata
Belmond Monasterio (Mon. San Antonio de Abad)
San Blas
Policia de Turismo
Amargura
Coricalle
Tecsecocha
Inkaterra La Casona
Plaza Nazarenas
Museo Inca & Casa del Almirante
⑧
Almirante
Hatun Rumiyoc
★ Palacio Arzobispal & Museo de Arte Religioso
Ruinas
Tullumayo
Andenes de Saphi
Saphi
Suecia 2
Suecia
Jesús María y José
⑤
Palacio Herrajes
Santa Teresa
Procuradores
Peru Rail
Triunfo
Ruinas
★ La Retama
Los Portales
★★ La Catedral
② ★ El Triunfo
Casa Andina Cl.- Cusco Plaza
Santa Catalina Ancha
JW Marriott El Convento
Plateros
★ Plaza de Armas
①
Kamikaze
③ El Muki (Discoteca)
Andosta
Tupac Yupanqui Palace
Novotel
Picoaga
Santa Teresa
Municipalidad (Cabildo)
Villa Mayor
San Agustín
Deva
Siete Cuartones
Educandas
Plaza del Regocijo
Medio
Virrey
Mantas
★★ La Compañia de Jesús
④ ★ Museo Convento de Sta. Catalina
Casa Andina Classic - Koricancha
San Juan de Dios
Royal Inka I
Chicha
Herederos
Cusco
La Universidad & Museo de Historia Natural
Loreto
Maruri
Romeritos
Aranes
Baja
Granada
Garcilaso
Los Andes
⑪ ★ Casa de G. de la Vega & Museo Histórico Regional
⑩ ★ La Merced
Boleto Turístico
Palacio del Inka
Nuey
Tordo
El Solar
Plaza San Francisco
San Bernardo
Almagro
Ayllu
Avenida
Pampa del Castillo
Santo Domingo
⑫
San Francisco
Marquez
Artesanías
El Sol
El Dorado
✝ Convento de Sto. Domingo y Coricancha
⑭
Colegio Nacional
Santa Clara
Mesón de la Estrella
Colonial Palace
Matara
Machu Picchu
Banco de la Nacion
San Andres
ENTEL
Pte. Rosario
Desamparados
Concebidayoc
Arco de Santa Clara
Tullera
Centro Comercial Qosqo
Cuichipunco
Ave.
Imperio
✝ Santa Clara
Cruz Verde
Matara
Ayacucho
✝ San Pedro
Tupac
Santa Clara
Nueva
Amaru
Tambo
Inkaspacha
Tecte
Mercado Central
⑬
Ccascaparo
La Posada
Estación San Pedro
Calle
Milan
Trinitarias
Pera
Belén
Lechugal
Centenario
San Martín
3 Cruces de Oro
Grau

CUSCO ❶

0   100   200 m

© Nelles Verlag GmbH, München

LUCREPATA

ZAGUÁN DEL CIELO

Suytucato

Tandapata

Lucrepata

Recoleta

Retiro

Collacalle

Valle Sagrado Busses

Estadio Universitario

Casa Andina Private Collection

Plaza Limacpampa Grande

Zetas

Arcopunco

Avenida de la Cultura

Hostal Antuaré

Ormeño Busses

HUANCHAC

Tullumayo

Pasacana

Ahuacpinta

Avenida

Huascar

Huanchac Market

LANPERU

Centro Qosqo de Arte Nativo

Oficina de Migraciones

Garcilaso

Correos

Avda.

El Sol

Pardo

Manco

Manco Inca

Capac

Puno, Arequipa

Pachacutec

Center for Handicrafts

Aeropuerto

lassen. In den Gebäuden um die Plaza sind gemütliche Cafés, Reisebüros, Wechselstuben und Souvenirshops untergebracht. Am hohen Fahnenmast flattern die peruanische Nationalflagge und die Fahne Tahuantinsuyos mit ihren charakteristischen Regenbogenfarben, die die vier Regionen des Inka-Reichs symbolisiert. Beide werden jeden Sonntag und zu bestimmten Feierlichkeiten gehisst, z. B. anlässlich der Parade am Tag der Arbeit und vor der Fronleichnams-Prozession (*Corpus Christi*).

In der ★★**Catedral** ② halten sich immer Gläubige auf, v. a. Frauen. Sie beten vor der Madonna der Unbefleckten Empfängnis, liebevoll *La Linda* („die Schöne") genannt, um reichen Kindersegen (oder um erfolgreiche Empfängnisverhütung).

Von 1559 an brach man Steine des Inka-Palastes ab, schleppte gewaltige Felsblöcke aus Sacsayhuamán hinunter nach Cusco und setzte sie auf die Grundmauern des früher hier stehenden Huiracocha-Tempels. Die Architekten entschieden sich für eine Mischung aus spanischem Renaissance-Stil und inkaischer Steinmetzkunst und scheuten keinen Aufwand. Erst nach über 100 Jahren war die Kathedrale unter immensen Opfern der Bevölkerung vollendet.

Die Kathedrale von Cusco ist nicht nur eine enorm große Kirche (85 x 45 m), sondern auch ein wahrer Schatz kolonialer Architektur und Kunst. Im linken der 33 m hohen Türme erschallt alle sechs Stunden die mit 6 t größte Glocke des Subkontinents – *María Angola* soll 40 km weit zu hören sein. Mehrere hundert Gemälde zieren die Wände und insgesamt 28 Pfeiler, darunter viele der berühmten Cusco-Schule. Dieser Stil kombiniert die europäische Malkunst des 16. und 17. Jh. mit der Imagination indigener Künstler: Oft tauchen in biblischen Szenen indianische Gesichter, Symbole oder Gegenstände auf.

Zusammen mit zwei weiteren integrierten Kirchen bildet die Kathedrale einen Kirchenkomplex: Links vom Haupt-

Cusco und das Heilige Tal der Inka 5

Foto: Günther Lahr

portal betritt man die **Iglesia de Jesús María y José** (1733), die Kirche der hl. Familie, hier werden die Eintrittskarten verkauft und kontrolliert. 1998 wurde die jahrelange Renovierung dieser Kirche und weiter zur Sakristei. Ihre hausvollendet, so dass sie nun wieder in neuem Glanz erstrahlt.

Rechts neben dem nur zu Messen geöffneten Hauptportal erhebt sich die **Iglesia El Triunfo**, die erste christliche Kirche Cuscos (sie ist auch der Ausgang für Touristen). Die Spanier ließen sie aus Dankbarkeit anlässlich des erfolgreich abgewehrten Indianeraufstandes von 1536 aus hartem, grauem Andesit erbauen. Die glühenden Geschosse der angeblich 20 000 Angreifer unter Führung von Manco Inca waren an dieser Stelle, auf dem Dach des einstigen Arsenals, wie durch ein Wunder erloschen und hatten den dort versammelten Spaniern nichts anhaben können.

Gegenüber dem Eingang befindet sich die Grabkammer des berühmten

Inka-Historikers Garcilaso de la Vega, der 1539 in Cusco geboren wurde und dessen Mutter eine Inka-Prinzessin war. Von hier gelangt man in die Hauptkirche und weiter zur Sakristei. Ihre haushohen Wände sind mit großen Gemälden geschmückt, die die Bischöfe von Cusco zeigen. Beginnend mit Padre Vicente de Valverde, der Pizarro zur Ermordung Atahualpas geraten hatte, führt die Chronik über Manuel de Mollinedo (1673-1699), einen wichtigen Mäzen der Cusco-Schule, bis zum derzeit amtierenden Bischof der Diözese.

Namhafte Künstler trugen zum kunsthistorischen Wert des Gotteshauses bei: Die Kreuzigungsszene an der Rückseite der Sakristei ist eine in Cusco angefertigte Kopie eines Van Boost-Gemäldes aus der Rubensschule. In der rechten vorderen Ecke der Kathedrale, zwischen Sakristei und Hochaltar, hängt Marcos Zapatas riesiges Gemälde *Das letzte Abendmal*, ein typisches Beispiel für den Stil der Cusco-Schule: Die Apostel, zum Teil mit indianischen Gesichtszügen, umrahmen Jesus, der hier ein *vizcacha* (Ha-

Oben: Viele Häuser und Kirchen Cuscos wurden auf Resten alter Inka-Gebäude erbaut.

senmaus, verwandt mit der Chinchilla) anbietet, und nicht – wie meist zu lesen – ein *cuy*, ein Meerschweinchen.

In dem neoklassizistischen **Hauptaltar**, der erst 1803 fertiggestellt wurde, ließ der damalige Bischof Bartolomé de las Heras 1250 kg Silber aus den nahen Minen von Santo Tomas verarbeiten. In einer Seitenkapelle, an der Ostseite des Hauptschiffs der Kirche, befindet sich nach dem Umbau eines der interessantesten Gemälde: Das schwere Erdbeben von 1650 ist dargestellt, man erkennt das heutige Cusco auf den ersten Blick. Eine Prozession mit einem großen Kruzifix zieht auf die Plaza de Armas ein, inbrünstig um das Ende des Bebens betend. Der Legende nach soll tatsächlich in diesem Augenblick das Beben geendet haben. Das abgebildete Kruzifix, ursprünglich ein Geschenk von Kaiser Karl V. aus Spanien, rettete Cusco somit vor seiner völligen Zerstörung. Die *Cusqueños* nennen diese Christus-Darstellung *El Señor de los Temblores* („Herr der Beben") und tragen das von Opferkerzen geschwärzte Kreuz jedes Jahr am Montag der Karwoche und an Fronleichnam in langen Prozessionen durch die wichtigsten Straßen der Stadt.

Gegenüber dem Hauptaltar zieht das überaus fein geschnitzte **Chorgestühl**, ein Meisterwerk aus dem 17. Jh., die Aufmerksamkeit der Besucher auf sich. Weibliche und männliche Märtyrer der Kirchengeschichte sind hier eindrucksvoll eingearbeitet, kleine Halbreliefs spiegelblanker, barbusiger Indígenas am Gestühl dienten Generationen von Padres als Handstütze – offensichtlich „eingeschmuggelte" *Pachamamas*, also Fruchtbarkeitssymbole.

An der Südostseite der Plaza de Armas erhebt sich die von Jesuiten erbaute Kirche ★★**La Compañía de Jesús** ③. Bei Baubeginn im Jahr 1571 verwendete man für das Fundament Steine des Palastes von Inca Huayna Capac, dem 11. Herrscher des Inka-Reichs, möglicherweise auch Blöcke der Inka-Schule Amarucancha. Als der Bau beim Erdbe-

ben von 1650 zusammenfiel, begannen die Jesuiten, an der gleichen Stelle die mit Abstand prächtigste Kirche der Stadt zu errichten, die die Kathedrale an Glanz noch übertreffen sollte. Der Bischof war jedoch keineswegs begeistert von der Konkurrenzkirche und versuchte, die Bautätigkeit zu stoppen. Der Streit wurde nach Rom getragen, und Papst Paul III. entschied schließlich zugunsten der Kathedrale. Der Überlieferung nach war jedoch die Jesuiten-Kirche mit ihrer kunstvollen Barock-Fassade bereits fertiggestellt, als das päpstliche Urteil Cusco erreichte. 1668 wurde das Gotteshaus eingeweiht.

Auch das Innere von La Compañía ist reich geschmückt: Herrliche Gemälde, geschnitzte Altäre aus feinstem Zedernholz und Heiligenstatuen zeugen vom Reichtum der Jesuiten. Und dabei geben die hier angesammelten Kostbarkeiten nur einen bruchstückhaften Eindruck von der einstigen Pracht wieder: Denn nach der Vertreibung der Jesuiten aus Peru (1767) wurde der Großteil ihres Kirchenschatzes versteigert. Auf den beiden großen Gemälden am Haupteingang sind zwei Hochzeitsfeste adliger Cusqueños während im 16. Jh. abgebildet; die detaillierte Darstellung vermittelt einen guten Eindruck von der Kleidung und den Festbräuchen der damaligen Zeit.

Neben der Kirche steht die 1622 vom Jesuiten-Orden gegründete Universität, **La Universidad**. Ihre kunstvolle Fassade weist deutlich indianische Elemente auf. Hier befindet sich das **Museo de Historia Natural** (Mo-Fr 9-12 u. 15-18 Uhr), ein Naturkundemuseum mit Ausstellungen zur Fauna und Naturgeschichte des Hochlands. Neben dem Eingang führt eine schmale Treppe auf das Museumsdach, von wo man eine herrliche ★**Aussicht** auf die Plaza genießt

In der Umgebung der Plaza de Armas

Südlich der Kathedrale, an der Calle Arequipa, steht der ★**Convento de**

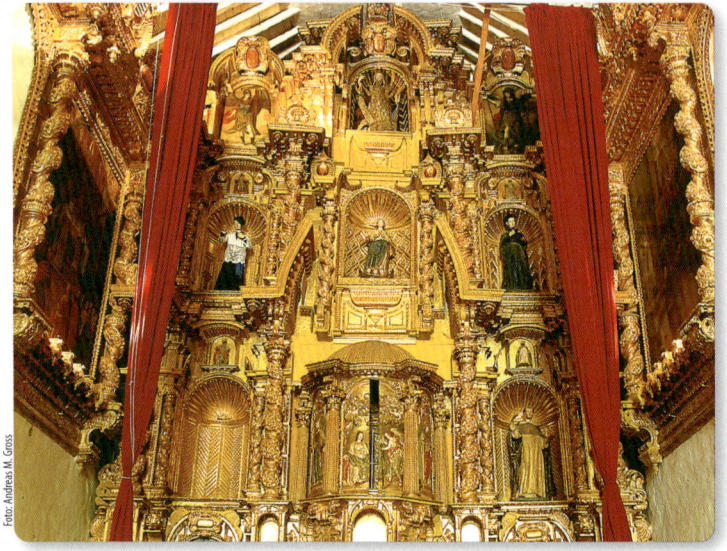

Santa Catalina 4. An dieser Stelle befand sich bis 1533 eine heilige Stätte der Inka, das *acllahuasi*, in der 3000 auserwählte, dem Sonnengott Inti geweihte Frauen lebten. Die *mamaconas* („Priesterinnen") unterrichteten die *acllaconas* („Jungfrauen") im Nähen, Weben und der Maisbierzubereitung; das Kloster dient heute als **Museum**.

Gegenüber, im 2012 im kolonialen *Casa Concha* eröffneten **Museo Machu Picchu**, sind die nach 100 Jahren von der Yale University zurückgegebenen Funde Hiram Binghams ausgestellt.

Geht man rechts neben der Kathedrale den Berg aufwärts, so gelangt man in die Calle Hatunrumiyoc, die „Straße des großen Steins". Hier entstand auf den Grundmauern des Palastes von Inca Roca eines der grandiosesten kolonialen Bauwerke Cuscos. Unter dem Marquis von Rocafuerte erhielt der Palast im 17. Jh. seine heutige Pracht, im 20. Jh. erwarb der Erzbischof das Gebäude als seinen Amtssitz. Heute beherbergt der ★**Palacio Arzobispal 5** das **Museo Arzobispal**, ein Museum für religiöse Kunst. Hier sind Möbel und wertvolle Gemälde zu sehen. Zum Fundament des ehemaligen Inka-Palastes gehört ein gewaltiger zwölfeckiger, tonnenschwerer Felsblock, der mit unglaublicher Exaktheit – ohne Mörtel – in das Mauerwerk eingepasst ist.

Das Herz des weiter nordöstlich gelegenen Stadtteils **San Blas** bildet die **Iglesia de San Blas 6**. Die **Holzkanzel** der schlichten Adobe-Kirche ist eine der schönsten barocken Amerikas. Das kostbare Stück soll von dem Indígena Tomás Tuyro Tupa aus einem einzigen Stück Zedernholz geschnitzt worden sein, nachdem er eine Epidemie überlebt und sein Leben dem Ruhm Gottes geweiht hatte. San Blas ist das Künstlerviertel Cuscos: Ein Bummel durch seine Gassen führt an vielen Kunsthandwerksläden und **Galerien** vorbei.

An den Inka-Mauern zu beiden Seiten der **Callejón de Siete Culebras** („Gasse der sieben Schlangen") winden

Oben: Der Altar von San Antonio de Abad. Rechts: Das Kloster Sta. Catalina dient heute als Museum.

Foto: Legacy1995 (Dreamstime.com)

sich **Schlangen** als feine Halbreliefs entlang. Wo heute der koloniale **Convento de las Nazarenas** steht (im Callejón de Siete Culebras/C. Pumakurku), ließen die Inka einst ihre Krieger ausbilden. Das Ex-Kloster, das dem Hotel Monasterio (s. u.) angeschlossen werden soll, besitzt ein schönes **Portal**. Die kolonialzeitliche **Casa Cabrera**, schräg gegenüber an der Plaza de las Nazarenas, beherbergt ein neues Privatmuseum, das **Museo de Arte Precolombino** ⑦, das wenige, aber hervorragende Objekte aus Keramik, Holz und Edelmetallen der Prä-Inka- und Inkazeit ausstellt.

Ebenfalls an der Plaza Nazarenas steht das schön restaurierte Kloster **San Antonio de Abad**. In den geschichtsträchtigen Mauern verwöhnt heute das Luxushotel **Monasterio del Cusco** mit herrlichen, stilvollen Zimmern und noblem **Restaurant** seine Gäste. Teil der Anlage ist eine prächtige ehemalige Kapelle und ein gepflegter **Garten**.

Das **Museo Inca** ⑧ mit interessanten Exponaten und Stadtmodellen zur Inka-Kultur und den präinkaischen Zivilisati-

onen ist in einem historischen Gebäude untergebracht, nämlich in der auf Inka-Fundamenten ruhenden **Casa del Almirante**. Hier soll sich die Residenz des Inka Huascar befunden haben, danach beherbergte der Palast den Conquistador Diego Almagro.

Vier *cuadras* nördlich der Plaza de Armas neben dem Fußweg nach Sacsayhuamán liegt die **Iglesia de San Cristóbal** ⑨, die ebenfalls der Inka-Geschichte nahesteht: Sie erhebt sich auf den Mauerresten des Palastes (*colcampata*), der dem Dynastiegründer Manco Capac zugeschrieben wird.

Die ★**Iglesia de La Merced** ⑩, südwestlich der Plaza de Armas in der Avenida Marquez Mantas, gehört zu den sehenswertesten Kirchen Cuscos. Allein wegen des prächtigen Hauptaltars und des meisterhaft geschnitzten Chorgestühls aus dunklem Zedernholz lohnt ein Besuch der Mercedarier-Kirche von 1654. Links vom Eingang führt eine Tür zum Kloster und zu einem kleinen Museum. Hier ist eine berühmte Monstranz aus dem Jahr 1720 zu bewundern:

Foto: Günther Lahr

sie ist aus purem Gold, 1,20 m hoch und mit 615 Perlen und 1518 Diamanten besetzt. Im großen Kreuzgang zeigen Gemälde Szenen aus dem Leben des spanischen Ordensgründers San Pedro Nolasco (1189-1258). Nach umfangreichen Restaurierungsarbeiten ist eine unterirdische Mönchszelle zu besichtigen, die ein Eremit im 18. Jh. vollständig mit Fresken ausgemalt hat.

Gegenüber dem Rathaus steht das ★**Geburtshaus von Garcilaso de la Vega** ⑪ des ersten einheimischen Historikers, Autor der *Wahrhaftigen Kommentare zum Reich der Inka*. Als Sohn eines spanischen Adligen und einer Inka-Prinzessin reiste de la Vega nach Spanien und berichtete dort über den Glanz des Inka-Reichs und die Siege der Conquistadoren. Das stilvoll restaurierte Kolonialgebäude beherbergt das sehenswerte **Museo Histórico Regional**, das über das Leben des Historikers und die Geschichte der Region Cusco informiert. Auch archäologische Funde und Gemälde der berühmten Cusco-Schule sind zu bewundern.

Die **Iglesia de San Francisco** ⑫ eine Franziskaner-Kirche mit Kloster aus dem 17. Jh., präsentiert neben ihrem **Chorgestühl** aus Zedernholz **Gemälde** aus der Kolonialzeit, so auch eines der größten Gemälde des Kontinents, ein **Stammbaum** des Franziskanerordens mit 683 Personen auf 12 x 9 Metern Leinwand.

Folgt man vom Kloster San Francisco der Calle Santa Clara, gelangt man zum **Mercado** gegenüber der **Estación de San Pedro** ⑬ von der früher die Züge nach Machupicchu abfuhren. Die vorgelagerte große Markthalle bietet Imbissstände, Kunsthandwerk, Gemüse, Obst, frisches Brot und Kuchen wie auch Armbanduhren und – Vorsicht! – clevere Taschendiebe.

Im historischen Kern Cuscos, jedoch zwei langgestreckte *cuadras* südlich der Plaza de Armas, liegt der weitläufige ★★**Convento de Santo Domingo** ⑭

Oben: Der Convento de Santo Domingo wurde über dem Inka-Tempel Coricancha errichtet. Rechts: Die Iglesia de La Merced.

     » Stadtplan S. 100-101, Info S. 130-131

Foto: Volkmar E. Janicke

(in der gleichnamigen Straße). Er steht auf den Mauern des großartigen Inka-Tempels **Coricancha**, der dem Sonnengott Inti geweiht war. Nachdem die Conquistadoren auch dieses Bauwerk geplündert und – so weit wie möglich – geschleift hatten, übernahm Juan Pizarro den Tempel. Der Spanier vererbte ihn den Dominikanern, die sogleich ein Gotteshaus auf den inkaischen Mauern zu errichten begannen. Auch die Kirche Santo Domingo stürzte beim Erdbeben von 1650 zusammen, wurde wieder-aufgebaut, brach aber 1950 erneut ein. Diesmal hatte das Beben so stark gewütet, dass an einigen Stellen die Inka-Grundmauern wieder sichtbar wurden. Man entschloss sich nun, das vorspanische Heiligtum auszugraben und die Überreste zu schützen. Im Eingang der Kirche zeigen Schwarzweiß-Fotos das Ausmaß der Zerstörung von 1950.

Das Quechua-Wort *coricancha* bedeutet „Goldener Hof", und tatsächlich war das gesamte Bauwerk einst mit mehr als 700 Goldtafeln, jeweils 2 kg schwer, verkleidet. Maiskolben aus Gold und Silber, die in Zeremonien von Priestern rituell gepflanzt wurden, goldene Altäre, aus Goldblech geformte Schmetterlinge, Lamas und Kinder, ja sogar eine goldene Sonne funkelten im Garten (später Klosterhof, heute Teil des Archäologischen Museums von Coricancha, s. u.) im hellen Hochlandlicht. Auch die Tempel des Mondes, der Sterne, der Wettergötter, des Donners und des Regenbogens waren größtenteils mit Gold verkleidet. In den vielen Nischen standen vielleicht Götterfiguren oder Zeremonialgegenstände der Priester, die kunstvoll gemauerten Türen waren von feinen Vorhängen bedeckt. Von der einstigen Pracht sind jedoch heute nur noch nackte Mauern zu sehen: Die Eroberer hatten alles Edelmetall eingeschmolzen und Heidnisches verbrannt.

Im Coricancha verwahrte man die Mumien der Inka und führte sie, in edle Kleidung gehüllt und mit Schmuck überhäuft, bei Prozessionen der Öffentlichkeit vor. Der Tempel war zudem ein Zentrum für religiöse Zeremonien und diente den Sterndeutern der Inka als

Foto: Archiv für Kunst und Geschichte, Berlin

Observatorium. Ein Beispiel der bewundernswerten Baukunst der Inka ist eine runde, 6 m hohe Mauer, die – perfekt konstruiert – bislang allen Erdbeben standgehalten hat.

Bei der Restaurierung des **„Goldenen Hofes"** (1997) stieß man auf uralte Brunnenanlagen. Den Hof erreicht man über das kleine **Museo de Sitio Qorikancha** (mit BTC) an der Avenida Sol, das auch ein Modell der Tempelanlage und historische Fotos zeigt.

★Inti Raymi

Die Cusqueños verstehen es hervorragend, zu feiern – v. a. am größten Festtag im Jahresverlauf: ★**Inti Raymi**. Das Sonnenfest war schon vor Ankunft der Spanier eines der wichtigsten Feste Cuscos. Anlässlich der Wintersonnenwende versammelten sich die Inka früh-

morgens mit ihrem Hofstaat auf dem großen Platz, um die Sonne zu begrüßen, und zeigten dabei ihren feinsten und wertvollsten Schmuck.

Auch heute noch wird jedes Jahr am 23. und 24. Juni das Sonnwendfest gefeiert: Tausende Campesinos aus der ganzen Region maskieren sich zu diesem festlichen Anlass und ziehen singend und tanzend in Gruppen durch die Straßen. In diesen Tagen wird auch das große Inti Raymi-Schauspiel in Sacsayhuamán aufgeführt. Nach Ende der offiziellen Feierlichkeiten wälzen sich wahre Menschenmassen hinunter ins Tal von Cusco und machen dort die Nacht zum Tag. Bereits zwei Wochen vor dem Beginn des Festes platzt Cusco aus allen Nähten.

★★Sacsayhuamán

Der relativ steile Fußweg von Cusco nach ★★**Sacsayhuamán** ⑮ („Falkenhorst") beginnt an der Plaza de las Nazarenas. Auf dem Weg hinauf sollte man auf den tönernen Dachschmuck der Häuser achten: Stiere sollen Überfluss und Wohlstand im Haus anziehen, Kruzifixe oder bemalte Miniaturkirchen gelten als Glückssymbole (s. Bild S. 92). Der Spaziergang auf der alten Inka-Straße dauert etwa 45 Minuten; oben angekommen, wird man häufig von Lamas begrüßt, deren Köpfe zu Ehren der *Pachamama* („Erdmutter") mit roten Bändern geschmückt sind.

Von Sacsayhuamán ist heute nur noch ein Viertel seiner Originalanlage erhalten. Die Spanier brachen kleinere Blöcke aus den Wänden, um damit Kirchen und Paläste in Cusco aufzubauen. Dadurch zerstörten sie auch den Kopf des Pumas, dessen Zähne 22 Zickzack-Linien bildeten. Die massiven, ungefähr 600 m langen Mauern Sacsayhuamáns sind der Verteidigungsgürtel einer Festung, doch dürfte die Anlage zudem eine religiöse Bedeutung gehabt haben. In der **Festung** fügen sich Quader von mehr als 100 t Gewicht zu

---

Oben: Die Virgen del Rosario („Rosenkranzmadonna") im Convento de Santa Catalina. Rechts: Sacsayhuamán ist ein Meisterwerk der Steinmetzkunst.

Foto: Johannes Fangenberg

uneinnehmbaren Wällen. Ein Felsblock mit den Maßen 5 x 5 x 2,50 m wiegt gar 160 t (mehr als eine Boeing 707) und wurde, wie der Chronist Garcilaso de la Vega berichtet, angeblich von 20 000 Menschen mit langen Stricken auf den Berg geschafft. Insgesamt haben, so schätzen Historiker, zehntausende von Indianern sieben Jahrzehnte lang am Bau der Anlage gearbeitet, und das nur mit Steinwerkzeugen!

Vor Ankunft der Spanier standen drei Türme auf den Wällen. Der **Muyuc Marca**, von den Spaniern **Torreón** genannte Turm, dessen Fundamente noch zu sehen sind, maß erstaunliche 22 m im Durchmesser und wurde als Wassertank genutzt. So schützte man das Trinkwasser, das die Inka, wie de la Vega berichtet, in unterirdischen Kanälen nach Cusco leiteten. In anderen Gebäuden bewahrte man Essen für mehrere tausend Krieger auf, die hier stationiert gewesen sein sollen.

Angeblich führt von Sacsayhuamán ein labyrinthisches Tunnelsystem zum 3 km entfernten Coricancha-Heiligtum in Cusco, in das sich der Inka-Fürst zurückziehen konnte.

Sacsayhuamán erlebte drei Jahre nach der Eroberung Cuscos die Niederlage des von Manco Inca angeführten Heeres aufständischer Indígenas: Mit nur 50 berittenen spanischen Soldaten gelang es Pizarro, einige tausend Fußkrieger in die Flucht zu schlagen. Die Leichnam der Toten zogen ganze Schwärme aasfressender Kondore an. Ihre Darstellung im Stadtwappen Cuscos erinnert an diese blutige Schlacht. Seit 1944 ist Sacsayhuamán Schauplatz des Sonnwendfestes *Inti Raymi* (s. o.)

DIE UMGEBUNG CUSCOS

Die Dörfer und archäologischen Stätten in der Umgebung Cuscos sind für akklimatisierte Wanderer problemlos zu Fuß zu erreichen, ansonsten gibt es auch Taxis. Einige der Orte kann man auf dem Weg ins Heilige Tal der Inka besuchen. Das Sonnenlicht fällt spätnachmittags am fotogensten auf die kleinen Dörfer und alten Inka-Mauern.

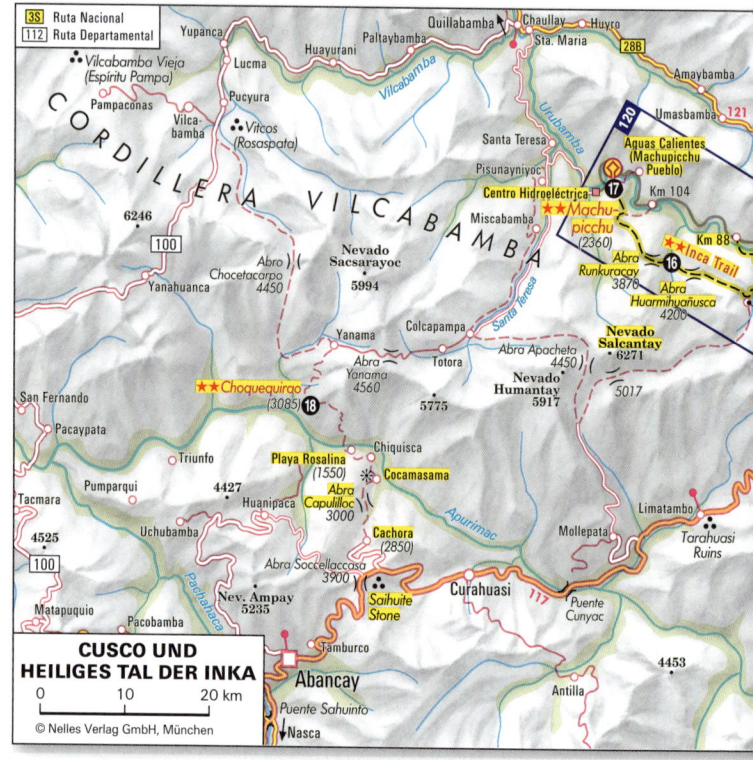

★Qenco

Das Heiligtum von ★**Qenco ❷** („Das Gewundene") an der Straße nach Pisac erhielt seinen Namen wegen der schlangenförmigen Opferrinne, die die Steinmetze der Inka in den Fels geschlagen hatten. Möglicherweise gossen Inka-Priester in Opferritualen hier *chicha* (Maisbier), Blut oder geweihtes Wasser hinein. Die Kultstätte oberhalb von Cusco (4 km) mit ihrer markanten Gesteinsformation war vielleicht eine Art Freilichttheater. Der eigentümlich erodierte Fels diente wohl bereits während der Huari-Zeit (600-1200 n Chr.) als Opferplatz. Der 5 m hohe Kalksteinfelsen, in dem man mit viel Fantasie einen Puma erkennen kann, ist mit Gravierungen überzogen. Tunnels mit Sitznischen, in denen bei Ahnenritualen die Mumien saßen, geben dem Ort etwas Geheimnisvolles. Über die Funktion zweier 20 cm hoher Felszapfen (nicht zugänglich) gibt es nur Spekulationen.

Puca Pucará und Tambo Machay

Die 3650 m hoch gelegene Anlage von **Puca Pucará ❸** („Rote Festung") liegt ebenfalls auf dem Weg nach Pisac (6 km). Mit Türmen, Magazinen und Treppen fungierte sie als strategische Kontrolle des Eingangs zur Inka-Hauptstadt Cusco sowie zu den heiligen Quellen von **Tambo Machay ❹** („Ort der

»» Karte S. 110-111, Info S. 130-131

Freude"), das ein wenig taleinwärts auf einem Schotterweg, 300 m von der Hauptstraße entfernt, zu erreichen ist. Tambo Machay wird zwar oft *Baño del Inca* („Bad des Inka") genannt, war jedoch weniger ein Bad als eine eingefasste **Quelle**, deren Wasser die Inka als Weihwasser nutzten. Einheimische schwören, wer von diesen Quellen trinke, erlange ewige Jugend, immerwährende Schönheit und nie versiegende Fruchtbarkeit. Schließlich verstehen sie dieses Wasser als die Milch der *Pachamama*, der Erdmutter. In den großen Nischen der oberen Terrasse erwarteten hohe Inka-Adlige den Sonnenaufgang und vollführten dann kultische Wasserzeremonien. Manche Historiker vermuten, Tambo Machay habe dem Inca Yupanqui als Jagdhaus gedient.

★★Chinchero

★★**Chinchero** ❺, der „Ort des Regenbogens" mit ca. 4000 Einwohnern, liegt auf 3760 m Höhe an der Straße von Cusco in Richtung Urubamba/Tal der Inka. Schöne Blicke auf die schneebedeckte Cordillera Vilcabamba sind auf dieser Strecke möglich. Frühmorgens und spätnachmittags zeigen sich oft die Gipfel der Berge Salcantay (6271 m), Waquey Willka/Verónica (5750 m) und Chicón (5500 m). Das Andendorf Chinchero gilt mit seinen jahrhundertealten Häusern, seiner ★**Kirche** von 1607 – ge-

Foto: Detlev Kirst

widmet der Jungfrau von Montserrat – und seinen traditionell gekleideten Bewohnern als noch recht ursprünglich. Am Kirchenportal wird die Jungfrau verherrlicht, der renovierte Innenraum zeigt einmalige **Deckenmalereien** aus dem 17. Jh., mit sämtlichen Aposteln, Blumen und reicher Dekoration.

Die benachbarten Ruinen mit ihren Terrassen zeugen vom Können der Inka-Steinmetze: Manche Felsen sind in Form von Stühlen und Treppen behauen. Auf dem Dorfplatz steht noch eine dicke **Inka-Mauer** mit zwölf trapezförmigen Nischen, und selbst die Dorfkirche ruht auf alten Inka-Fundamenten. Das **Museum** am Kirchplatz zeigt eine kleine Sammlung archäologischer Fundstücke aus dem Ort.

Der lebhafte **★Sonntagsmarkt** von Chinchero ist etwas weniger touristisch als der von Pisac und zweigeteilt. Der untere *mercado*, nahe der Hauptstraße und ummauert, dient mit seinem Lebensmittelangebot den Einheimischen; der obere vor der Kirche ist mit seinem Kunsthandwerk auf Touristen ausgerichtet. In der Hochebene von Chinchero entsteht derzeit der neue Internationalen Flughafen, der die ganze Umgebung nachhaltig verändern wird.

Ein herrlicher **Wanderweg** führt in drei Stunden von der Kirche hinunter nach Huayllabamba im Urubamba-Tal.

Tipon, Pikillaqta und ★Andahuaylillas

20 km südöstlich von Cusco, kurz vor dem für sein köstliches **Fladenbrot** bekannten Ort **Oropesa**, zweigt eine Erdstraße ab, die nach 4 km bergauf zu den beeindruckenden **Inkaterrassen** von **Tipon** führen. 12 riesige Terrassen, Kanäle und Brunnen wurden in perfekter Inka-Manier in den steilen Berghang gebaut.

32 km von Cusco auf der Route zum Titicacasee liegen, etwa 1 km links der Hauptstraße, die 50 ha großen Ruinen von **Pikillaqta** ❻ aus der Huari-Zeit

---

Oben: Ein Kondor, heiliger Vogel der Inka, wacht über Cusco. Rechts: Auf dem Sonntagsmarkt in Chinchero.

Foto: Johannes Frangenberg

(500-1000 n. Chr.). Bemerkenswert ist die exakte Planung der Stadt im Schachbrettmuster.

10 km östlich, inmitten von Weiden, Feldern und Eukalyptushainen, sollte man in ★**Andahuaylillas** ❼ halten. Die Lehmkirche ★**San Pedro Apostol** des kleinen Orts mit ihrem roten Ziegeldach gilt als die schönste des Hochlands. Man staunt über die barocke Inneneinrichtung, den vergoldeten **Altar**, den bemalten Dachstuhl und die **Gemälde** der Cusco-Schule in prächtigen Rahmen. Über dem Portal zum Taufaltar prangt die **Inschrift** der Taufformel in fünf Sprachen, darunter das ausgestorbene Puquina. Imposant sind die **Mudéjar-Holzdecke** im maurischen Stil und die **Wandmalereien** von Luis de Riaño (um 1640) unter der Empore, die Wege zu Himmel und Hölle darstellen. Selbst die **Orgel** aus dem 17. Jh. ist erhalten.

★★HEILIGES TAL DER INKA

Den spanischen Chronisten zufolge nannten die Inka das Tal zwischen Pisac

und Ollantaytambo heilig (*sagrado*), weil es den besten Boden des Reichs, Thermalquellen, Wälder, Salzpfannen, ein hervorragendes Klima sowie immer ausreichend Wasser hatte. Zudem gedeihen hier zahlreiche wichtige Heilpflanzen, z. B. die *muña* (Minzefamilie), die noch heute zur Bekämpfung der Höhenkrankheit (*soroche*) verwendet wird.

Ein Besuch dieses Tals gehört zu den Höhepunkten jeder Peru-Reise. Hier, 30 km nördlich von Cusco und ungefähr 500 m tiefer gelegen, fließt der **Río Urubamba** (im Oberlauf Río Vilcanota, im Unterlauf Río Ucayali genannt) durch ein fruchtbares, breites Tal. Hinter Ollantaytambo verengt sich dieses dann zu einer tiefen Schlucht (*cañon*) mit tropischer Vegetation (u. a. zahllose Bromelien). Da die Temperaturen im Tal besonders nachts deutlich höher als in Cusco liegen, wählten die Inka dieses Gebiet als ihr landwirtschaftliches Zentrum: Von den Nutzpflanzen, die sie hier zogen, verschickten sie Samen in alle Regionen des Landes.

Im ★★**Heiligen Tal der Inka** (*Valle*

Foto: vitmark (Shutterstock.com)

Sagrado) gibt es viel zu sehen und zu unternehmen. Die landschaftlich grandios gelegenen Ruinen, kleine Dörfer, Haciendas, bunte indianische Märkte und Pfirsichblütenfeste im Frühjahr legen einen Aufenthalt von mehreren Tagen nahe, der mit Wanderungen kombiniert werden kann. In den Dörfern des Tals gibt es Hotels der Mittelklasse und einfachere Herbergen, oft in schöner Lage.

★**River-Rafting** im Schlauchboot auf dem Río Urubamba ist eine kurzweilige Art, das Tal kennen zu lernen (ab Huambutio oder Ollantaytambo).

★Raqchi

Nahe der Titicacasee-Straße, 120 km südöstlich von Cusco, liegt der ★**Wiracocha-Tempel**, die noch als Ruine imposante Schöpfergott-Kultstätte der Inkastadt Raqchi (s. Karte S. 228). Zu

sehen sind v. a. Teile der monumentalen, einst 92 m langen und bis zu 12 m hohen mittleren **Tempelwand**, die den Dachfirst des 25 m breiten Satteldachs trug, sowie Säulen und Vorratszwecken dienende **Rundhäuser**. Das Foklorefest **Raqchi Raymi** findet hier am dritten Juni-Sonntag statt.

★★Pisac

32 km nordöstlich von Cusco im *Valle Sagrado*, über eine steile, kurvenreiche Straße erreichbar, liegt ★★**Pisac** ❽ (über 9000 Einwohner) mit sehr sehenswerten, hochgelegenen Ruinen aus der Inka-Zeit. Der Name des reizenden Dorfs unmittelbar am Río Vilcanota geht auf *pisaca* zurück, eine Rebhuhnart, die in präkolumbischer Zeit eine beliebte Jagdbeute war.

Der für Souvenirs aller Art berühmte ★**Mercado** auf der Plaza und den Nebengassen ist täglich geöffnet und wird vor allem von Mestizen aus Cusco beschickt. Nur sonntags und donnerstags bieten Indigenas Obst, Gemüse, Kräu-

Oben: Die Mauer des Wiracocha-Tempels in Raqchi. Rechts: Das Urubamba-Tal wird das „Heilige Tal der Inka" genannt (bei Pisac).

5

Foto: seb001 | Shutterstock.com)

ter, Quinoa, Kartoffeln, Cocablätter und von November bis März auch gekochte Maiskolben mit Käse an, die man unbedingt probieren sollte!

Folgt man der schmalen Pflastergasse rechts neben der Kirche an der Plaza, kann man nach ca. 50 m links in einen großen Innenhof einbiegen. Hier betreiben Einheimische eine **Bäckerei** und backen in einem alten Lehmofen typische Spezialitäten Perus. Die warmen, mit Käse und Zwiebeln gefüllten Teigtaschen, *Empanadas*, gehören zu den besten Leckereien der Gegend.

Wie in den meisten Dörfern der peruanischen Anden hängt an zahlreichen Häusern ein rotes Fähnchen an der Tür, das den Verkauf von frischer *chicha* (traditionelles Maisbier) signalisiert.

Jeden Sonntag, nach dem Hochamt in der Kirche, zieht eine kleine, anrührende **Prozession** über den Markt: An der Spitze die altehrwürdigen Bürgermeister *(varayoc)* der umliegenden Dörfer, die stolz ihre Amtsinsignien, einen großen, mit Silber beschlagenen Stock *(vara)*, tragen. In traditionelle Kleidung

gehüllt schreiten sie mit ihren Assistenten zum Pfarrhaus.

Rundum gestärkt kann man dann den steilen Treppenweg vom Dorfplatz zu den 400 m höher gelegenen ★★**Ruinen von Pisac** angehen. Mit dem Auto erreicht man sie über die ca. 10 km lange, kurvenreiche Straße durch das Chongo-Tal. Wenn möglich, sollte man sich auf dem oberen Parkplatz bei Quanchisraqay absetzen lassen und dann, auf teilweise schwindelerregendem Pfad, durch die Ruinen langsam hinabsteigen – die ★**Aussicht** über das Heilige Tal der Inka ist atemberaubend!

Die Ruinen liegen auf einem schmalen Felssporn, umgeben von unzähligen landwirtschaftlichen Terrassen mit einem ausgeklügelten Bewässerungssystem. Die Steine in den Wänden der wichtigsten Gebäude und Tempel sind auch hier sorgfältig poliert und exakt eingepasst, oftmals mit vorkragenden Steinnasen als Hebelansatzpunkt. Die Gebäude bewohnten einst wohl Priester und andere sozial hochgestellte Personen. Wie in Machupicchu hatten

» **Karte S. 110-111, Info S. 130-131**   115

Foto: poolps27 (Shutterstock.com)

die Astronomen auch in Pisac ein Sonnenheiligtum, **Intihuatana**, errichten lassen. Wörtlich übersetzt bedeutet *inti* „Sonne", *huata* „Jahr" und *huatana* „Beobachtung", woher die Bezeichnung „Ankerplatz der Sonne" rührt. In jedem größeren Zentrum der Inka bildete ein Intihuatana das Herz der Anlage mit einer großen **Sonnenuhr**. In einem halbrunden Bauwerk steht ein aus dem Fels geschlagener runder Pfahl, der wohl als Teil des Observatoriums zur Beobachtung der Gestirne diente.

An einer Steilwand auf der anderen Seite des Tals, südlich der Anlage, sind Löcher in den Wänden: Die Inka legten dort oben ca. 2000 Gräber an, bestatteten ihre Mumien und machten diesen Ort zu einem der größten Inka-Friedhöfe Perus. Schaut man hinab zum Fluss, so erkennt man die vielen Terrassenlagen, die die Inka landwirtschaftlich nutzten. Diese Terrassenfelder (*ande-*nes), in vielen Regionen der Zentralanden mit immensem Arbeitsaufwand errichtet, beeindruckten die Spanier so, dass sie nach ihnen das gesamte Gebirge benannten: die Anden.

Calca und Yucay

Auf der abwechslungsreichen Weiterfahrt den Río Urubamba entlang stößt man nach 20 km auf **Calca** ❾, den größten Ort des Tals. 20 km weiter liegt das langgezogene Dorf **Yucay** ❿ mit der Kolonialkirche **Santiago Apóstel** und dem **Adobe-Inkapalast** des Sayri Túpac, Sohn von Manco Inca. Am Dorfplatz vor der Kirche wachsen riesige *Pisonays*, Korallenbäume.

Urubamba, ★Maras und ★Moray

4 km westlich von Yucay zweigt die Straße nach Chinchero und Cusco ab. Hier – in 2880 m Höhe – liegt **Urubamba** ⓫ mit ca. 20 000 Einwohnern. Von der Durchgangsstraße zweigt bei der Tankstelle die Hauptstraße Av. Castilla

Oben: Blick über die Ruinen von Pisac auf das Urubamba-Tal. Rechts: Schon seit der Inka-Zeit werden die Salzterrassen von Maras genutzt.

Foto: xannesixx (Shutterstock.com)

ab, hier hinauf führt der Weg nach etwa 10 Minuten zu den frisch restaurierten Ruinen des **Inkapalastes** von Huayna Capac. Vom Hauptplatz, Plaza de Armas, gelangt man zum **Markt**, mit großem Angebot an Obst und Gemüse.

5 km weiter, bei **Panteompampa**, überspannt eine Brücke den Río Vilcanota. Sie ermöglicht den Besuch der ★**Salzterrassen**, die 9 km bergauf ca. 3 km vor dem Ort **Maras** ⑫ liegen (Alternativ kann man auch von Urubamba oder Maras zu Fuß über Felder zu den Salinas wandern). Seit der Inka-Zeit gewinnen die Bewohner in unzähligen rechteckigen Becken Salz durch die natürliche Verdunstung des Wassers, das aus einer oberhalb gelegenen, sehr salzhaltigen Quelle strömt. Dabei dauert es während der Trockenzeit von Mai bis Oktober 4-5 Wochen, bis sich in einem Becken rund 250 kg Salz bildet, für das die Arbeiter etwa 5 Euro erhalten.

Eine Erdstraße führt von hier 7 km nach ★**Moray** ⑬, wo die Inka gleichmäßig runde, bis zu 150 m tiefe **Terrassenfelder** anlegten. Aufgrund der geschützten trichterförmigen Lage dienten diese möglicherweise einst als landwirtschaftliche Versuchsfläche.

Bei **Pachar** (8 km westlich von Urubamba) ziehen neu angelegte **Klettersteige** *(Via Ferrata)* in einer 700 m hohen Granitwand Abenteuerlustige an.

★★Ollantaytambo

In ★★**Ollantaytambo** ⑭ (2750 m, 18 km von Urubamba, knapp 10 000 Einwohner) endet die Straße durch das Heilige Tal der Inka; eine neu asphaltierte Landstraße führt weiter über die Abra de Malaga (Malaga-Pass, 4350 m ü. M.) und weiter als Piste bis in das subtropische Quillabamba.

Das **Städtchen** unterhalb der Ruinen mit seinen romantischen alten Gassen, kleinen Läden und *chicha*-Stuben ist in rechteckige *cancha*-Umfriedungen aufgeteilt, die alle über einen Innenhof verfügen – insgesamt ein anschauliches Beispiel für die Stadtplanung in präkolumbischer Zeit.

Hierher zog sich Manco Inca nach

Foto: Alexmillos (Dreamstime.com)

seiner Niederlage in Sacsayhuamán zurück. 1536 versuchte Hernando Pizarro mit 50 berittenen Soldaten und Hunderten von indianischen und spanischen Fußsoldaten, den Inka gefangenzunehmen. Der Versuch scheiterte: Steine und Pfeile hagelten auf die Angreifer herab, und als Mancos Männer die Ebene vor der Festung unter Wasser setzten, brachten sie die Soldaten und Pferde der Spanier arg in Bedrängnis. Die Conquistadoren zogen ab und wurden auf ihrer Flucht von Mancos Kriegern verfolgt. Wenig später griffen die Spanier, mit Truppen aus Chile verstärkt, erneut an, diesmal erfolgreicher. Manco floh, wurde jedoch bald Opfer spanischer Meuchelmörder.

Für die Besichtigung der ★★**Ruinen von Ollantaytambo** (s. Bild S. 37) ist ein Cusco-Besucher-Ticket (BTC) erforderlich. Die imposante Festung, von der aus die Inka das Urubamba-Tal nach Norden hin gegen wilde Urwaldstämme kontrollierten, war zugleich ein Heiligtum, in dessen Tempel, auf der höchsten der vielen Terrassen, die Inka die Herzen ihrer Fürsten bestatteten. Der Name der Festung geht auf Ollantay zurück, den berühmtesten General des Inca Pachacutec Yupanqui; *tambo* bedeutet „Station" oder „Depot". Der General leitete die meisten Eroberungszüge in die Regionen des heutigen Chile, Argentinien, Bolivien und Ecuador. Zum Dank wollte der Inka dem General jeden Wunsch erfüllen. Ollantay bat um die Hand der Tochter Kusi Qoyllur, die ihn ebenfalls liebte, doch diesen Wunsch konnte Pachacutec Yupanqui aus Standesgründen nicht erfüllen. Die beiden zerstritten sich, und der Herrscher verbannte den General. Kusi Qoyllur weigerte sich standhaft, einen anderen Mann zu heiraten und wurde daraufhin zur „Auserwählten Jungfrau" bestimmt, deren Leben dem Sonnengott geweiht war. Aber Jahre später, nach dem Tod Pachacutecs, konnte das Paar doch noch zusammenkommen. Das Drama des Generals Ollantay ver-

---

Oben: Blick von den Inkaruinen auf Ollantaytambo.
Rechts: Dorfwirtschaft in Ollantaytambo.

Foto: Volkmar E. Janicke

arbeiteten die Inka zu einem **Theaterstück**, das immer am 27. Juni am Fuß der Ruinenanlage zur Aufführung kommt.

Erklimmt man den höchsten Punkt der Anlage, so erkennt man auf der gegenüberliegenden Seite des Tals den **Steinbruch**, von dem die riesigen Felsblöcke stammen. Sie wurden mehr als 5 km weit von den Cachicata-Steinbrüchen über den Río Urubamba zur Festung transportiert. Hierfür benutzte man eine lange Rampe, jedoch sind einige große Porphyrblöcke nie an ihrem Bestimmungsort angelangt. Sie liegen als sog. „müde Steine" entlang des Weges und auch neben den Tempelanlagen.

Hoch über den Terrassen Ollantaytambos, neben dem **Tempel** mit seinen gut erhaltenen Wänden aus Monolithen, steht der so genannte **Inka-Thron**, eine aus dem Fels geschlagene, sesselförmige Nische. Ein einfacher Weg entlang der steilen Felswand führt in ungefähr 10 Minuten zum **Intihuatana** und später durch Terrassen hinab zum Dorf. In der Talsohle passiert man einen glatten, schräg liegenden Felsblock, der den In-

kas vielleicht als Abflussfläche für Fließorakel diente, wobei der Lauf der Flüssigkeit der Vorhersage diente.

In einem zum Ruinengelände gehörenden Garten nahe dem Parkplatz liegt das **Baño de la Ñusta,** das „Bad der Prinzessin": ein mit geometrischen Figuren ornamentierter Felsblock, auf den ein Wasserstrahl plätschert.

Pumamarca

Wer sich einen ganzen Tag Zeit nimmt für Ollantaytambo, kann von hier nach **Pumamarca** ⓯ wandern, einem militärischen Vorposten der Ollantay-Festung, der zwei Pässe über die Cordillera Urubamba sichern sollte. Hierzu folgt man dem Río Patacancha, der am Marktplatz vorbeifließt, auf guter Piste 4 Stunden taleinwärts. Unterwegs passiert man ein Dorf mit kleinen Wassermühlen und *chicha*-Stuben, dann eine Schlucht und erblickt bald einen langen steilen Hang, den Inka-Baumeister vollständig mit Ackerbauterrassen überzogen und so zugleich zum Landschafts-

CUSCO UND DAS HEILIGE TAL DER INKA

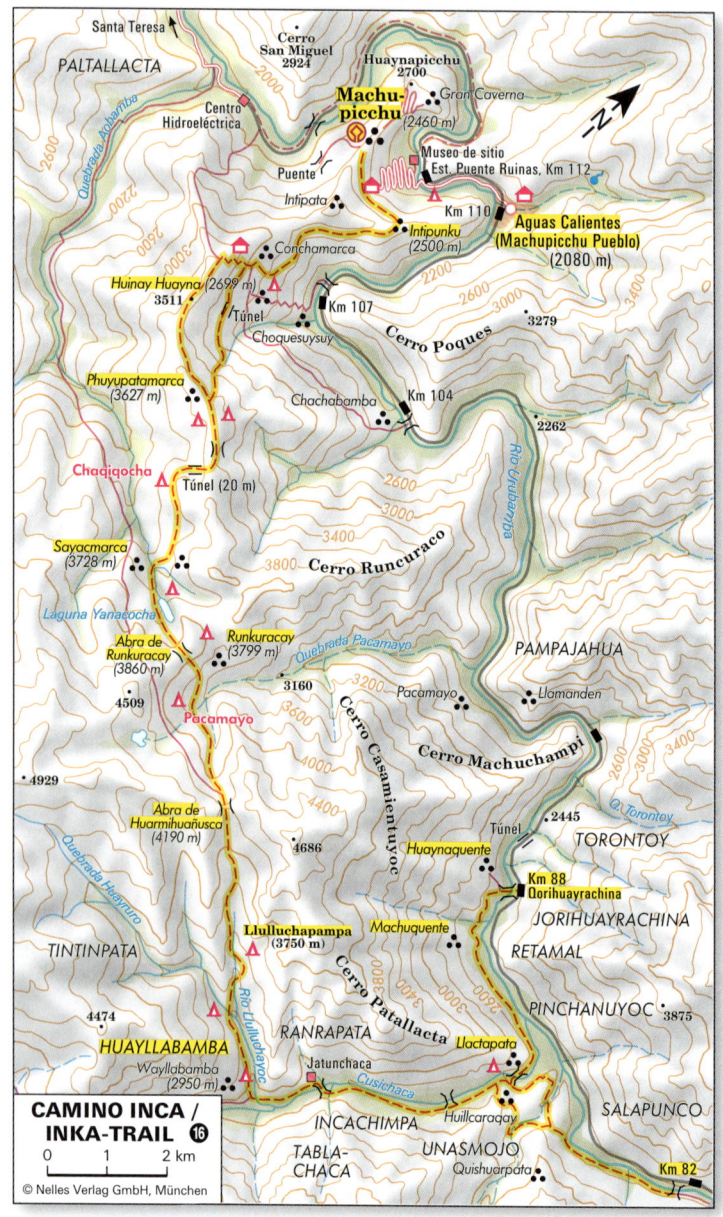

Santa Teresa

PALTALLACTA

Cerro San Miguel 2924

Huaynapicchu 2700

Machu- picchu (2460 m)

Gran Caverna

Centro Hidroeléctrica

Puente

Museo de sitio Est. Puente Ruinas, Km 112

Intipata

Km 110

Aguas Calientes (Machupicchu Pueblo) (2080 m)

Intipunku (2500 m)

Conchamarca

Huinay Huayna (2698 m) 3511

Túnel

Km 107

Choquesuysuy

Cerro Poques

3279

Phuyupatamarca (3627 m)

Chachabamba

Km 104

2262

Chaqiqocha

Túnel (20 m)

Cerro Runcuraco

Rio Urubamba

Sayacmarca (3728 m)

Laguna Yanacocha

Abra de Runkuracay (3860 m)

Runkuracay (3799 m)

Quebrada Pacamayo

PAMPAJAHUA

4509

3160

Pacamayo

Llamanden

Pacamayo

Cerro Casamientuyoc

Cerro Machuchampi

4929

Abra de Huarmihuañusca (4190 m)

4686

Túnel

2445

Q. Torontoy

TORONTOY

Huaynaquente

Km 88 Qorihuayrachina

Lulluchapampa (3750 m)

Machuquente

JORIHUAYRACHINA

RETAMAL

TINTINPATA

4474

Cerro Patallacta

PINCHANUYOC

3875

HUAYLLABAMBA

RANRAPATA

Llactapata

Wayllabamba (2950 m)

Jatunchaca

Cusichaca

SALAPUNCO

INCACHIMPA

Huillcaraqay

CAMINO INCA / INKA-TRAIL ⑯

0   1   2 km

© Nelles Verlag GmbH, München

TABLA- CHACA

UNASMOJO

Quishuarpata

Km 82

kunstwerk machten. Weiter flussaufwärts wird das Tal breiter, bedeckt von fruchtbarem Ackerland, und verzweigt sich dann bei einem größeren Dorf. Hier wechselt man über zwei Brücken ans andere Ufer und steigt nordwestwärts auf einem Ziegenpfad steil hinauf nach Pumamarca. Von der in aussichtsreicher Lage errichteten **Inka-Bastion** sind noch einige Häuser und ein großer Teil der Wehrmauer erhalten.

★★El Camino Inca – der Inka-Trail

Wer sich in Höhen von 3000 bis 4000 m akklimatisiert hat, sich für Inka-Kultur und Natur interessiert und gerne wandert, für den kann das drei- bis viertägige Trekking auf dem Inka-Pfad zu einem unvergesslichen Erlebnis werden. Auf diesem vor 500 Jahren von Stafettenläufern (chasquis) der Inka genutzten Weg lässt sich viel Interessantes entdecken, etwa Steinarbeiten der Inka (Hauswände, Tunnel, Treppen) sowie nur zu Fuß erreichbare Ruinen wie Runkuracay, Sayacmarca, Phuyupatamarca und Huiñay Huayna. Dabei überquert man Pässe und tosende Flüsse und durchwandert tropischen Nebelwald.

Der **★★Camino Inca** ⑯ ist in der Hauptsaison zwischen Juni und August schon lange vorher ausgebucht, weil auf 500 Wanderer pro Tag limitiert (im Januar und Februar zur Säuberung geschlossen). Die Wanderung muss als organisierte Tour 8 Monate zuvor gebucht werden. Neben dem Proviant ist in der Regel auch die notwendige Ausrüstung (Zelt, Campingkocher etc.) in dem Leistungspaket enthalten. Die indianischen Gepäckträger, meist schlecht bezahlt, freuen sich über ein gutes Trinkgeld.

Ausgangspunkt des Trails ist meist **Kilometer 82**, manchmal auch der ehemalige Ausgangspunkt **Kilometer 88 (Qorihuayrachina)**, Eintritt jeweils 292 Soles. Die Anfahrt dorthin beginnt frühmorgens vom Bahnhof Poroy, 10 km nördlich von Cusco. Eine Alternative ist die Fahrt mit dem Bus bis Ollantaytam-

bo. Von hier gelangt man mit dem Zug in 30-40 Min. bis Kilometer 82 oder 88. Wichtig: Die Züge halten dort nur auf Verlangen, dem Schaffner deshalb rechtzeitig Bescheid geben! Das Bahnticket sollte man am Vortag kaufen.

Der Trail startet mit der Überquerung des tosenden **Río Urubamba** über eine hohe Hängebrücke. Man steigt nun eine Bergflanke hinauf, vorbei an den Ruinen von **Huilcaraqay**.

Am Fuß der in den 1980ern restaurierten Ruinen von **Llactapata**, die von terrassierten Feldern umgeben sind, wandert man weiter mit Blick auf den majestätischen Salcantay, den knapp 6300 m hohen Gletscher mit der Pyramidenspitze. Danach überquert man den **Río Cusichaca** und folgt ihm flussaufwärts bis zum Ort und den Ruinen von **Huayllabamba** (2950 m). Bei diesem einzigen Dorfs auf dem Weg gibt es schöne Zeltplätze.

Nun wendet sich der Inka-Pfad vom Río Cusichaca ins nordwestlich gelegene **Valle Llullucha**. Dann geht es durch moosbewachsene Wälder steil hinauf zur großen Lichtung **Llulluchapampa** (3750 m) – ein idealer Platz zum Zelten. Nach dem Frühstück fordert der erste und höchste Pass des Weges, **Abra de Huarmihuañusca** (4190 m) den vollen Einsatz des Wanderers und 2-3 Stunden Schweiß. Der steile Abstieg führt zum **Río Pacaymayo**, an dessen Ufer es sich gut zelten lässt. An den Flanken der Berge stürzen nach der Regenzeit Wasserfälle in die Tiefe.

Man muss den Fluss überqueren, eine Stunde hinauf zu den Ruinen von **Runkuracay** steigen und dann den zweiten Pass in Angriff nehmen: den **Abra de Runkuracay** (3860 m). Beim Abstieg passiert man drei kleine Seen, steigt über Steintreppen, die sauber in den Felsen gemeißelt sind, und wandert entlang immer noch funktionierender Bewässerungskanäle zur Inka-Festung **Sayacmarca** (3728 m).

Im tropischen Nebelwald mit morastigem Boden geht es zwei Stunden

» Karte S. 110-111, Plan S. 120, Info S. 130-131
121

zwischen den berühmten Inka-Ruinen gezählt. Wer nach dem Besuch der weitläufigen Anlage noch Energie hat, kann den direkten, aber steilen Treppenweg zur Brücke hinuntersteigen, dann auf der Straße zum Ort **Aguas Calientes / Machupicchu Pueblo** weitergehen und dort in den heißen Quellen baden.

★★Machupicchu

Die berühmteste aller Inka-Ruinen, ★★**Machupicchu ⓱** („Alter Berg"), die „Verlorene Stadt der Inka", ist auf mehrere Arten erreichbar: einem 4- oder 2-tägigen Trek auf dem Inca-Trail; einem Trek via Mollepata und Sta. Teresa; auf der Straße von Ollantaytambo via Sta. Teresa nach Hidroélectrica, von dort per Bahn oder 2 Std. zu Fuß bis A.C.; oder per Bahn ab Poroy bei Cusco bzw. ab Ollantaytambo – das ist die Hauptvariante, mit Bustransfer von Cusco zum Bahnhof Ollantaytambo. Die spektakuläre Bahntrasse folgt ab dort dem Río Urubamba, vorbei an Km 88 und 102, wo Trekker aussteigen, bis **Aguas Calientes / Machupicchu Pueblo**, dem Touristenort am Fuß der Ruinen mit heißen Quellen, Hotels und Lokalen.

Vormittags aus Cusco ankommend, schieben sich die Zugpassagiere durch den Bahnhof und steigen in die Touristenbusse um, die Besucher in 20 Minuten auf der 10 km langen **Serpentinenstraße** 400 m höher bringen. Am Ende der im Jahr 1948 von dem Archäologen Hiram Bingham eingeweihten Straße, 2360 m ü. M., erreicht man die Ruinen von Machupicchu und Huaynapicchu („Junger Berg").

Großes Gepäck ist an der Aufbewahrung beim Eingang abzugeben, nur ein kleiner Tagesrucksack ist erlaubt. Es gibt einen Kiosk. Mittagessen ist teuer, weil nur im **Tinkuy Buffet Restaurant** (11.30 bis 15 Uhr) des exklusiven Hotels **Sanctuary Lodge** am Eingang möglich. Ein Besuch der Anlage, mit Besteigung des Huaynapicchu, dauert mehrere Stunden.

bergauf, und durch einen von Inka-Hand geschlagenen **Felstunnel** hindurch erreicht man eine Stelle, an der man annähernd 1000 m steil zum Río Urubamba hinabblicken kann. Bald ist der nächste schöne Zeltplatz erreicht: die terrassenförmig ansteigenden Ruinen von **Phuyupatamarca** (3627 m) mit einem großen Turm (*torreón*).

Vier Stunden später gelangt man zu den erst 1941 entdeckten Ruinen von **Huiñay Huayna** („Ewige Jugend", 2699 m), dann wandert man leicht bergab über Bergwiesen. Hier bieten sich fantastische Fernsichten. Auf und ab führt der Pfad nun durch dichten Nebelwald, durch das erste **Inka-Tor**, dann weiter zu **Intipuncu** (2500 m), dem zweiten Inka-Tor. Von hier hat man frühmorgens den besten Blick auf **Machupicchu** (2460 m), im sanften Licht der aufgehenden Sonne. Etwa 100 Orchideen- und dutzende Bromelienarten hat man übrigens

Foto: Detlev Kirst

Oben: Unterwegs auf dem Camino Inca. Rechts: Der Bahnhof Machupicchu ist das Nadelöhr, durch das die meisten Touristen die Inka-Ruinen erreichen.

» **Plan S. 120, Karte S. 110-111, Info S. 130-131**

Hinweis: Weil tagsüber die Ruinen voller Tagesbesucher aus Cusco sind, lohnt es, in Aguas Calientes/Machupicchu zu übernachten (Abendzug von Ollantaytambo nehmen), um 5 Uhr den Treppenweg hochzusteigen oder den ersten Bus zu nehmen, um vor 6.00 Uhr am Eingang zu sein!

Auch ein Besuch im ★**Museo de sitio Manuel Chávez Ballón** unten im Ort ist interessant. Man geht die Hauptstraße bergab und nach der Brücke über den Urubamba rechts. Neben dem Museum zeigt ein liebevoll gestalteter **Botanischer Garten** den Pflanzenreichtum der Region. Das Museum beleuchtet die Entdeckung Machupicchus, die Ausgrabungs- und Erhaltungsarbeiten und stellt Funde wie Steinmeißel, Hämmer, Keramiken und Schmuck aus.

Foto: Andreas M. Gross

Die Entdeckung von Machupicchu

Spanische Chronisten hatten von einer geheimnisvollen Stadt mit dem Namen „Vilcabamba" im Nebelwald nördlich von Cusco berichtet, die – von den Conquistadoren unentdeckt – irgendwann verlassen worden sei. Hiram Bingham, der in Yale/ USA studierte, bereiste 1909 auf den Spuren Simón Bolívars Peru. 1911 kehrte er mit einer Expedition der Yale-Universität, unterstützt von der *Nacional Geographic Society*, zurück und folgte im Juli desselben Jahres der Schlucht des Río Urubamba abwärts. Auf der Suche nach Vilcabamba befragte er viele Einheimische in den Dörfern entlang des Flusses. Der einheimische Bauer Melchor Arteaga erzählte von bewirtschafteten Terrassen in einem Ruinengelände und führte Bingham für einen Silberdollar durch dichten Nebelwald zu dem Ort, der bis heute Rätsel aufgibt. Und möglicherweise hat ihn bereits 1867 der deutsche Goldschürfer Augusto Berns entdeckt, ausgeplündert und auf einer Karte verzeichnet, lange bevor der abenteuerlustige Amerikaner Bingham ankam, die restlichen Inka-Fundstücke nach Yale schaffte (2011

teils zurückgegeben) und so Hollywood die Vorlage für die Indiana-Jones-Filmfigur lieferte.

Bingham vermutete zunächst, er habe Vilcabamba gefunden, den letzten Rückzugsort der Inka, und blieb vier Jahre auf diesem Bergkamm, um die Ausgrabung zu leiten. In den 1940er Jahren entdeckte das eine peruanische Expedition das nahegelegene Huiñay Huayna am Inka-Pfad.

Bis heute sind viele Fragen unbeantwortet geblieben. Warum fanden die Spanier Machupicchu nie? War dies der Landsitz des Inca Pachacutec, der nach dessen Tod völlig aufgegeben wurde? Dafür sprechen der Baubeginn um 1440 und der Baustil, aber auch die Tatsache, dass die Bewohner Machupicchu – von Hiram Bingham „Stadt in den Wolken" genannt – zur Zeit der Ankunft der Spanier verließen. Beendete eine Epidemie die blühende Stadt? Ein philosophisch denkender Forscher bezeichnet Machupicchu als „den heilig denkwürdigen Ort des Reiches, den Wachtposten an der Grenze der vier Welten zwischen

5

Cusco und das Heilige Tal der Inka

Foto: Steven Sullivan (Dreamstime.com)

Himmel und Erde, Berg und Wald".

Neuesten Forschungen zufolge war Machupicchu ein religiöses und astronomisches Zentrum, das ab 1420 erbaut und um 1520 verlassen wurde. Es beherbergte ca. 1500 Menschen in 200 Wohnungen.

Rundgang durch Machupicchu

Das Wetter in **Machupicchu** ist unberechenbar. Daher sollte man mit Regen- und Sonnenschutz und festen Schuhen ausgerüstet sein.

Die Namen der einzelnen Gebäude stammen meist von Hiram Bingham; meist sagen diese – oft fantasievollen – Bezeichnungen nichts über die tatsächliche Funktion aus.

Vom Haupteingang führt ein Weg im Zick-Zack durch die landwirtschaftlichen Terrassen hinauf auf den Inka-Pfad. Hier, an der höchstgelegenen

Oben: Gebäude und Ackerbauterrassen (andenes) in Machupicchu. Rechts: Tempel der drei Fenster in Machupicchu.

Stelle der Besichtigung, unterhalb vom so genannten **Haus des Wächters** ➊, kann man sich einen hervorragenden Überblick über die archäologische Stätte mit ihren verschiedenen Gebäudekomplexen verschaffen. Oft ziehen die Wolken knapp unterhalb der Bergspitzen vorbei; 800 m tiefer schlängelt sich der Río Urubamba durch das enge Tal.

Von hier bieten sich zwei kurze Wanderungen an, links Richtung Südwesten, zur **Inka-Brücke**, die spektakulär an einem überhängenden Felsen erbaut wurde und seit dem Absturz eines übermütigen Amerikaners nicht mehr betreten werden darf. Für den teilweise sehr schmale Weg braucht man ca. 30 Min., er ist nur etwas für Schwindelfreie! Über die Inka-Straße bergauf gelangt man in etwa 45 Min. zum **Intipunku**, dem **Sonnentor**, und genießt von hier einen unvergleichlichen ★**Rundblick** über den gesamten Komplex mit dem Huaynapicchu im Hintergrund.

Inmitten der großen Terrassenflächen zur landwirtschaftlichen Produktion, die die Inka vermutlich mit Vogelexkremen-

Foto: Johannes Frankenberg

ten (*guano*) von der Küste düngten, steht das **Haus des Terrassenverwalters** 2. Er war verantwortlich für das hier (wie an vielen anderen Orten mit großem Arbeitsaufwand installierte) geniale Be- und Entwässerungssystem und überwachte den Anbau landwirtschaftlicher Produkte, vor allem Mais, Getreide und verschiedene Arten von Süßkartoffeln.

Wenige Schritte weiter nördlich, Richtung Zentralplaza, überquert man die **Treppe der Brunnen** 3, die von kleinen Kaskaden in künstlich geschaffenen Bassins umgeben ist. Bingham vermutete, Machupicchu sei innerhalb kurzer Zeit verlassen worden, weil das Wasser dieser Quelle, Ort zahlreicher religiöser Zeremonien, versiegte.

Von den Brunnen gelangt man zu einem der Wahrzeichen Machupicchus, dem **Tempel der Sonne** 4, einem Rundturm, daher auch als **El Torreón** bekannt. In seinen nahezu fugenlosen Wänden boten Nischen Platz für Opfergaben und Götteridole; in den Laibungen des Durchgangs erkennt man Bohrungen, an denen wohl eine Tür oder Vorhänge

befestigt waren. Am Sockel des anstehenden Felsens befindet sich eine Vertiefung, die oft als Königsgrab gedeutet wird, auch wenn dort keine Knochen gefunden wurden. Vielleicht war El Torreón Teil eines Observatoriums, ein Wehrturm oder ein Getreidespeicher? Bestimmt hatte der Turm seinen Platz im Kalendersystem der Inka, denn durch ein Fenster fiel das Licht der aufgehenden Sonne im Juni am Tag der Wintersonnenwende exakt auf eine eingeritzte, lange gerade Linie in der Mitte des Turms.

Neben dem stattlichen Torreón erhebt sich der einst zweistöckige **Palast der Prinzessin** 5 (*Palacio de la Ñusta*), wegen seiner aufwändigen Bauweise von Bingham auch „Residenz des Hohepriesters" genannt. Einfache Bauten, vermutlich Getreidespeicher, umgeben das stattliche Gebäude.

In der Nähe, oberhalb des Hauptbrunnens, steht das **Haus des Brunnenverwalters** 6. Dieses ungewöhnliche dreiwandige Gebäude, dessen Dach renoviert und mit Stroh gedeckt wurde, war an einer Seite offen und wurde da-

» Plan S. 126, Info S. 130-131
125

CUSCO UND DAS HEILIGE TAL DER INKA

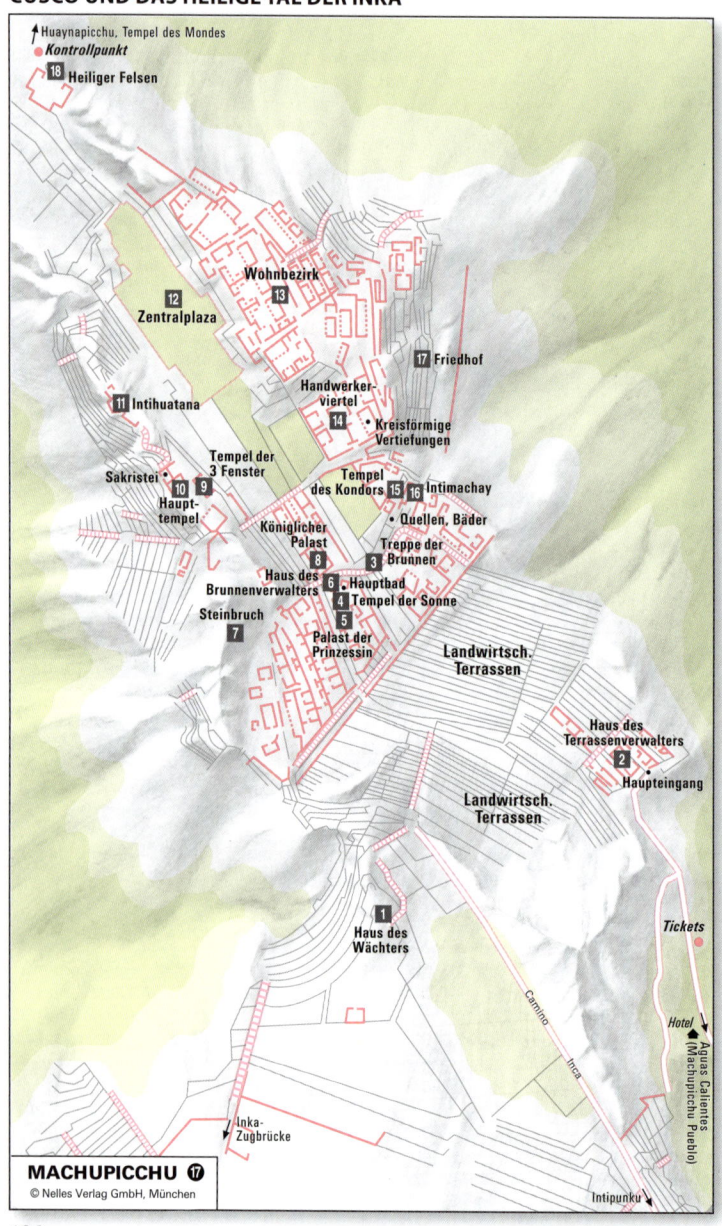

↑ Huaynapicchu, Tempel des Mondes
● *Kontrollpunkt*

18 Heiliger Felsen

Wohnbezirk

13

12 Zentralplaza

17 Friedhof

Handwerker-
viertel

11 Intihuatana

14

● Kreisförmige
Vertiefungen

Tempel der
3 Fenster

Sakristei ●

10 **9**

Haupt-
tempel

Tempel
des Kondors

15 **16** Intimachay

● Quellen, Bäder

Königlicher
Palast

8

3 Treppe der
Brunnen

Haus des
Brunnenverwalters

6 ● Hauptbad

4 Tempel der Sonne

5

Steinbruch

7

Palast der
Prinzessin

Landwirtsch.
Terrassen

Haus des
Terrassenverwalters

2

● Haupteingang

Landwirtsch.
Terrassen

1

Haus des
Wächters

Tickets ●

Camino

Inca

Hotel ▲

Aguas Calientes
(Machupicchu Pueblo)

Inka-
Zugbrücke

Intipunku

MACHUPICCHU **17**
© Nelles Verlag GmbH, München

126

her vermutlich nicht als Wohnhaus genutzt. Am oberen Ende der Mauer sind dicke Steinkeile zu erkennen, die zur Befestigung des hölzernen Dachstuhls an den Steinmauern dienten.

Im **Steinbruch** 7 am oberen Ende der Treppe der Brunnen liegen einige unvollendete, aus dem Felsen herausgemeißelte Blöcke, sog. „müde Steine".

Der **Königliche Palast** 8, gegenüber dem Sonnentempel und jenseits der Treppen, setzt sich aus mehreren Bauwerken zusammen und enthält mächtige, bis zu drei Tonnen schwere Türstürze. Zusammen mit dem eleganten, trapezförmigen Tor deutet dies auf adlige Bewohner hin.

An der zum Hof offenen Seite des **Tempels der drei Fenster** 9 sollten offensichtlich zwei mächtige Steinpfeiler die Türbalken tragen, diese wurden aber niemals aufgestellt. Durch die drei trapezförmigen Fenster an der Rückseite schaut man aus luftiger Höhe auf den großen Platz hinab.

Der **Haupttempel** 10 Machupicchus besitzt eine große, altarförmige Steinplatte in seiner Mitte, ein Unikum bei den Inka; beeindruckend sind die großen Steinblöcke, aus denen die unteren Mauerteile konstruiert wurden. Die Steine seiner drei Wände werden nach oben hin immer schmaler und lassen so das Gebäude höher erscheinen. Die Quader des Haupttempels wurden überaus sorgfältig gemeißelt, geschliffen und verfugt, und man kann sich vorstellen, dass dies einmal ein grandioses Bauwerk war, das zur Blütezeit der Stadt reich ausgestattet war. Als einziger Tempel Machupicchus besitzt er einen Nebentempel, die so genannte **Sakristei**. Die Türpfosten flankieren kunstvoll behauene Steine.

Ein Treppenweg führt zum **Intihuatana** 11 („Ankerplatz der Sonne") auf der Hügelspitze hinter dem Haupttempel. Dieser aus dem gewachsenen Felsen gearbeitete, 1,80 m hohe Stein war wohl das wichtigste Heiligtum der Stadt. Ein Sonnenheiligtum gab es auch in Pisac, Ollantaytambo und

an anderen Orten. Als Zentrum für astronomische Beobachtungen, für die Berechnung und Überprüfung des Kalenders, spielte es eine wichtige Rolle in der Bestimmung der Regenzeit und der rechtzeitigen Aussaat. Der Sonnenstein, eine eine recht schlichte, glattpolierte Skulptur, ermöglichte dank der entsprechend ausgerichteten Längsseiten und einer Ost-West-Diagonale den Priestern die Vorhersage der Sonnenwende. Der Intihuatana von Machupicchu ist der einzige, der nicht von den Spaniern zerstört wurde – das schaffte erst eine Werbeagentur aus Lima, als 2002 bei ihren Werbeaufnahmen ein Beleuchtungskran umfiel und ein Stück des allerheiligsten Steins der Inka abbrach.

Nun überquert man die große **Zentralplaza** 12, auf der meist Lamas grasen, und gelangt unterhalb der Plaza zu einem großen **Wohnbezirk** 13 mit einfachen Bauten. In einem der Gebäude sind im Steinboden zwei Scheiben von einem halben Meter Durchmesser eingemeißelt. Bingham interpretiert die Scheiben als Mörser; Experten sehen darin jedoch Wasserbehälter zur Beobachtung des Sternenhimmels. Es fehlt nämlich jegliche Vertiefung, die ein Mörser aufweisen müsste.

Im weiter südlich gelegenen **Handwerkerviertel** 14 fand Bingham Werkzeuge aus Stein, Bronzegegenstände, tönerne Spinnwirtel und andere Utensilien zum Weben und Nähen. Von hier aus gelangt man über eine steile Treppe zum **Tempel des Kondors** 15, einem unterirdischen Raum mit Nischen, der früher wahrscheinlich als Tempel fungierte. Der Name des Bauwerks stammt von einem breiten, flachen Stein am Boden, in dem die Gestalt eines Kondors gemeißelt ist; der Kopf ist besonders gut zu erkennen. Beim Schnabel ist ein Loch zu sehen, das in die Tiefe führt, darüber eine Abflussrinne. Vielleicht wurde hier Pachamama Blut oder Chicha geopfert. Bingham glaubte, hier das Gefängnis Machupicchus gefunden zu haben. Aber: Gefängnisse kannten

» Plan S. 126, Info S. 130–131

5

Cusco und das Heilige Tal der Inka

Foto: Andreas M. Gross

die Inka nicht, sondern körperliche Strafen, den Verlust von Standesprivilegien sowie die Todesstrafe in der Raubtiergrube oder im Schlangennest.

Intimachay 16 heißt die etwas versteckte kleine Höhle unterhalb des Kondortempels, vermutlich ein Observatorium zum Beobachten der Sonnenwende im Dezember: Denn durch eine gemeißelte Öffnung fällt das Licht der aufgehenden Sonne in den 10 Tagen um die Sonnenwende und trifft auf die hintere Wand der Höhle.

Oberhalb der Terrassen liegt der **Friedhof** 17. Im Umkreis der alleinstehenden Hütte entdeckte Bingham 135 Skelette und Mumien. 109 Skelette stammten von Frauen.

★Huaynapicchu

Auf dem Weg zum Huaynapicchu passiert man den **Heiligen Felsen** 18

Oben: Der Intihuatana – das wichtigste Heiligtum von Machupicchu. Rechts: Choquequirao – Inkabauten mit Blick auf die Cordillera Vilcabamba.

am nördlichsten Punkt der Anlage, auch Tempel der *Pachamama* (Göttin der Erde) genannt. Er besteht aus einem riesigen flachen Felsblock, dessen Umriss nahezu identisch mit der Bergsilhouette im Hintergrund ist.

Majestätisch erhebt sich mehr als 700 m über dem Río Urubamba der ★**Huaynapicchu** (2700 m). Bevor man den steilen Berg in Angriff nimmt, muss man sich am **Kontrollpunkt** registrieren, nur 400 Touristen werden eingelassen, und zwar 200 um 7 und 200 um 10 Uhr – dafür muss man bereits am Eingang das Ticket abstempeln lassen. Hin- und Rückweg ca. 1,5 Std., es gibt schwindelerregende und rutschige Passagen. Oben wird man mit einer grandiosen ★★**Aussicht** auf Machupicchu belohnt. Selbst an so exponierten Stellen wie dem Gipfel des Huaynapicchu errichteten die Inka *andenes*-Terrassen.

Am Nordhang des Huaynapicchu entdeckten Archäologen 1936 die **Gran Caverna** („Große Höhle"), früher Mondtempel genannt. Die Rundwanderung dauert etwa 2 Stunden.

Foto: Christian Declercq (Shutterstock.com)

★★Choquequirao

Der wenig begangene, landschaftlich großartige 62-km-Trek (hin und zurück) – eine Alternative zum Inka-Trail – beginnt in **Cachora** (wo man auch Pferde mieten und übernachten kann), einem Andendorf ca. 160 km westlich von Cusco, ca. 30 km vor Abancay. Zunächst führt der Weg bergan, ca. 9 km bis zum Pass **Capuliyoc** auf ca. 3000 m. Von hier führt der Pfad durch herrliche Gebirgslandschaft abwärts zur Schlucht des **Rio Apurimac**, einem Quellfluss des Amazonas. In **Cocamasama** siewht man erstmals den Berg, auf dem sich die Ruinen befinden, und den majestätischen schneebedeckten **Salcantay** (6271 m). Oberhalb des reißenden Apurimac findet man einen Campingplatz mit Duschen (kalt) und Toiletten, in **Playa Rosalina** auf 1550 m Höhe, 11 km vor dem Ziel – Baden im Fluss ist gefährlich und verboten! Ein weiterer Rastplatz ist auf der anderen Flussseite in **Santa Rosa**, eine weitere Stunde bergauf, dort gibt es Getränke und manchmal warmes Essen zu kaufen.

★★ **Choquequirao** ⓲ („Goldene Wiege") liegt auf 3085 m an einem Hang und teilt sich in Ober- und Unterstadt. Vom hiesigen Zeltplatz (mit Duschen und Toiletten) sind es noch 1350 Meter bis zur **Gran Plaza**, um den sich zweigeschossige Tempel und bescheidene Inka-Paläste gruppieren. Die üppige Vegetation, der Blick auf die Cordillera Vilcabamba, der gute Zustand der Inkabauten aus dem 15. Jh. und die Terrassen machen diesen Ort zu einem Highlight. Zum **Mirador**, mit Blick auf die **24 Lama-Darstellungen** aus weißen Steinen in den *andenes*, gelangt man auf der Rückseite des Bergs über eine steile **Inkatreppe**. Unterhalb des Camps sind riesige, halbrunde **Terrassenfelder** mit dem **Casa de la catarata**, dem Haus des Wasserfalls, der gegenüber steil hinabfällt.

Für den Trek sollte man vier Tage einplanen, davon ein Tag für die Anlage; geschlafen wird in Zelten (Herbergen nur in Cachora). Wer einen längeren Trek machen will, kann über Yanama bis Santa Teresa und weiter nach Machupicchu wandern (plus 4 Tage).

Cusco (☎ 084)

DirCetur (Touristeninformation), Mo-Fr 8-18 Uhr, Sa 8-14 Uhr, Portal de Mantas 117A (nahe Plaza de Armas), Tel. 222032, hier auch **Tickets für Machupicchu**.
iPeru: C. Garcilaso, Tel. 252974, Mo-Sa 9-18, So 9-13 Uhr.
Policia de Turismo: Calle Saphi 510, Tel. 249654. Am Flughafen: tägl. 6-16 Uhr, Tel. 237364.

FLUG: Der **Flughafen** Velasco Astete liegt 10 Fahrtminuten südlich der Plaza de Armas, Taxi max. US-$ 5. **Fluginformation**: Tel. 222611. **LAN**, Av. Sol 627-B, Tel. 255552-55. **AVIANCA**, Av. Sol 602, Tel. 249926.
AMAZONAS (tägl. außer So. nach La Paz) Av. Sol 574, Tel. 506565, www.amazonas.com. **Star Peru**, Av. Sol 679, Tel. 221896, reservascuz@starperu.com.
Peruvian Airlines, Calle del Medio 117, Tel. 254890, www.peruvianairlines.pe
BUS: **Terminal Terrestre,** Av. Vía de Evitamiento N° 429, Tel. 224471, 10 km südl. v. Zentrum. Hier starten Fernbusse von **Cruz del Sur, Sur Oriente u. Movil Tours**.
First Class, Touristenbus nach Puno mit Guide, Snacks, Getränke und Musik, Av. El Sol 930, Tel. 238738, firstclass@terra.com.pe.
BAHN: **Terminal Huanchac**, Av. Pachacutec: Züge der *PeruRail* nach Juliaca und Puno; Cusco-Puno: Mo, Mi, Fr und Sa 8 Uhr; Nov-März nur Mo, Mi und Sa. **Züge nach Machupicchu** siehe S. 131. **Perurail-Büro**: Plaza de Armas, Portal de Carnes 214, tgl. 7-22 Uhr, Tel. 581414. www.perurail.com.

Chicha, raffiniert lokale Gerichte, kreiert v. berühmten Gastón Acurio, Plaza Regocijo 261, Tel. 240520, restaurantechicha@gmail.com.
Limo, ganztägig geöffnet, schöner Blick auf die Plaza, Portal de Carnes 236.
Cappuccino, nettes Café mit kleinen Balkons, an der Plaza, Portal Comercio 141.
MAP Café, Gourmetlokal im Hof d. MAP-Museums, Plaza Nazarenas 231, Te. 242476.
Deva Tipico, neueres Lokal mit exquisiter Küche, C. San Agustin 280, Tel. 247717.
La Retama, traumhafter Plazablick, lokale Spezialitäten, Portal de Panes 123.
Mystique, nettes Cage-Restaurant nahe der Plaza, mit Inkamauern, C. Suecia 320.

Cicciolina, Bodega und Tapas, fantasievolle Küche, gute Weine, nur abends, Triunfo 393.

Centro Qosqo de Arte Nativo, tägl. 18.45 Uhr Folklore, Eintritt im BTC enthalten, Av. Sol 604. **Cross Keys Pub**, Traveller-Treff, Plaza de Armas. **El Muki**, „In-Disco", Sta. Catalina. Golden Rock, Live-Musik, Tecsecocha 436. **Mythology**, exzentrisches Interieur, Plaza de Armas, Portal Plaza 298/2. St. **The Song**, C. Pumacurco 408.

BOLETO TURISTICO (BTC): BTC-Ticket-Verkauf: **COSITUC**, Av. Sol 103, Tel. 227037, www.cosituc.gob.pe, Mo-Sa 8-18, So 8-13 Uhr. Folgende Sehenswürdigkeiten umfasst das 10 Tage gültige Sammelticket für 130 Soles/ Studenten 70 S. (Teilticket nur für Cusco oder Heiliges Tal: 70 S.; Einzelticket an den Monumenten nicht erhältlich, nur Teilticket): *MUSEEN* : **Museo Histórico (Casa Garcilaso)**, Mo-So 8-17 Uhr. **Museo de Arte Popular**, Mo-Sa 9-18, So/Fei 8-13 Uhr, Av. Sol 103. **Museo Municipal de Arte Contemporáneo**, Mo-Sa 9-18 Uhr, Rathaus. **Museo de Sitio del Qorikancha**, Mo-Sa 9-18, So/Fei 9-13 Uhr. **Monumento de Pachacutec**, Mo-So 9-18 Uhr.
ARCHÄOLOGISCHE STÄTTEN: **Saqsayhuaman, Q'Enqo, Pukapukara, Tambomachay, Pisaq, Chinchero, Ollantaytambo, Tipón, Pikillaqta, Moray**, alle tägl. 7-18 Uhr.
FOLKLORE: **Centro Qosqo de Arte Nativo** , Folklore tgl. 18.45 Uhr, Av. Sol 604.
Nicht im BTC enthalten, d. h. Extra-Eintritt für:
KIRCHEN: **Catedral**, Mo-Sa 10-18, So u. Fei 14-18 Uhr. **San Blas**, Mo-Sa 8-18, So u. Fei 14-18 Uhr. **La Compania,** Mo-Sa 11-12, 15-16 Uhr; Sammelticket für alle drei Kirchen u. Museo Arzobispal. **Monasterio de Santa Catalina**, Mo-Do, Sa 9-17, Fr 9-15.30 Uhr. **La Merced**, Mo-Sa 8-12 und 14-17 Uhr. **San Francisco**, Mo-Sa 8-12 u. 14-17 Uhr.
MUSEEN: **Museo Inka**, Mo-Fr 9-18, Sa, Fe 9-16 Uhr. **Museo Arzobispal**, Mo-Sa 8-18, So und Fei 14-18 Uhr. **Coricancha**, Mo-Sa 8-17, So und Fei 14-17 Uhr. **MAP** (**Museo de Arte Precolombino**), 9-23 Uhr, Plaza Nazarenas. **Museo Machu Picchu**, C. Santa Catalina Ancha 320, Mo-Sa 9-17 Uhr.

FIESTAS: **Inti-Raymi**, Sonnwendfest am 24. Juni in Saqsayhuaman, **Semana del Cusco**, in der Woche des 24. Juni Folkloreveranstaltungen und Umzüge rund um die Plaza de Armas. **Semana Santa**, Osterwoche mit Prozessionen am Montag und Donnerstag der Karwoche. Am Gründonnerstag **Chiri Uchu**, 12 verschiedene Gerichte, die an der Plaza verkauft werden. **Corpus Christi**, Fronleichnamsprozession. **Reyna de Belen**, 4. Sonntag im Januar, Prozession der Schutzpatronin der Stadt, Belen-Kirche. **Santurantikuy**, 24.12. Krippen- und Kunsthandwerksmarkt rund um die Plaza de Armas.

Adventure Park, Bungee Jumping, Tel. 240835, www.actionvalley.com.

Mercado San Pedro, größter Markt Cuscos (Vorsicht: Taschendiebe). **Peru Ètnico**, Designer-Alpaca-Mode, Plaza, Portal Mantas 114. **Alpaca 111**, Alpaca-Pullover, Schals etc. sehr guter Qualität, Plaza Regocijo 202. **Taki**, Musikinstrumente, CD's, Noten, mit kleinem Museum, Hatunrumiyoq 487-5. **Ilaria**, Silberschmuck, Plaza de Armas, Portal Carrizos 258.

Pikillaqta / Andahuaylillas

Linienbusse in die südliche Umgebung Cuscos besteigt man am besten in der Av. de la Cultura, gegenüber der Uni.

San Pedro Apostol-Kirche in **Andahuaylillas**, täglich bis 17 Uhr.

Chinchero

Busse nach Chinchero fahren in Cusco in der Av. Arcopata (Verlängerung der C. Montero) ab, nordöstlich des Zentrums.

HEILIGES TAL DER INKA

BUSSE ins *Valle Sagrado* fahren ab Calle Pututi/Cusco, die meisten bis Calca und Urubamba (via Pisac), nach Ollantaytambo ggf. in Urubamba umsteigen.

FIESTAS: Sin'kuy, am 1.1. treffen sich die Varayocs (Bürgermeister) aus der Umgebung in **Ollantaytambo** zu einem historischen Ballspiel. **Ollanta-Raymi**: am 27.6., in den Ruinen, das Drama „Ollanta".

Urubamba

Preiswerte Gerichte im 1. Stock der **Markthalle** u. in Lokalen um die Plaza. **La Papa Gourmet**, gute Küche, nur abends, Plaza, Jr. Comercio 435. **Cafe Plaza**, Sandwich, Suppen, Plaza neben dem Rathaus, Jr. Bolivar 440. **El Maizal**, rustikal, schöner Garten, Cabo Conchatupa.

Machupicchu / Aguas Calientes (Machupicchu Pueblo)

iPeru: tägl. 9-20 Uhr, Gebäude des INC neben der Kirche, Tel. 211104.

BAHN nach Machupicchu: Von Cusco erst **Bustransfers** zu den Bahnhöfen Pachar und Ollantaytambo. Perurail bietet ab Cusco-Huanchaq (Bhf. nach Puno) einen Bustransfer nach Pachar, die Abfahrtszeiten ändern sich ständig, vor Ort erfragen! Von Mai-Dez. fährt Perurail ab Poroy, 15 km nördlich Cuscos. Ungefähre Preise hin- u. zurück in US-$: Vistadome 173, Expedition 148, Hiram Bingham 795 (Luxus, VP, Livemusik u. Bar). Bis 21 Uhr fahren 12 Züge Ollantaytambo-Machupicchu und zurück, und drei Verbindungen über Pachar. Dazu der Luxuszug Hiram Bingham ab Urubamba um 9.40 Uhr (Htl. Rio Sagrado), zurück um 17.50 Uhr. www.perurail.com.

Incarail fährt ab Ollantaytambo tgl. ab 6.40 bis 16.30 Uhr sechsmal, 3 Preisklassen ab 115 $. www.incarail.com.pe. Tel. 581860.

BUS: Von Cusco nach Machu Picchu: Über Santa Maria u. Santa Teresa bis nach **Hidroeléctrica**, dann zu Fuß neben den Gleisen (2,5 Std., 12 km, leicht bergauf) oder per Bahn (ca. 20 US-$) nach Aguas Calientes. Shuttle-Minibusse für Hin- und Rückfahrt sind zu buchen in Reisebüros in Cusco (ca. 60 Soles hin und zurück); ca. 6 Uhr Abfahrt, Ankunft Hidroeléctrica 14 Uhr, dann zu Fuß (2,5 Std.) weiter nach Aguas Calientes; Rückfahrt vom Kraftwerk tgl. 15 Uhr, Ankunft in Cusco ca. 21 Uhr. Wird auch von Cusco als Komplettausflug angeboten, inkl. Machupicchu-Führung, für ca. 120 US-$.

Indio Feliz, gute franzö́s. u. peruan. Küche, C. Lloque Yupanqui 4. **Clave de Sol**, Pizza u. mexikanisch, Av. Pachacutec 156. **Totos House**, Buffets, abends Folklore, Av. Imperio d. I. Incas.

Machupicchu-Ruinen: tgl. 6-18 Uhr, Eintritt 152 Sol (mit Wayna Picchu 200 Sol), Studenten u. Senioren ab 60 J. 50 %; ab 13 Uhr nur 100 Soles. **Ticketverkauf** nicht oben am Eingang, nur unten in Aguas Calientes im **Machu Picchu Cultural Centre** (tgl. 5.15-21 Uhr); **Reisepass** auch oben am Eingang nötig. Online-Tickets für Machupicchu: www.machupicchu.gob.pe.

5

Cusco und das Heilige Tal der Inka

Am Titicaca-See ist Fisch ein wichtiges Nahrungsmittel (Markt in Puno).

TITICACA-SEE

LAGO TITICACA

PUNO

SILLUSTANI

INSELN DES TITICACA-SEES

AM TITICACA-SÜDUFER

Die *Puna*, die Anden-Hochebene mit ihrer dünnen Luft, wird in Peru auch als ★★**Altiplano** bezeichnet. Endlos weite Flächen und die majestätischen Gebirgszüge der ★★**Cordillera Real** mit ihrem ewigen Schnee wechseln einander ab: ein Paradies für Bergsteiger, für Vicuñas, Alpakas und Lamas, doch wohl kaum für die vielen Generationen von Hochlandbewohnern, die sich hier eine Existenzgrundlage schaffen mussten und müssen.

Das 72 000 km² große Departamento Puno zählt rund eine Million Menschen, die in Höhen zwischen 2800 und 4500 m leben. Die Campesinos der Puna wohnen hier weitgehend in ärmlichen Verhältnissen, in Dörfern und Kleinstädten mit braunen Adobehütten mit Stroh- oder Wellblechdächern, zwischen spärlich grünen Weiden und Feldern mit *alfalfa* (Luzerne) und Futtergerste. Ihre Arbeit in den traditionellen landwirtschaftlichen *comunidades* kann sie nur schlecht ernähren: Die Säuglingssterblichkeit liegt bei 30 %, über 70 % der Kleinkinder sind unterernährt, und die Lebenserwartung ist seit mehr als 10 Jahren unter den peruanischen Durchschnitt von 70 Jahren gefallen.

Auch wenn die dünne Luft des Altiplano so manchen Besucher dieser Region zu unfreiwilligen Atempausen

Links: Ein Uro in seinem Binsenboot.

zwingen mag – die Gegend um den Titicaca-See sucht weltweit ihresgleichen: eine einzigartig spektakuläre Eisenbahnstrecke, die „Folklorehauptstadt" Puno, reiche indianische Kultur, archäologisch interessante Orte, eine Vielfalt von Wasservögeln am See, Menschen, die auf schwimmenden Inseln leben und das strahlende Licht des Altiplano.

★★**LAGO TITICACA**

Kernpunkt des weitläufigen Altiplano ist der ★★**Lago Titicaca** ❶ (Titicaca-See), der auf einer Höhe von 3822 m von fast allen Reiseführern als der höchste schiffbare See der Welt gehandelt wird. Das ist ein Irrtum: Der Lago de Junín in den peruanischen Zentralanden liegt auf 4000 m Höhe und ist ebenfalls schiffbar! Dennoch bietet der Titicaca-See zwei Superlative: Er ist mit 8300 km² Fläche der größte der Welt oberhalb 2000 m und der größte See Südamerikas. An seiner längsten Stelle misst er 194 km, an seiner breitesten 65 km, an seiner tiefsten 300 m. Im Grunde sollte man jedoch von zwei Seen sprechen: Der kleinere Huiñaimarca mit 11 Inseln wird durch die Straße von Tiquina vom sechsmal größeren Chucuito-See mit seinen 25 Inseln getrennt.

Die ca. 160 Mio. m³ des leicht salzhaltigen Wassers sind zwar das ganze Jahr über nur 10-13 °C warm, doch fungiert

Am Titicaca-See 6

» **Karte S. 136, Info S. 147**

135

der See in dieser Höhe trotzdem als Wärmespeicher. Der teilweise zu Bolivien gehörende Lago Titicaca bot mit seinem Reichtum an Fischen (u. a. *Suche*, eine Welsart und *Carache*, sehr klein und grätenreich) mehreren alten Kulturen eine sichere Lebensgrundlage, zudem ausreichend Wasser und Wärme für den Anbau von *maíz* (Mais), *quinua* (ein Hochlandgetreide), Gerste, *frijoles* (Bohnen) und vielen verschiedenen Sorten Kartoffeln. Mitte des 20. Jh. wurde Lachsforellen (*truchas*) und Felchen (*pejerey*) aus Nordamerika eingeführt und ausgesetzt, Raubfische, welche die heimischen Fischarten stark dezimierten.

Für die Inka war es ein heiliger See: Hier stiegen die legendären Ur-Inka Manco Capac und seine Schwestergattin Mama Ocllo nach einer örtlichen Überlieferung um 1200 n. Chr. hernieder, um das Inka-Reich Tahuantinsuyo zu gründen. Heute teilen sich Peru und Bolivien den Titicaca-See: *titi* gehört den Peruanern, *caca* den Bolivianern – oder

umgekehrt; so hört man es oft scherzhaft von den einheimischen Fremdenführern. Tatsächlich aber bedeutet *titi* „Puma" und *kak* „Felsen", denn als der Sonnengott Inti die Erde verließ und zum Himmel emporstieg, soll er auf der Sonneninsel im See einen Fußabdruck hinterlassen haben. Daher hieß zuerst die Isla del Sol *titicaca*, später dann der See.

Juliaca

Obwohl **Juliaca** ❷ nicht direkt am Ufer des Sees liegt, ist die Stadt mit ihren knapp 280 000 fast ausschließlich indigenen Einwohnern die größte des Departamento Puno. Ein Flughafen auf 3825 m Höhe mit Verbindungen nach Lima, Cusco und Arequipa, einzelne gute Hotels und nur wenige Sehenswürdigkeiten machen die Stadt eher zu einem Durchreise- als zu einem Aufenthaltsort. Die Preise für Wollsachen auf dem großen Montagsmarkt, aber auch auf dem täglichen Markt entlang der Eisenbahnschienen, sind relativ günstig,

Rechts: Bauern am Titicaca-See worfeln ihre Ernte.

Foto: Johannes Frangenberg

das Angebot allerdings nicht so vielfältig wie z. B. in Pisac. In Juliacas Nachbarstadt Puno dagegen gibt es mehr zu sehen.

★Puno

Die 3828 m hoch gelegene und über 220 000 Einwohner zählende Hauptstadt ★**Puno** ❸ der gleichnamigen peruanischen Provinz ist zugleich der größte Hafen am Lago Titicaca. Im Jahr 1668 an einer Silbermine namens *Laykakota*, die über 10 000 Menschen hierher zog, gegründet, sind die „goldenen" Tage Punos jedoch längst vorbei. Aber in der Anfangszeit der Stadtgeschichte hatte die Oberschicht viel Geld, was man an der Kathedrale, dem Justizpalast, der Kunstgalerie *Pinoteca* und anderen Kolonialbauten heute noch erkennen kann.

Die Fassade der 1755 fertiggestellten Kathedrale, **La Catedral**, an der Plaza de Armas, verrät starke Einflüsse einheimischer Traditionen auf die Kunst der Eroberer; hinter der aufwändig verzierten Fassade im *Mestizo*-Stil verbirgt sich allerdings ein Innenraum, in dem höchstens noch der wertvolle Silberaltar als bemerkenswert gelten kann.

Das nahe gelegene **Museo Municipal Carlos Dreyer**, in der Calles Conde de Lemos / Ecke Deustua, enthält eine private, nach ihrem früheren Besitzer benannte Sammlung historischer peruanischer Kunst, Textilien und Keramik der Region.

An der Universität Punos, der **Universidad Nacional del Altiplano**, studieren heute mehr als 13 000 junge Peruaner. 1825 ursprünglich als Grundschule vom lateinamerikanischen Freiheitshelden Simón Bolívar gegründet, diente es zwischenzeitlich als Militärakademie. Ein Teil der Studenten spielt in der städtischen Fußballmannschaft, die in dem großen **Stadion** neben den Eisenbahngleisen fast jedes Meisterschaftsspiel gegen die peruanischen Mannschaften aus dem Tiefland gewinnt – einfach deshalb, weil den gegnerischen Spielern in dieser Höhe sehr schnell die Puste ausgeht.

» Karte S. 136, Info S. 147

Foto: Günther Lahr

Zum **Huajsapata Park**, eine Viertelstunde von der Plaza de Armas entfernt, lohnt ein Spaziergang: Hier erinnert eine überlebensgroße Statue des ersten legendären Inka Manco Capac an seinen „Geburtsort" – gemäß einer lokalen Überlieferung. Zudem hat man von der Statue aus einen schönen Blick über den Lago Titicaca und die Stadt Puno.

Der **Arco Deustua** in der Calle Independencia erinnert an die peruanischen Freiheitskämpfer, die in den Schlachten von Junín und Ayacucho für die Unabhängigkeit Perus fielen.

Der täglich abgehaltene **Mercado** entlang der Zufahrtsstraße zum Hafen, der Av. Del Puerto, bietet gute Wollsachen – insbesondere Alpaka-Pullover und die hier sehr nützlichen *chullus*, handgestrickte Wollmützen mit enganliegenden Ohrenklappen – zu passab-

Oben: Die Kathedrale von Puno ist berühmt wegen ihrer reich verzierten Fassade. Rechts: Dieses Kondor-Denkmal auf der Anhöhe über Puno bietet einen guten Ausblick auf den Titicaca-See und die Stadt.

len Preisen sowie Gemüse, Früchte und Haushaltswaren aller Art.

Am Kai, am Ende der langen Avenida del Puerto, liegen die Ausflugsboote, die nach Taquile und Amantaní und zu den schwimmenden Inseln der Uros ablegen.

In den billigeren Hotels Punos – und dies sind die meisten – sollte man während der kalten (und wegen der Nähe zum See auch feuchten) Nächte darauf achten, dass man warm genug zugedeckt ist. Von Juni bis August friert es häufig. Die Regenzeit dauert von Oktober bis April (besonders niederschlagsreich: Dezember bis März) – dennoch gibt es in diesen Monaten viele sonnige und warme Tage. Die extrem starke Sonneneinstrahlung und die kalten Winde erfordern einen guten Schutz der Haut, Lippen und Augen. So gewappnet, kann man sich die Sehenswürdigkeiten Punos genauer anschauen.

Folklore im Departamento Puno

Fiestas und **Folklore** im Departamento Puno sind in ganz Peru wohlbekannt. Über 300 verschiedene indianische Folkloretänze, manche mit spanischem Einfluss, haben die Kolonialzeit überlebt. Obwohl viele der Tänze präkolumbischen Ursprungs sind, werden sie häufig an katholischen Feiertagen aufgeführt: an Dreikönig, Mariä Lichtmess (*Fiesta de la Virgen de la Candelaria*, 2. Februar) und dem Namenstag des Heiligen Johannes. Ebenfalls zu sehen sind sie bei christlichen Hochzeitsfesten (bevorzugt im August), aber auch während des einwöchigen Stadtfestes von Puno (Anfang November) zur Erinnerung an die legendäre Ankunft Manco Capacs und Mama Ocllos auf der Sonneninsel. Die Seefahrt der Gründer der Inka-Dynastie wird seit einigen Jahren von den Einheimischen in prächtigen Kostümen nachvollzogen. Mehrere Tage dauert die Fahrt mit einem Binsenboot von der bolivianischen Seite des Sees bis nach Puno.

Foto: Lester Woodward (Dreamstime)

Auch heute erkennt man oftmals noch den Bezug zum traditionellen landwirtschaftlichen Kalender. Die Mitwirkenden tragen mit viel Liebe und Zeit genähte und bestickte Festtagskleider, wie Schichtenröcke (*polleras*), Tierkostüme, bunte Masken und Fratzen. Alle Tänze, und mögen sie auf den Betrachter noch so wild wirken, haben sehr wohl eine Ordnung und eine hintergründige Bedeutung. Meist erzählen sie von alten Zeiten, z. B. von der Unterdrückung durch die Tributnehmer der Inka, durch die Spanier, die Silberminenbetreiber und die Großgrundbesitzer.

Der uralte Teufelstanz (*diablada*), der während Mariä Lichtmess am 2. Februar aufgeführt wird, ist wahrscheinlich bereits vor der Inkazeit entstanden. Beim Diablada scheint es, als würden sich die Tänzer mit ihren fratzenhaften Masken und bunten Kostümen geradezu bekämpfen, doch endet der Tanz ohne scheinbare Opfer bzw. Tote.

Musikgruppen begleiten diese Tänze mit traditionellen Instrumenten, und auch hier haben die Altiplano-Bewohner verständlicherweise moderne Entwicklungen und Anregungen aus dem Ausland aufgegriffen. Neben mehreren Arten von Glocken und Rasseln werden große Trommeln (*wankaras*) und Tamburine (*tinyas*) geschlagen sowie Bambusflöten (*flautas*) und Pfeifen (*quenas*) geblasen.

★Sillustani

In einer knappen Autostunde über eine gut asphaltierte Straße von Puno aus zu erreichen, vorbei an intensiv genutztem und zum Teil sogar künstlich bewässertem Land für Quinua und Kartoffeln, liegt die archäologische Zone ★**Sillustani** ❹ in etwa 4000 m Höhe. Vom kleinen, wenig gepflegten Museum im Tal spaziert man etwa 150 m hinauf zu den hohen, weithin sichtbaren Grabtürmen der Colla. Das südliche Viertel des Inka-Reichs Tahuantinsuyo war nach dem dort lebenden Stamm *Collasuyo* benannt. Die Colla kontrollierten zusammen mit dem mit ihnen

≫ **Karte S. 136, Info S. 147**
139

Foto: Johannes Frangenberg

rivalisierenden Stamm der Lupaca die Gegend um den Lago Titicaca. Das Inka-Imperium sog beide Volksgruppen mehr oder weniger auf. Die Colla sprachen Aymara, waren recht kriegerisch veranlagt und legten viel Wert auf eine prachtvolle Bestattung ihrer adligen Toten in so genannten *chullpas* (Aymara für „gemauerte Grabtürme"), die an mehreren Orten in im Umkreis des Lago Titicaca erhalten blieben.

Die ★**Chullpas von Sillustani** sind wegen ihrer Qualität und Größe die sehenswertesten in der Umgebung des Titicaca-Sees. Die Colla suchten sich hier, auf einer idyllisch gelegenen Halbinsel des Lago Umayo, eine besonders eindrucksvolle Lage aus und errichteten die Chullpas mit meist nur grob behauenen Steinen. In die spätere, inkaische Zeit datieren die bis zu 12 m hohen und am oberen Ende bis zu 5 m im Durch-

messer breiten Grabtürme. Die Außenmauern sind aus exakt gemeißelten Basalt- und Trachytblöcken konstruiert worden. Sie beinhalteten die in Hockstellung beigesetzten Mumien einzelner Adliger oder ganzer Adelsfamilien. Im größten Turm, der *Chullpa del Lagarto* – benannt nach einem kleinen Relief mit einer Eidechse an der Außenseite – waren die Toten gar in fünf Stockwerken übereinandergereiht. In unmittelbarer Nähe dieser Chullpa fanden peruanische Archäologen 1971 in knapp 1 m Tiefe einen Schatz, der neben unzähligen kleinen Schmuckstücken fast 4 kg Gold enthielt und den man aufgrund stilistischer Merkmale der Inka-Zeit zuweisen konnte. Diesem Fund kommt eine besondere Bedeutung zu, da er als einziger Grabturm wichtige Indizien für den Begräbniskult lieferte. Alle übrigen Chullpas wurden von Grabräubern (*huaqueros*) längst geplündert.

Die Verstorbenen setzte man mit Essen und Getränken bei und versiegelte nach dem Begräbnis das meist nach Osten – zur aufgehenden Sonne – weisen-

Oben: Eine Lamaherde mit Hirtin in der dünnen Luft des Altiplano. Rechts: Die Chullpas von Sillustani sind ein Erbe der Colla- und Inka-Zeit.

Foto: Boris-B (Shutterstock.com)

de winzige Tor am Boden mit Steinen. Das Ableben eines Adligen bedeutete damals für die gesamte Familie meist den Tod. Spanische Chronisten des 16. Jh. berichten, beim Begräbnis eines Adligen seien an die 20 Lamas verbrannt sowie die Frauen, Kinder und Diener des Verstorbenen getötet worden.

Nicht alle Türme konnten vollendet werden, und an einigen einzelnen Chullpas sieht man heute noch die Rampen und das Füllmaterial, das von oben in die hohlen Bauten hineingeschüttet wurde.

Hat nun dieser enorm zeit- und kostenaufwändige Begräbniskult der Colla auch eine tiefere Bedeutung? Die Theorien des deutsch-peruanischen Archäologen Frederico Kauffmann-Doig lassen eine Verbindung mit Fruchtbarkeitskulten zu Ehren der *Pachamama*, der Mutter Erde, vermuten. Demnach symbolisieren die Grabtürme, die in einzelnen Fällen die deutliche Form eines mächtigen, erigierten Phallus annehmen, Lebenskraft, Schöpfung und Wiedergeburt.

DIE ★INSELN DES TITICACA-SEES

Einige der Inseln im Titicaca-See haben sich in den vergangenen Jahrzehnten zu touristischen Attraktionen entwickelt und können per Motorboot besucht werden.

★Islas Flotantes – die „Schwimmenden Inseln" der Uros

Die ★**Islas Flotantes** ❺ in der **Puno-Bucht** des Sees, die vom Stamm der Uros bewohnt werden, sind der touristische Hauptmagnet in der Region, und dies nicht zu unrecht. Wo sonst auf der Welt gibt es schon einen indigenen Stamm, der sein Leben auf schwimmenden Inseln verbringt, noch dazu in einer solch einzigartigen Umgebung wie der des Lago Titicaca vor dem Hintergrund der verschneiten Cordillera Real?

Die Uros hatten ursprünglich ein eigenes Idiom, heute – nach häufiger Vermischung mit Aymara sprechenden Indígenas – verständigen sie sich jedoch ebenfalls in dieser Sprache, und zuneh-

>> **Karte S. 136, Info S. 147**

Foto: Johannes Franzenberg

mend auch auf Spanisch. Die letzten „reinblütigen" *kotsuns* („Seemenschen") sind in den 1950er Jahren ausgestorben. Sie behaupteten, schwarzes Blut zu haben, was es ihnen – einer Legende nach – ermöglichte, die kalten Nächte auf dem See problemlos zu überleben. Anderen Quellen zufolge flüchteten sie vor 800 Jahren auf die versteckten Binseninseln, um den Tribut-Forderungen der Inka zu entgehen. Heute leben noch ungefähr 1200 Uros auf etwa 52 Inseln, wobei die Islas Santa Maria, Toranipata und Huaca Huacani die größten sind. Nicht alle schwimmenden Inseln sind heute noch dauerhaft bewohnt.

Die schwimmenden Inseln bestehen aus meterdicken Schichten von Binsen (*Scirpus totora*), die immer wieder erneuert werden müssen, weil die unterste Schicht im kalten Wasser ihre Schwimmfähigkeit einbüßt und langsam, aber sicher wegfault. Daher macht

man als Besucher am besten einen Bogen um besonders weiche, dunkle Stellen im Boden, um nicht zu versinken. Die fotogenen Boote (*balsas*) werden aus den gleichen Binsen gebaut und halten in der Regel nicht länger als 6-12 Monate; je nach Zweck (Entenjagd, Fischfang oder Personenverkehr) gibt es unterschiedliche Bootstypen.

Die Uros, die bis vor wenigen Jahrzehnten ausschließlich vom Vogel- und Fischfang und dem Verzehr der jungen frischen Totora-Stängel lebten, verkaufen heute ihr Kunsthandwerk wie kleine Boote und Puppen aus Schilfrohr an die Touristen. Die Frauen weben aufwändig bestickte bunte Decken (*mantas*), Wandbehänge (*tapices*) und Tücher (*paños*), verlangen meist Geld für Fotos, und manche lassen ihre spärlich bekleideten Kinder mit ihren mitleiderregenden Rotznasen die Besucher um einen Sol anbetteln.

Junge Uros bieten eine Rundfahrt durch die Inselwelt auf einem ihrer Balsas an; dabei kann man ein wenig nachempfinden, wie sich der norwegische

Oben: Uros vor ihrer Binsenbehausung. Rechts: Die schwimmenden Inseln der Uros sind zu einer bedeutenden Touristenattraktion geworden.

 » Karte S. 136, Info S. 147

Foto: Elisa Locci (Shutterstock.com)

Anthropologe Thor Heyerdahl während seiner Atlantiküberquerungen 1969 und 1970 in seinen Schilfbooten Ra I und Ra II gefühlt haben muss.

Der nicht abreissende Besucherverkehr der letzten Jahre hat bereits sichtbare Auswirkungen: Zwar sind die meisten der Inseln für Touristen gesperrt, auf mehreren Inseln werden jedoch um so mehr Besucher aus aller Welt willkommen geheißen. Dort gibt es neben wackligen **Aussichtstürmen** sogar kleine „**Hotels**", einfache, saubere Häuschen für Touristen – eine Übernachtung in den Binsen dürfte sicher ein unvergessliches Erlebnis werden, auch wenn die Nächte häufig sehr kalt werden.

Auch nimmermüde Missionare der Adventisten-Kirche aus den USA haben die Uros als Zielgruppe für ihre Bekehrungsaktionen entdeckt: Vor einigen Jahrzehnten begannen sie mit dem Bau von Kirchen und Schulen mit Wellblechdächern, versorgen seitdem die Uros mit Spendengeldern aus dem Ausland und erhoffen sich ihren dauerhaften Übertritt zur Adventisten-Kirche.

Dabei haben die Uros bereits genügend Probleme, in dieser unwirtlichen Umgebung zu überleben: Chronisches Rheuma, chronische Grippe und häufige Erkältungen führen zu einer weitaus niedrigeren Lebenserwartung als die der übrigen Bewohner des Altiplano. Einseitige Ernährung und steigender Alkoholkonsum der Männer und Frauen tun ihr Übriges. Hinzu kommen Probleme von außen: Die stärker werdenden jahreszeitlichen Schwankungen des Wasserstands (mehr als 2 m) sowie die Verschmutzung durch das Einleiten der Abwässer der Großstadt Puno in den See, was das Wachstum der Algen fördert. Das Seewasser taugt immer weniger als Trinkwasser, so dass die Fische – wie etwa die Andenkärpflinge – ausbleiben; dazu kommt die Überfischung.

Während sich die weltabgeschiedeneren, introvertierteren Uros auf bolivianischer Seite ihrem Staat nicht zugehörig fühlen, sehen sich auf peruanischer Seite die (dort extrovertierteren) Uros längst als Bürger Perus und schicken ihre Kinder auf Schulen und Universitäten.

» **Karte S. 136, Info S. 147**

Foto: Mireille Vautier

★Isla Taquile

Die Überfahrt von Puno zur idyllischen, aber erdbebengefährdeten ★Isla Taquile ❻ dauert 1-3 Stunden, je nach Bootstyp. Die 5,5 km lange und 1,6 km breite Insel ist mit ihrer Erhebung, dem Gipfel **Mulusina** mit 4069 m, von weither sichtbar. Auf den Spitzen der Berge sind einzelne Ruinen erhalten, die Hänge sind mit Prä-Inka- und Inkaterrassen versehen, die von der wachsenden Bevölkerung intensiv genutzt werden.

Im Unterschied zu den schwimmenden Inseln der Uros ist Taquile eine feste Insel. Ihre rund 2800 Bewohner sprechen Quechua, heiraten fast ausschließlich untereinander und tragen liebevoll gewebte Tücher, Röcke und Umhänge, deren Muster verschlüsselte Informationen über den sozialen Status ihrer Träger beinhalten. Auf Taquile gibt

Oben: Auf der Isla Taquile stricken die Männer!
Rechts: Die Muster der Mützen signalisieren den sozialen Status ihres Trägers.

es keine Straßen, keine Autos und auch keine Hunde.

Vom **Haupthafen** in der kleinen Bucht führen 533 Stufen atemraubend bergan, leichter ist der Aufstieg von der Anlegestelle **Sala Cancha** – das sollte man vor der Abfahrt in Puno vereinbaren. Der Abstieg kann nach **Alsuno** erfolgen, hier geht es relativ sanft bergab. Für die steigende Zahl an Besuchern bieten zahlreiche kleine Restaurants Fisch aus dem See und kleine Pensionen familiennahe Unterkunft an.

2005 ernannte die UNESCO das **Kunsthandwerk** der Taquileños zum Weltkulturerbe, zusammen mit über 40 anderen Kulturgütern der Welt, wie Theater, Masken etc. Ausgezeichnet wurde damit die Erhaltung der präkolumbischen Muster und Naturfarben der einzigartigen Textilarbeiten, die hier vor allem die Männer herstellen.

Einmal im Jahr ist im sonst eher verschlafenen Taquile Trubel angesagt: Am 25. Juli, dem Namenstag des hl. Jakobus (Santiago), feiern die Taquileños ihr größtes Fest. Bis Anfang August tanzt, singt und trinkt man, und Ende August werden der *Pachamama* Opfer gebracht, in der Hoffnung auf reiche Ernte.

★ Isla Amantaní

Ein Ausflug zur ★**Isla Amantaní** ❼ (knapp 3000 Einwohner in 8 Dörfern) lohnt sich schon deshalb, weil sie wegen ihrer größeren Entfernung zu Puno weniger besucht ist als Taquile. Die Männer von Amantaní tragen traditionelle Wollkleidung und die Frauen hüllen sich, wie so oft in diesen Höhen, in mehrere Lagen von Röcken und Decken ein. Alle Bewohner Amantanís leben neben dem Verkauf von Webarbeiten vom Getreideanbau und von der Forellenzucht. Auch auf Amantaní können die Besucher bei einheimischen Familien unterkommen. Die Übernachtungsmöglichkeiten sind sehr einfach, erlauben aber einen unvergesslichen Einblick in das alltägliche Leben der Bewohner.

Foto: Andreas Gaßner

AM TITICACA-SÜDUFER

Die Städtchen am peruanischen Südufer des Lago Titicaca sind per Bus oder Minibus an einem Tag zu besuchen. Reist man weiter nach La Paz (Bolivien), liegen sie an der Strecke.

Von Puno erreicht man, auf der Straße oder zu Fuß am Seeufer entlang, nach 8 km das Dorf **Chimú** ❽; seine Bewohner leben von der Landwirtschaft und der Herstellung von Totora-Produkten (Boote, Hüte, Körbe etc.). Man kann den Handwerkern zusehen, wie sie die Binsen zurechtschneiden, in Bündeln zum Trocknen auslegen, elastisch machen und daraus Boote oder Dächer fertigen.

In dem 18 km östlich von Puno gelegenen Dorf **Chucuito** ❾ stehen zwei schöne Kolonialkirchen, La Asunción und Santo Domingo. Gegenüber der Dorfkirche fällt ein mit Inka-Mauern eingefasstes Rechteck auf. Darin findet man einen überdimensionalen **Steinphallus** umgeben von vielen kleineren die wohl zu dem Fruchtbarkeitstempel **Inka Uyu** gehörten.

4 km vor Juli ist rechts der Straße ein riesiges Steintor aus der Tiahuanaco-Kultur zu sehen, **Aramu Muro**. Die Dorfbewohner nennen es *Puerto del Diablo* („Teufelstor") und erzählen schaurige Geschichten darüber.

Das 78 km südöstlich von Puno an der Hauptstraße nach Desaguadero (Bolivien) gelegene ★**Juli** ❿ ist nicht nur wegen seiner Nähe zum Lago Titicaca und seinem bunten Donnerstagsmarkt einen Besuch wert. Die rd. 8000 Bewohner von Juli sind stolz auf ihre vier großen Kolonialkirchen: San Juan Bautista, La Asunción, San Pedro (restauriert) und Santa Cruz (mit einer großen Sonne, dem Symbol des Sonnengottes der Inka, auf der Fassade).

Die ★**Iglesia de San Juan Bautista**, älteste Kirche Julis, erinnert mit ihren großen, kunstvoll eingerahmten Gemälden aus dem Leben Johannes des Täufers und der hl. Theresa an reichere Zeiten des Ortes. Auch die guten Hölzer für Kanzel, Altar, Kirchenbänke und Empore sowie die mit Gold und Edelsteinen besetzten Altäre lassen den früheren Wohl-

» **Karte S. 136, Info S. 147**

145

stand des Departamento Puno erahnen. San Juan Bautista – voller indianischer Stilelemente in Gemälden, Steinmetzarbeiten, Schnitzarbeiten und Wandbemalung – fungiert heute als religiöses Museum und ist meist vormittags geöffnet.

Auch in die renovierungsbedürftige **Iglesia de la Asunción**, die zu Beginn des 17. Jh. erbaut wurde, sollte man kurz hineinschauen. Vom schönen Vorplatz aus kann man den Blick zum immer schneebedeckten Massiv des Nevado Illampu (6550 m) schweifen lassen. Alle vier Kirchen Julis wirken heute eine Nummer zu groß für den Ort, der im 17. Jh. Missionsbasis der Jesuiten war. Seit dem Ende der Kolonialzeit fehlen den Dorfbewohnern die Gelder, um diese reich ausgestatteten Gotteshäuser in einem passablen Zustand zu erhalten.

25 km weiter östlich liegt das Dorf ★**Pomata** ⓫. Auf dem Dorfhügel erhebt sich die ★**Iglesia de San Santiago Apóstol** (um 1700) mit meisterhaften

Steinreliefs, auf denen barocke und andin-mestizische Elemente miteinander verbunden sind. Eine Besonderheit sind mehrere Fenster aus Alabaster. Dieses durchscheinende Material verwandelt die kräftige Hochlandsonne in ein milchiges, weiches Licht, wodurch die tanzenden Figuren auf einem Fries des Eingangsbereichs im Kircheninneren besser zum Vorschein kommen.

Für ein- und mehrtägige Ausflüge bieten sich im nahen Bolivien mehrere lohnende Ziele: das herrlich am See gelegene Städtchen ★**Copacabana** ⓬ mit seiner in ganz Südamerika bedeutenden Wallfahrtsbasilika der wundertätigen Schwarzen Madonna; die bezaubernde ★**Isla del Sol** ⓭ mit fantastischer Aussicht auf die vergletscherten 6000er der Cordillera Real; das Museum und die Ausgrabungen von ★**Tiahuanaco** ⓮ mit dem berühmten Sonnentor; schließlich ★★**La Paz** ⓯, die mit 3300-4000 m höchstgelegene Großstadt der Welt mit ihren indianischen Märkten und der Iglesia de San Francisco, einem Juwel spanischer Barock-Architektur.

Oben: Markt in Juli – das Handwerk der Silberschmiede hat hier eine lange Tradition.

TITICACA-SEE (☎ 051)

Juliaca

Restaurant Royal Inn, das beste der Stadt. **Restaurant del Altiplano**, einfach, landestypisch, am Bahnhofsplatz.

BUS: Verbindungen in alle größeren Städte im Süden Perus und nach Lima. Ständiger Pendelverkehr nach Puno. Die Busgesellschaften sind **Sur Peruano**, **Cruz del Sur** sowie **Transportes 3 de Mayo**.
ZUG: Von und nach Cusco und Puno verkehrt die private Gesellschaft Peru-Rail 3-4 x wöchentlich (s. Puno). www.perurail.com. Bei geringem Passagieraufkommen wird der Zug gelegentlich gestrichen: rechtzeitig erkundigen!
FLUG: **LAN**, **AVIANCA** und **STAR-PERU** verbinden Juliaca und Puno mit Arequipa, Cusco und Lima. Der Flughafen Inka Manco Cápac liegt nordwestlich von Juliaca in Santa Adriana und bedient auch die Stadt Puno. Info: Tel. 328974 / 322905.

Puno / Inseln des Titicaca-Sees

Das Büro befindet sich am Hauptplatz, Ecke Jr. Deustua / Lima, Tel. 365088, tägl. 8.30-19.30 Uhr, www.dirceturpuno.gob.pe. **Policia de Turismo**: Jr. Deustea 538, Tel. 364806.

La Casona, regionaltypische Gerichte, nahe der Plaza, Jr. Lima 423/2.St., Tel. 351108. **Hilda's House**, Pasta und chinesische Küche, Jr. Moquegua 189, Tel. 351293. **Wiñay Wasi**, typische Küche, Jr. Grau 298, Tel. 352015. **Rico Pez**, Fischspezialitäten, Conde de Lemus 231, Tel. 354466.

Museo Carlos Dreyer, Mo-Fr 7.30-15.30 Uhr, C. Conde de Lemos 289.
Catedral, Mo-So 7.30-12 und 15-18 Uhr, Plaza de Armas. **Dampfschiff Yavari**, das Schiff wurde 1861 in England gebaut und vom Pazifikhafen Arica (Chile) per Maulesel in Einzelteilen in 6 (!) Jahren nach Puno transportiert, wo es 1871 seine Jungfernfahrt antrat, Besichtigung täglich 7-19 Uhr, am Kai vor dem *Hotel Posada del Inca*, Av. Sesquicentenario 610, Tel. 364111.

ZUG: Bahnhof: Av. La Torre 224, Mo-Fr 7-12, 13-17, Sa, So 7-11 Uhr, www.perurail.com. Der Zug nach Cusco fährt Mo, Mi, Fr und Sa, Nov-März nur Mo, Mi und Sa, um 8 Uhr ab und benötigt ca. 10 Stunden (mit einem Halt in La Raya) – eine Fahrt, die zu den schönsten in Südamerika gehört! Die Kartenschalter sind von 6.30 bis 20 Uhr geöffnet. Der Bahnverkehr wird von Peru Rail betrieben und führt nur Touristenwaggons (mit Lunch-Service), eine Bar und einen Panoramawaggon am Zugende. Der 4319 m hohe La Raya-Pass wird etwa mittags passiert.
BUS: Busbahnhof: Av. Costanera, tägl. 8-20 Uhr. Fernverkehr nach Cusco, Arequipa und Lima, alle Straßen sind asphaltiert. Pendelverkehr nach Juliaca, Juli sowie Copacabana und Desaguadero in Bolivien. Nach Sillustani Touristenbusse div. Reisebüros. Die Strecke nach Arequipa ist landschaftlich sehr reizvoll, sie führt über den 4500 m hohen Pass *Cruzero Alto* und an den Seen *Las Lagunillas* vorbei, an denen Flamingos und seltene Wasservögel zu sehen sind.
BOOT: Zu den Inseln Taquile, Amantaní und zu den Schwimmenden Inseln der Uros: Am Hafenkai (*Embacadero*) warten von 7 Uhr an Boote. Die Preise sind niedrig, variieren nur wenig, doch nicht alle Boote wirken vertrauenerweckend. Die Fahrt bis Taquile dauert je Strecke ca. 3 Std. mit dem normalen Boot, 2 Std. mit dem Schnellboot (*lancha rapida*) und nur 1 Std. mit dem Expressboot (*lancha veloz*), nach Amantaní etwas länger. Zurück kann es länger dauern, da nachmittags oft – v. a. Juni-August – starke Winde aufkommen. Warme Jacken nicht vergessen, die Boote sind offen und oft überfüllt. Auch Sonnencreme mit hohem Schutzfaktor ist aufgrund der enormen Sonneneinwirkung auf dieser Höhe und auf dem Wasser wichtig. Vorsicht mit dem Sonnenbaden an Deck: Wegen dem kühlen Fahrtwind merkt man die Sonnenkraft nicht – ein Sonnenstich droht dann!

FESTE: **Mariä Lichtmess**, 2. Februar, das gesamte Fest der *Virgen de Candelaria* dauert jedoch vom 1.-19. Februar. Höhepunkte: Prozession und die *Diablada*, die ca. 150 Mann starke Truppe der Teufel mit gigantischen Masken, begleitet von Anden-Musik. Hotel frühzeitig reservieren!

6

Am Titicaca-See

Foto: Detlev Kirst

AN DER SÜDKÜSTE

AREQUIPA

VULKANBESTEIGUNGEN

CAÑÓN DE COLCA

VON AREQUIPA SÜDWÄRTS

NASCA / ICA

PARACAS

VON PISCO NACH PACHACÁMAC

7

An der Südküste

Der dem Pazifik zugewandte Südteil Perus wirkt auf den ersten Blick wenig anziehend: Endlose Wüste mit minimalem Niederschlag, ein trostloser Küstenstreifen, nur wenige Dörfer und Städte und weite, unbesiedelte Landstriche. Bei genauerem Hinsehen entdeckt man jedoch bezaubernde Oasen, mit Arequipa eine der schönsten Städte Perus, spannende Archäologie mit der Paracas-Kultur und den geheimnisvollen Nasca-Linien, die Islas Ballestas mit interessanter Meeresfauna, bewässerte Wiesen und Felder entlang der Panamericana, riesige Hühnerfarmen und Fischmehlfabriken entlang der Küste und das größte Weinanbaugebiet Perus. Und wer das Landesinnere bereist, trifft auf eine eindrucksvolle, an manchen Stellen von Ackerbauterrassen umsäumte Schlucht, den Cañón de Colca, und sieht ganzjährig schneebedeckte Vulkane.

★★Arequipa

In einer Halbwüste auf 2380 m Höhe gelegen, zehrt die Oase ★★**Arequipa** ❶ vor allem von der Schneeschmelze ihrer gebirgigen Umgebung: dem Vulkankegel El Misti (5822 m), dem mächtigen Chachani (6075 m) und dem Pichu Pichu (5669 m). Mit fast 1 Mio. Einwohnern ist

Links: Die spektakuläre Schlucht des Río Colca nordwestlich von Arequipa.

die von der Sonne verwöhnte Hauptstadt des gleichnamigen Departamento eine der größten Städte Perus und eine seiner sehenswertesten obendrein. Dies gilt zumindest für den kolonialen Stadtkern, denn die von Landflüchtigen bewohnten Armenviertel am Rand sind genauso trist wie die von Lima, der ewigen Konkurrentin Arequipas.

Der weiße, leicht zu bearbeitende Tuffstein (*sillar*), den die drei Vulkane über Jahrtausende hinweg ins Tal geschleudert haben, lieferte lange Zeit das Baumaterial für die grandiosen Paläste, ehrwürdigen Klöster und die von außen bescheiden wirkenden, aber nicht minder eindrucksvollen Wohnhäuser der Stadt. Arequipa trägt deshalb in Peru den Beinamen *La Ciudad Blanca,* die „Weiße Stadt" – ein Pendant zu Merida, der „Weißen Stadt" Mexikos.

Arequipa wurde 1540 an Mariä Himmelfahrt gegründet und feiert diesen Tag heute noch mit einer einwöchigen Fiesta, inklusive Feuerwerk. Arequipa verfügt über keine modernen Hochhäuser, sondern, trotz zahlreicher Erdbeben in der Vergangenheit, über ein sehr harmonisches Stadtbild, und Reisende erfreut die große Anzahl prächtiger Kirchen und großzügig angelegter Klöster.

Die ★**Plaza de Armas** ① von Arequipa gilt als eine der schönsten Perus. Hier liegen die Kathedrale, mehrere altehrwürdige koloniale Hotels und einige

» **Karte S. 158-159, Stadtplan S. 150, Info S. 174-175**

AREQUIPA ❶

0   200   400 m

© Nelles Verlag GmbH, München

charmante Cafés und Restaurants, umgeben von blau-blühenden Jacaranda-Bäumen und hohen Palmen, die sich im warmen Wüstenwind wiegen. Alte Gaslaternen, zweigeschossige Arkaden, ein Brunnen aus Tuffstein, der *Tuturutu* genannt wird, nach dem Trompeter oben drauf, und Zierblumen verleihen der Plaza das Ambiente eines großen Open-Air-Wohnzimmers – inklusive eines Blicks auf den schneebedeckten Nevado Chachani. An der Plaza sieht man häufig Schreibkundige, die, mit Schreibmaschinen ausgerüstet, auf Aufträge warten. Die gemütlichen, verzierten Parkbänke aus Gusseisen laden Einheimische und

Rechts: Im schönen Innenhof der Iglesia de La Compañía.

Besucher zum Verweilen ein. Richtig ruhig wird es im Herzen Arequipas erst nach Mitternacht, wenn die Nachtschwärmer in eine der unzähligen Peñas oder Night-Clubs eingekehrt sind.

Die **Kathedrale ❷** erhebt sich an der Nordseite der Plaza de Armas. Die massiv-trutzige neoklassizistische Fassade scheint für die Ewigkeit gebaut. Bei dem schweren Erdbeben am 23. Juni 2001 wurde einer der Türme – neben zahlreichen Wohnhäusern im gesamten Stadtgebiet – stark beschädigt, jedoch schnell restauriert. Dies hat die Stadt wohl nicht zuletzt der Ernennung zum UNESCO-Weltkulturerbe im Jahr 2000 zu verdanken, worauf die ohnehin wenig bescheidenen *Arequipeños* besonders stolz sind. Im Inneren ziehen zunächst der Altar aus

Foto: Andrea M. Gross

Carrara-Marmor und der übergroß wirkende Kronleuchter die Blicke der Eintretenden auf sich. Daneben fallen auch die kunstvoll geschnitzte Kanzel sowie eine aus Belgien importierte Orgel auf, die angeblich die größte des Subkontinents ist. Die Kanzel war die Spende einer Aristokratentochter der Stadt und sollte ihr den Weg in den Himmel bahnen. Gegenüber der Kathedrale befindet sich die **Municipalidad,** in der auch die Touristeninformation untergebracht ist.

In der Avenida La Merced, einen Block von der Plaza de Armas entfernt, erhebt sich ein koloniales Prunkstück, der **Palacio Goyoneche** ③ (heute *Banco de Reserva*). Große Veranden, mehrere Patios und ein Brunnen aus schwarzem Stein im Hauptinnenhof erwecken den Eindruck, als sei hier die Zeit stehen geblieben. Das renovierte Gebäude kann vormittags auch von innen besichtigt werden.

Im ★**Museo Santuarios Andinos** ④ der katholischen Universität südlich der Plaza, C. La Merced 110, wird ein ganz besonderer Schatz aufbewahrt: die tiefgefrorene ★**Mumie eines jungen Mädchens** aus der Inka-Zeit, die vor rund 500 Jahren zu Ehren der Götter geopfert und 1995 entdeckt wurde. Der Fund von *Juanita*, wie man die Unglückliche getauft hat, die wahrscheinlich lebendig im ewigen Eis des Vulkans Ambato (6310 m) begraben wurde, gilt als einer der wichtigsten archäologischen Funde der letzten Jahre in Peru. Die erstaunlich gut erhaltene Mumie ist in einem auf -20°C gekühlten Glaskasten ausgestellt.

Ein kunsthistorisches Juwel ganz besonderer Art ist die Jesuiten-Kirche ★**Iglesia de La Compañía** ⑤ südöstlich der Plaza de Armas. An der Hauptfassade von 1698 haben die Gesichter mancher Engel unverkennbar indigene Züge, einer trägt gar Federn auf dem Kopf. Die durch das jüngste Erdbeben stark beschädigte, einzigartige Kuppel der ★**Kapelle San Ignacio** wurde aufwendig und erfolgreich restauriert. Deren Schmuck sind kunstvolle Holzschnitzereien, die von Fresken in strahlendem Gold, sattem Grün und kräftigem Rot akzentuiert werden.

» **Stadtplan S. 150, Info S. 174–175**   151

In der Avenida San Francisco, einen Block nordöstlich der Plaza, beeindruckt das Portalrelief des Kolonialhauses **Casa Ricketts** 6 **(Casa Ugarteche)**. Das Gebäude diente zunächst als Priesterseminar, später erwarb es eine einheimische Patrizierfamilie. Die *Banco Continental* kaufte das Haus mitsamt Grundstück und ließ es für die Einrichtung eines Museums mit Kunstgalerie aufwändig restaurieren.

Die **Iglesia de San Francisco** 7 wurde im 16. Jh. errichtet. Sehenswert sind insbesondere der **Silberaltar** und die **Kapelle der Tränenreichen Madonna**. Diese Figur der Jungfrau Maria wird alljährlich am 8. Dezember, am Fest Mariä Empfängnis, von Wallfahrern mit zahllosen Blumengestecken und Kerzen durch die Stadt getragen.

Das **Museo Histórico Municipal** 8, gegenüber der Kirche, zeigt peruanische Gemälde, historische Papiere, Fotografien, Landkarten und andere Zeugnisse der Stadtgeschichte Arequipas.

Die Calle Zela Melgar endet im Westen an den gewaltigen Mauern des berühmten ★★**Monasterio de Santa Catalina** 9. Die malerische mittelalterliche Klosterstadt, die sich dahinter verbirgt, zählt zu den bedeutendsten Sehenswürdigkeiten Perus. Die um 1580 gegründete Anlage wurde im 17. Jh. zu ihrer heutigen Größe erweitert. Zu jener Zeit lebten hier weltabgeschieden bis zu 450 Nonnen und 500 Bedienstete.

Santa Catalina stellte strenge Auswahlkriterien: Nur spanischstämmige Novizinnen mit einer makellosen Vergangenheit und einer stattlichen Mitgift von 1000 Goldpesos konnten aufgenommen werden. Beim Eintritt ins Kloster mussten sie außerdem ein Schweigegelübde ablegen.

Zur Besichtigung der Anlage ist auch einer der **Führungen** (in verschiedenen Sprachen) anzuschließen. Bummelt man alleine durch Santa Catalina, könnte man sich leicht in dem Labyrinth von

Oben: Hauptportal der Kirche San Agustin. Oben rechts: Detail der Kapelle San Ignacio. Rechts: Im Monastario de Santa Catalina.

Foto: blutark (Shutterstock.com)

Gassen, kleinen Innenhöfen mit Namen spanischer Städte, Kapellen, Küchen, Waschräumen, Versammlungssälen, Büßerzellen und mächtigen Araukarien-Bäumen verlaufen. Die Führung dauert 1 Stunde, und die Führerinnen (meist Studentinnen) erzählen – mit einem erfreulichen Schuss Ironie und Respektlosigkeit – köstliche Anekdoten von den längst verstorbenen Nonnen, Priestern und Bischöfen der Stadt. Die Anlage wurde vollständig restauriert und zeigt neben wertvollen Gemälden der Cusco-Schule auch schönes altes Mobiliar. Die Nonnen haben außerdem eine kleine **Cafeteria** eingerichtet. Als Papst Johannes Paul II. 1985 Arequipa besuchte, sprach er die ehemalige Priorin Santa Catalinas, Sor Ana de los Angeles Monteagudo y León (1602-1686), selig, worauf die Arequipeños stolz sind – besonders die Ordensschwestern, die heute im nördlichen Viertel des Konvents den Klosterbetrieb aufrechterhalten.

Wendet man sich vom Ausgang des Klosters nach rechts und biegt in die nächste Querstraße wieder rechts ein,

gelangt man zur **Casa de la Moneda** ⑩ (Avenida Ugarte/Ecke Villalba). Die Familie Quiróz hatte das Haus 1794 errichten und die unbescheidene Inschrift *Después de Dios, Quiróz* („nach Gott die Quiróz") über dem Portal anbringen lassen. Später diente es als königliche Münzpräge, heute beherbergt das historische Gebäude das Luxushotel **Casa Andina** mit dem Gourmetlokal **Alma**.

Ein prächtiger Maulbeerbaum (*moral*) im idyllischen Patio gab der **Casa del Moral** ⑪ in der gleichnamigen Straße (Ecke Bolívar) ihren Namen. Beachtenswert sind die Steinreliefs über dem Portal: Kraftstrotzende Pumas, aus deren Mäulern furchterregende Schlangen kriechen, sollten einst die Macht des Königs verdeutlichen. Heute gehört das Gebäude der Banco Industrial, die darin ein kleines Museum über die Geschichte des Hauses unterhält.

Unweit davon befindet sich die **Casa Yriberry** ⑫ die 1793 als aristokratische Kolonialresidenz mit geschmackvollen Innenhöfen erbaut wurde. Heutzutage ist das Haus Teil der Universidad Naci-

Foto: vitmark (stock.adobe.com)

onal San Agustín. Nur einen Block weiter stößt man auf die ★**Iglesia de San Agustín** ⑬, deren prachtvolle Steinmetzarbeit mit der von La Compañía konkurriert. Ein Erdbeben zerstörte das einst stattliche Kloster des 16.-17. Jh., nur die kunstvoll verzierte Fassade, ein Meisterstück mestizischer Architektur, blieb erhalten.

Einige sehenswerte Kirchen liegen etwas außerhalb des Zentrums und sind am besten mit dem Taxi erreichbar. Auf der anderen Seite der Schlucht, durch die der Río Chili strömt, liegt das im 17. Jh. erbaute Franziskaner-Kloster ★**Convento de La Recoleta** ⑭ das über eine phänomenale ★**Bibliothek** – einige Exemplare stammen aus dem 15. Jh. – und ein interessantes Museum mit mehreren Abteilungen (beispielsweise religiöse Kunst, Fauna, Amazonas-Völker, präkolumbische Sammlung) verfügt.

In der nächsten Parallelstraße Richtung Fluss, der Calle Cruz Verde, präsentiert das kleine, aber interessante **Museo Arqueológico** ⑮ der Universidad Catolica präkolumbische und kolonialzeitliche Objekte aus Südperu.

Nördlich der Avenida Ejército erstreckt sich der Stadtteil **Yanahuara** mit Kirche **San Juan Bautista** (1750), von deren Vorplatz man eine schöne ★**Aussicht** auf Arequipa hat. Die Avenida Ejército trifft weiter westlich auf die Avenida Cayma, und im Stadtteil **Cayma** findet man die dem Erzengel Michael geweihte ★**Iglesia de San Miguel Arcángel** (18. Jh.). Zwischen den schlichten Kirchtürmen sticht das ornamentierte Portal mit Doppelsäulen auf beiden Seiten ins Auge. Von den Kirchtürmen genießt man einen herrlichen Blick über die Stadt.

Die alte **Molino de Sabandía**, etwa 8 km nördlich von Arequipa gelegen, ist ebenfalls einen Besuch wert. Diese große, bereits dem Verfall preisgegebene Wassermühle mit Getreidespeicher ließ eine Bank von dem als Restaurator kolo-

Oben: Der Vulkan El Misti (5822 m) ragt im Nordosten Arequipas auf. Rechts: Konditionsstarke, höhenangepasste Bergsteiger lockt der Chachani, ein Sechstausender 20 km nördlich von Arequipa.

Foto: Berthold Schwarz

nialer Bauwerke bekannten Architekten Luis Felipe Calle in den ehemaligen Zustand (18. Jh.) zurückversetzen. Das Gebäude, idyllisch an einem kleinen Bach gelegen, beherbergt ein sehenswertes **Museum** mit historischen Gemälden und eine Cafeteria.

★Vulkanbesteigungen

Die Besteigung des imposanten, kegelförmigen ★**Volcán El Misti** ❷ (5822 m) kann erst dann beginnen, wenn man sich in der Polizeistation beim Staudamm registrieren lässt. Nach einem Tag zügigen Marschierens erreicht man das Hochlager (4800 m). Am nächsten Tag sollte man möglichst früh auf dem Gipfel stehen, um den Ausblick auf Arequipa, die endlose Wüste und vielleicht sogar den Pazifik genießen zu können. Die Route zum Gipfel des El Misti ist mit Eispickel und Steigeisen technisch kein Problem, verlangt jedoch eine gute Kondition und eine ausreichende Akklimatisierung. Zudem ist das Wetter auch hier eine völlig unberechenbare Variable.

Der Arequipa dominierende, weitausladende 6075 m hohe ★**Nevado Chachani** ❸, ein erloschener Vulkan, lockt als relativ leicht zu erreichender und zu bezwingender Sechstausender – wenn nicht gerade Neuschnee gefallen ist. Geländewagen können bis in 4800 m Höhe vordringen. Vom Pistenende am Nordosthang dauern Auf- und Abstieg rund 12 Stunden; wenn man sich mit dem 6010 m hohen Fatima-Nebengipfel begnügt, etwa 10 Stunden (Steigeisen, Eispickel und Akklimatisierung nötig). Die Steigeisen sind hilfreich bei der Traverse einer oft vereisten oder verschneiten Flanke in 5400 m Höhe sowie beim Gipfelanstieg über angetaute Erde.

Touren auf die Vulkane organisieren die meisten Reisebüros in Arequipa (insbesondere in der Calle Jerusalén).

Wer nach einer Bergtour Lust auf ein heißes Bad in einer besonderen Umgebung hat, kann die Thermalquellen von **Jesús** (10 km von Arequipa) und **Yura** (30 km) besuchen. Beide Bäder mit ihrem schwefelhaltigen Wasser sind per Bus gut erreichbar.

»» **Karte S. 158-159, Info S. 174-175**

Foto: vitmark (Shutterstock.com)

Ausflüge von Arequipa

Eine mehrtägige Ausflugsfahrt zum ★**Cañón de Colca** ❹ ist beliebt – ebenso eine abenteuerliche Wildwasserfahrt im Talkessel. Dass die Schlucht der tiefste Canyon der Welt sei, ist ein Werbegag der Touristik. Trotz der langen Anfahrt stellt die Tour zum Cañón de Colca ein unvergessliches Erlebnis dar. Man verlässt Arequipa nach Norden, durchquert Wüste und passiert das Naturreservat **Reserva Nacional de Salinas – Aguada Blanca** in fast 4000 m Höhe, in dem Vicuñas und die seltenen, scheuen Guanakos leben. Hinter dem Dorf **Viscachani** (4150 m) gelangt man zum 4800 m hohen Pass **Patapampa** und kann hier schon einen Blick auf den **Nevado Ampato** (6288 m) erhaschen. Der benachbarte Vulkan **Sabancaya** (5976 m) ist gefährlich aktiv und löst öfter Aschealarm aus.

Nun geht es bergab zu dem netten Städtchen **Chivay** ❺ (3650 m ü. M.). Drei km von Chivay warten in **La Calera** heiße Quellen auf die Reisenden. Man folgt nun lange dem Südrand des Cañón de Colca und erblickt zahllose landwirtschaftlich genutzte Terrassen aus vorinkaischer Zeit. Vorbei am Dorf Yanque, erreicht man, 30 km nach Achoma, **Cruz del Cóndor** ❻, den besten Aussichtspunkt der Schlucht.

Um zur tiefsten Stelle des Canyons zu gelangen, müsste man jedoch einige Stunden wandern: 1200 m unterhalb des Abbruchs fließt der **Río Colca**; sein Wasser, das diese mächtige Schlucht geschaffen hat, soll künftig einmal zur Bewässerung landwirtschaftlicher Plantagen dienen. In den frühen Morgenstunden kann man oft den majestätischen Flug des Kondors beobachten. Jenseits der Einkerbung ist bei klarem Wetter auch der Vulkan El Mismi (5597 m) zu erkennen, der sich mit seiner oft schneebedeckten Kegelkuppe über 3000 m über den Cañón erhebt. Viele *andenes* (Terrassenfelder) im Canyon

---

Oben: Der Cañón de Colca mit alten Terrassenfeldern. Rechts: Fiesta de los Reyes Magos (Region Arequipa).

Foto: Mireille Vautier

7

liegen brach. Als die Spanier begannen, das Silbererz aus den Minen des Hochlandes durch die Schlucht Richtung Küste zu transportieren, versklavten sie die dort lebenden Bauern und machten sie zu Minenarbeitern. Daher werden heute nur noch wenige der Terrassen genutzt, zum großen Teil zum Gersteanbau für die Brauerei in Arequipa.

Ein weiteres interessantes Ausflugsziel ist die Archäologische Zone von **Toro Muerto** ❼ („Toter Stier"), unweit des Dorfes Corire, ca. 160 km nordwestlich von Arequipa. Sie besteht aus zahllosen Felsblöcken mit **Gravuren**, die kilometerweit in dieser heißen und absolut trockenen Gebirgswüste verstreut liegen. Die Archäologen vermuten, dass Künstler oder Schamanen der Huari-Kultur diese Petroglyphen um das Jahr 700 n. Chr. hinterlassen haben. Über den Sinn der abgebildeten Krieger, Priester, Tänzer, Pumas, Kondore, Lamas und Guanakos kann man bislang nur spekulieren.

Das **Valle de los Volcanes** ❽ erinnert zunächst eher an eine Mondlandschaft als an ein „Tal der Vulkane", doch wenn man genauer hinschaut, erkennt man zahllose erloschene Vulkankegelchen. Von dem Dorf **Andagua**, via Corire aus zu erreichen, erstreckt sich das 70 km lange Tal bis hinauf zum Fuß des **Nevado Coropuna**. Er ist mit 6425 m einer der höchsten Berge Perus. Da der Besuch des Valle des los Volcanes eine längere Wanderung bedeutet, wird man hier nicht auf viele Menschen treffen.

VON AREQUIPA SÜDWÄRTS

Die Orte im äußersten Süden Perus sind vor allem interessant für Reisende auf dem Weg nach Chile. Hier gibt es zwischen der endlosen Atacama-Wüste mehrere reizvolle, tief eingeschnittene so genannte ★**Taschenoasen**.

Nach 42 km trifft man von Arequipa kommend – vorbei an schön geformten Sanddünen – auf die **Panamericana Sur** und biegt in Repartición links ab Richtung **Mollendo** ❾, einer Hafenstadt mit knapp 20 000 Einwohnern. Der von Arequipeños im Sommer (zwischen Januar und März) viel besuchte **Badeort** verfügt

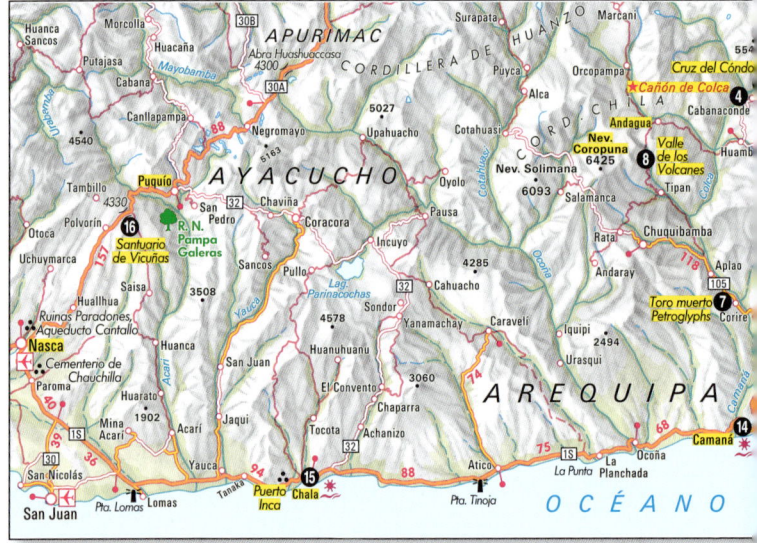

über drei schöne, breite **Sandstände** mit akzeptablen Wassertemperaturen. Mollendos Tage als Hafenstadt sind dagegen gezählt. Die meisten großen Schiffe laufen heute das 15 km nördlich gelegene **Matarani** an.

Mollendo dient als Ausgangspunkt für einen Besuch von **Mejía** ⓾, das ebenfalls nur im Sommer belebt ist; die Arequipeños wohnen dann dort in Ferienhäusern und gehen in den Restaurants essen, Hotels gibt es keine. 6 km südöstlich von Mejía liegt das ★**Santuario Nacional Lagunas de Mejía**. Die 690 ha des Naturschutzgebietes umfassen insgesamt mehr als 100 ha große Lagunen mit einer Vielzahl an Vogelarten, darunter Reiher, Sumpfhühner und Tölpel.

Die Panamericana Sur verläuft weiter im Landesinneren, durchquert die mit großem Aufwand künstlich bewässerte Oase von **La Joya** sowie das Tal des Río Tambo und erreicht nach einem langen Wüstenabschnitt die Abzweigung in die 30 000 Einwohner zählende Stadt **Moquegua** ⓫, Hauptstadt des gleichnamigen Departamento. Auf 1400 m

über dem Meeresspiegel am **Río Osmore** gelegen, ermöglicht der Fluss den Anbau von Weintrauben, Oliven, Obst und Avocados. Hier, 220 km südöstlich von Arequipa, regnet es fast nie, und so haben viele Häuser Dächer aus sonnengetrockneten Lehmziegeln, die von Zuckerrohrstangen gehalten werden. Das Departamento Moquegua gilt als die niederschlagsärmste Gegend der peruanischen Küstenwüste, die sich in der Atacama Nordchiles fortsetzt, der trockensten Wüste der Welt. Die großen Straßen Moqueguas sind mit Kopfstein gepflastert, ebenso die engen Gassen, die von Kolonialhäusern gesäumt werden. An der schattigen **Plaza de Armas** mit einem gusseisernen Brunnen steht die **Iglesia de Santo Domingo**, deren Schätze aus einem schönen Barock-Altar und den sterblichen Überresten der hl. Fortunata bestehen. Sehenswert sind auch die Ruinen der **Iglesia de Matriz de Moquegua**, die nach sieben kräftigen Erdstößen 1868 zusammenstürzte. Ein weiteres schweres Erdbeben in Südperu erschütterte am 23. Juni 2001

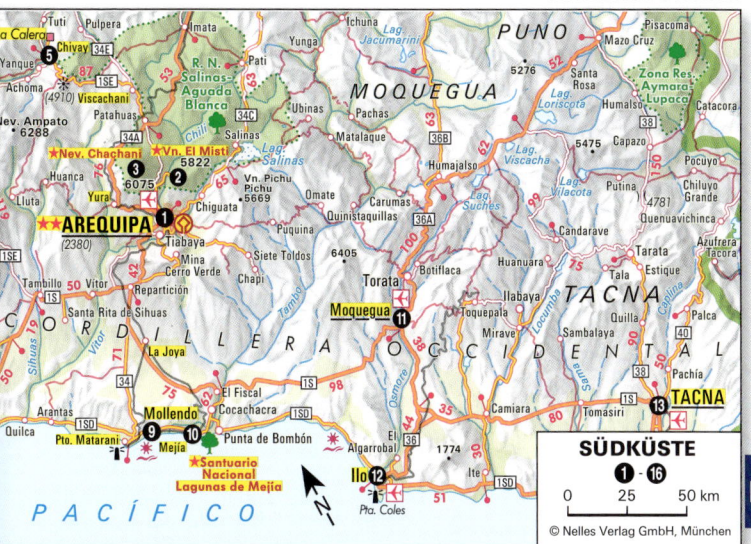

7

neben Arequipa vor allem Moquegua. Insgesamt kamen 77 Menschen ums Leben, mehr als 46 000 wurden obdachlos.

54 km weiter zweigt von der Panamericana eine spektakuläre **Straße** nach Ilo ⑫ ab. Den in der Wüste gelegenen Hafen nutzt Bolivien als Freihandelszone. Peru verschifft von hier das aus den Minen gewonnene Kupfer. Auch Zuckerrohr, Avocados, Oliven, Weizen, Mais, Weintrauben, Baumwolle und Zitrusfrüchte verlassen Ilo in Richtung Japan, USA und Europa.

Die letzte größere Stadt vor der chilenischen Grenze ist **Tacna** ⑬ und liegt auf 565 m Höhe stattliche 1300 km südlich von Lima an der Panamericana. Die Hauptstadt des gleichnamigen Departamento zählt 300 000 Einwohner. Tacna war nach dem Salpeterkrieg (1879–1883) bis 1929 ein Teil von Chile, doch dann votierten seine Einwohner in einer Volksabstimmung für den Anschluss an Peru. Der geschmackvoll angelegte und gut instand gehaltene Stadtkern hebt sich von anderen, eher schmuddeligen Grenzstädten Lateinamerikas ab: Auf der langgestreckten **Plaza de Armas** erinnern zwei Bronzestatuen an die peruanischen Generäle Bolognesi und Grau, die trotz ihrer Niederlagen gegen die Chilenen im Salpeterkrieg als nationale Helden gefeiert werden. Auch der durch seinen Stahlfachwerkturm in Paris berühmt gewordene französische Architekt Gustav Eiffel hat sich auf der Plaza verewigt: Er konzipierte die im Jahr 1872 begonnene Markus-Kathedrale, **La Catedral**, im Stil der Neorenaissance sowie den 6 m hohen **Bronzebrunnen** auf der Plaza, der im griechischen Stil die vier Jahreszeiten repräsentiert.

Nordwestlich der Plaza liegt der Bahnhof von 1856, mit dem angeschlossenen **Museo Ferroviario Nacional** (tägl. 8–17 Uhr), in dem historische **Loks** ausgestellt sind, sowie die Geschichte der Bahn noch vor dem Salpeterkrieg mit Chile. Aufgrund einer Initiative der Schweizer Eisenbahnfreunde Lateinamerikas (AIFFLA) fährt der **Zug** wieder die 62 km bis nach Arica in knapp zwei Stunden mit einem Triebwagen, der Bus braucht etwa halb so lang.

»» Karte S. 158–159, Info S. 174–175   159

VON AREQUIPA NACH NASCA

★★Nasca

In dem wüstenhaften Küstenstreifen nördlich von Arequipa haben bedeutende peruanische Kulturen ihre Spuren hinterlassen. Bei der Fahrt auf der kurvenreichen Panamericana kommen einige Flussoasen mit bewässerten Feldern zum Vorschein.

Nachdem man von Arequipa via Repartición die Pazifikküste erreicht hat, trifft man nahe der Mündung des Río Camaná auf den Ort **Camaná** ⓮ (14 000 Einwohner), der 2001 von einer Tsunami-Welle heimgesucht wurde, die damals größere Schäden verursachte. Das Sommerbad (Dezember-März) für die Arequipeños bietet mehrere breite **Sandstrände** sowie Hotels für einheimische Urlauber; beliebt ist die Playa von **La Punta**, 5 km östlich. Ein noch relativ junges Bewässerungsprojekt erlaubt hier außerdem die Anlage von ausgedehnten Reisfeldern.

Chala ⓯ heißt der nächste größere Fischerhafen, der eine willkommene Raststätte für die nach Lima fahrenden Busse ist.

In der Nähe liegt an einer kleinen Bucht der Ort **Puerto Inca**, in dem sich allmählich eine touristische Infrastruktur entwickelt. Von dem ehemaligen Hafen der Inka, von dem sich noch Reste von Gräbern und Vorratsspeichern erhalten haben, brachten früher die *chasquis* („Stafettenläufer")" frischen Fisch im Dauerlauf innerhalb von zwei Tagen an den Hof von Cusco.

Der Besuch der **Pampa Galeras** mit dem **Santuario de Vicuñas** ⓰ erfordert einen längeren Ausflug von Nasca. Ungefähr 90 km östlich von Nasca auf rund 3800 Meter Höhe in den Bergen gelegen, leben dort beachtliche Herden der scheuen wilden Vicuñas in einer kalten und windigen Hochsteppenlandschaft. Die alljährliche Schur, die **chaccu,** findet jeweils vom 21.-25. Juni statt.

Der Besuch der zahlreichen archäologischen Stätten in der Umgebung der Stadt Nasca sollte auf einer Peru-Reise nicht fehlen. Die Taloase von Nasca spielte in der frühen Geschichte Perus eine große Rolle, und aufgrund sehr günstiger Erhaltungsbedingungen im trockenen Wüstensand weiß man heute einiges über die präkolumbischen Kulturen der Region. Die Stadt **Nasca** ⓱ zählt heute etwa 55 000 Einwohner. Sie liegt 447 km südlich von Lima in 600 m Höhe. Inmitten einer fast endlosen Sandwüste bildet sie eine fruchtbare Oase, in der viele Menschen vom Baumwollanbau und kleinbetrieblicher Landwirtschaft leben. Nasca verfügt über einige größere Hotels und etliche kleine Pensionen.

Die materiellen Hinterlassenschaften der Nasca-Kultur hatte der Wüstensand buchstäblich verweht. Erst der deutsche Archäologe Max Uhle förderte mit seinen Grabungen ab 1901 Spuren einer Kultur zutage, die sich von der anderer Küstenvölker in Peru deutlich unterschied. Leider bewirkten Uhles Erfolge auch, dass *huaqueros* (Grabräuber) die Wüste nach Grabschätzen durchsuchten, die wertvollen Grabbeigaben stahlen und dabei immensen Schaden anrichteten.

Nach dem Niedergang der Paracas-Kultur um 200 v. Chr. entwickelte sich aus ihr – mit weitgehend gleichen religiösen Vorstellungen, aber neuen künstlerischen Ausdrucksweisen – die Nasca-Kultur (bis etwa 500 n. Chr.). Die Menschen bauten ihre Tempel und Häuser aus dem knochenharten Holz des *algarrobo*-(Johannisbrot-) Baums und bewässerten ihre Felder mit einem grandiosen unterirdischen Kanalsystem (*puquios*).

Die **Keramiken** der Nasca-Kultur – sowohl Tonschalen als auch Krüge und figürliche Gefäße – zeigen viele Details aus dem Alltagsleben der Menschen und lassen Rückschlüsse über die Ernährung, die Götter und Kulte der Menschen zu, wie auch über ihre Musik-

---

Rechts: Küstenwüste entlang der Panamericana Sur.

≫ Karte S. 158-159 u. S. 168, Info S. 174-175

Foto: Mireille Vautier

instrumente, ihre Riten, Haustiere und Nutzpflanzen. Die Nasqueños legten besonders großen Wert auf die Herstellung dünnwandiger Wassergefäße mit zwei Öffnungen und einem Bandhenkel, so dass beim Ausgießen ein Pfeifgeräusch ertönte. Sind die Darstellungen auf den Keramiken, die man in insgesamt 9 Phasen unterteilt, zunächst noch recht realistisch, so wurden sie zu späteren Zeiten abstrakter. Ihre Farben, im Gegensatz zur vorhergehenden Paracas-Kultur in der Regel vor dem Brennen auf die Objekte gemalt, sind jedoch stets kräftig und kontrastreich.

Die ★★Nasca-Linien

Die rätselhaftesten Hinterlassenschaften der Nasca-Kultur sind zweifellos ihre ★★**Bodenzeichnungen** (*geoglifos*); sie geben auch heute noch Raum für zum Teil sehr fantasievolle Spekulationen. 1939 entdeckte der US-Amerikaner Paul Kosok die erste Figur – einen Vogel – aus einem Flugzeug. Kosok nannte die in einem 50 km langen und 20 km breiten Streifen in der **Pampa Colorada** (zwischen Nasca und Palpa) gelegenen Figuren das „größte Astronomiebuch der Welt". Maria Reiche, eine aus Deutschland emigrierte Mathematikerin, hörte von diesen Scharrbildern, zog nach Nasca und studierte bis zu ihrem Tod 1998 die oft nur 20 cm breiten Furchen im Wüstensand.

Den Theorien Reiches zufolge haben die Nasca-Künstler eine kleine Original-Skizze vielfach vergrößert übertragen – so sind sie auch nur aus der Luft sichtbar. Dabei nutzten sie Pflöcke und Seile, mit denen sie z. B. erstaunlich exakte Kreise und Spiralen in den Boden markierten.

Mit diesen einfachen Hilfsmitteln zeichneten sie vor ca. 1500-1800 Jahren beispielsweise eine 188 m lange Eidechse, deren Schwanz von der Panamericana zerschnitten wird, sowie einen Kondor mit einer Flügelspannweite von stattlichen 180 m. Ferner erkennt man bei einem Rundflug einen Kolibri, einen Hund mit aufgestelltem Schwanz, zahlreiche Dreiecke und Trapezoide, ei-

>> **Plan S. 162-163, Info S. 174-175**

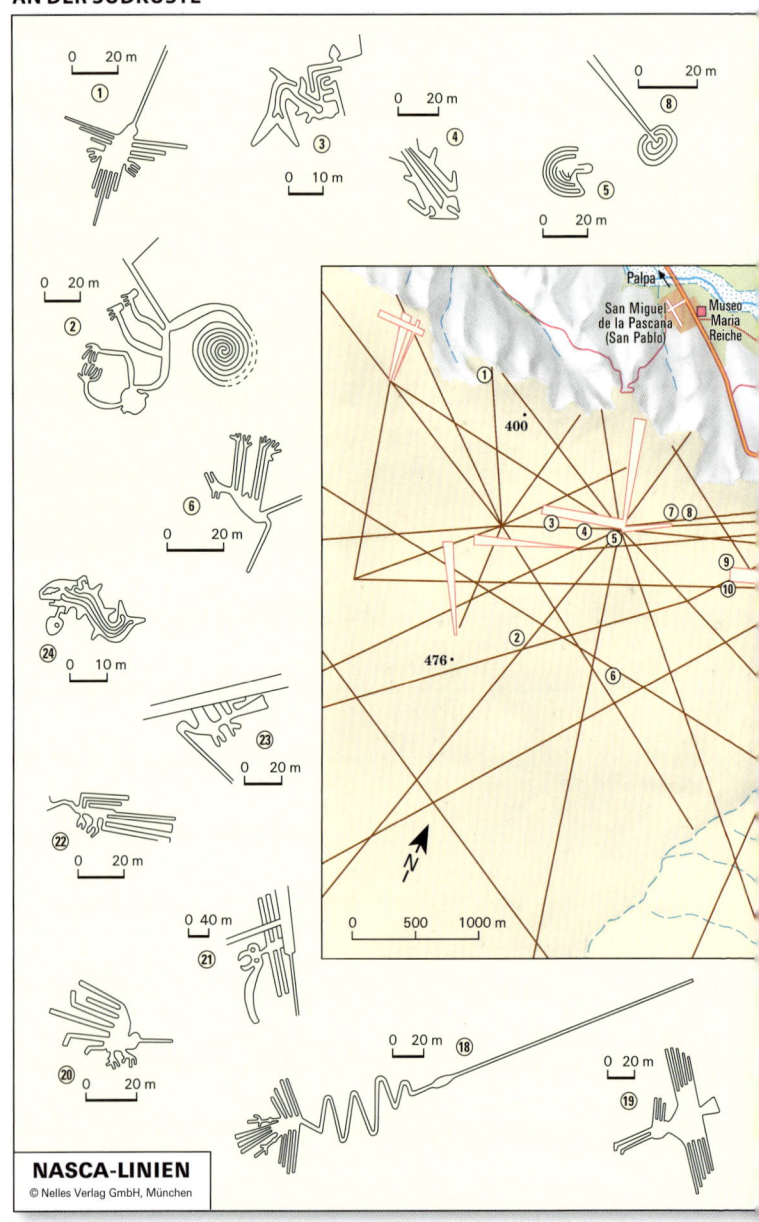

NASCA-LINIEN
© Nelles Verlag GmbH, München

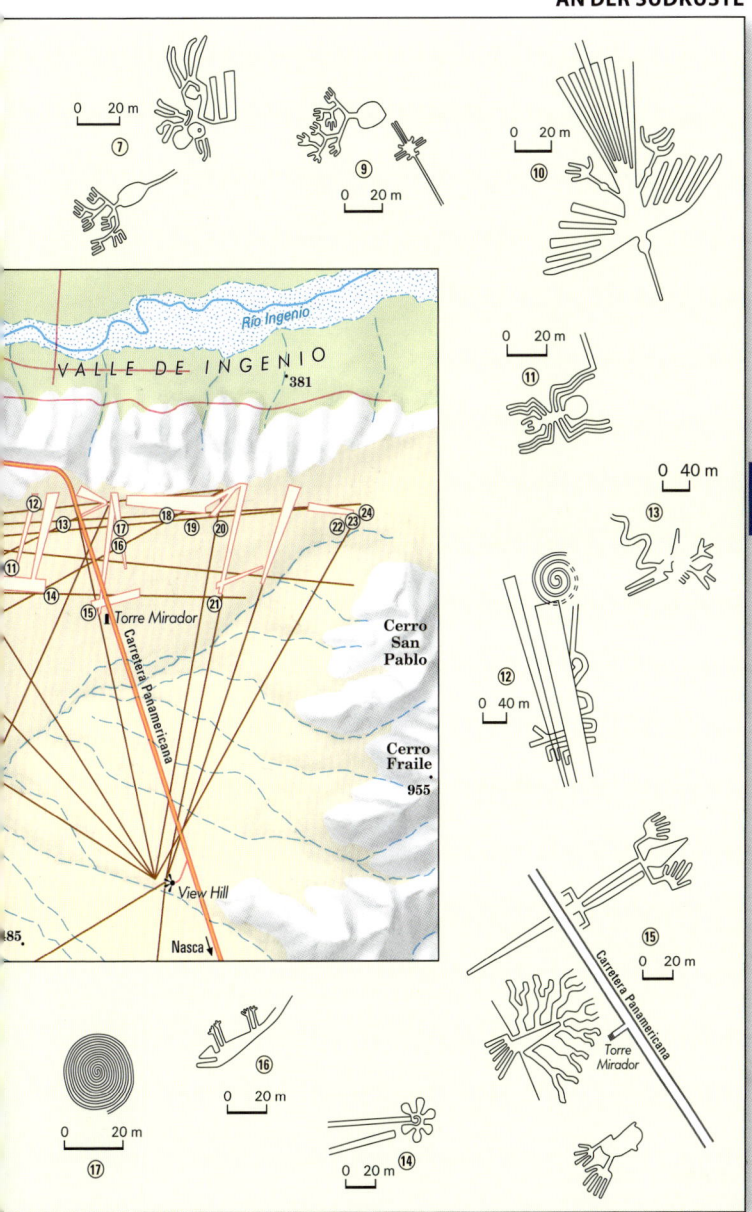

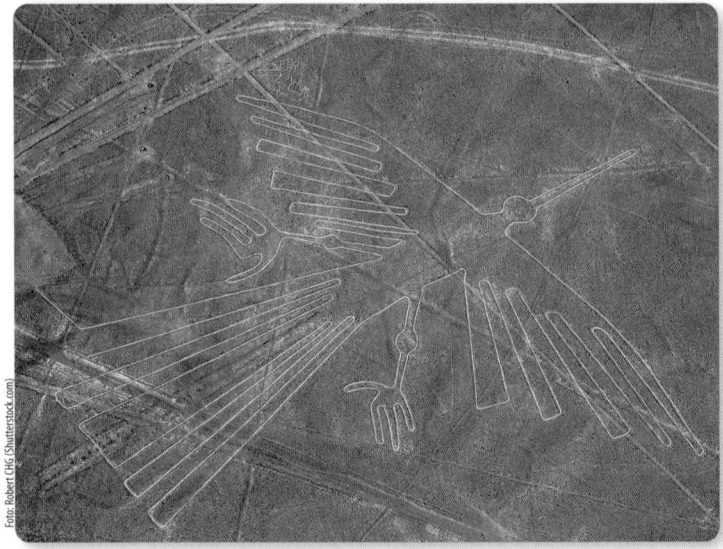

nen Wal, einen Baum mit ausladenden Ästen (?) und einen 89 m langen Affen. Gut zu sehen sind auch Abbildungen zweier Hände, eines Leguans, einer Spinne sowie einer menschlichen Figur mit erhobenem rechten Arm, die wegen ihres ungewöhnlichen Gesichtes auch als „Eulenmann" bezeichnet wird.

Seit der Entdeckung der Geoglyphen wurden – im Anschluss an die heute weitgehend als überholt geltenden Deutungen Kosoks und Reiches – eine Vielzahl von Erklärungen über ihren Sinn und Zweck publiziert. Keine Interpretation konnte bisher befriedigen und sowohl die geometrischen als auch figürlichen Darstellungen – d. h. das Phänomen als Ganzes – deuten. Da die Bilder von den umliegenden Bergen nur sehr eingeschränkt und verzerrt zu betrachten sind, wollte der amerikanische Abenteurer Jim Woodman die Existenz von Heißluftballonen bereits zur Nasca-Zeit

mit einem Experiment beweisen. Die peruanische Anthropologin Maria Rostworowski glaubte an die Konstruktion der Bodenzeichnungen durch Pilger, um die Ankunft des Gottes Kón (Con) Viracocha anzukündigen. Nach Phyllis Burton Pitluga sind sie Abbilder der Milchstraße; nach dem Fantasten Erich von Däniken Landebahnen außerirdischer Raumfahrzeuge. Eine der jüngsten Deutungen stammt von David Johnson, derzufolge die Geoglyphen unterirdische Wasservorkommen und Verwerfungen markieren (diese tatsächlich existierenden Bruchstellen liegen jedoch nicht unter der Pampa Colorada, sondern im Tal des Río Nasca!).

Eine auf Hans Horkheimer in die Mitte des 20. Jh. zurückgehende These, die sich auf spanische Chroniken und Vergleiche mit indigenen Gemeinschaften im bolivianischen Hochland stützt, wurde vor wenigen Jahren von Johan Reinhard wiederaufgegriffen: Demzufolge dienten die großen Trapeze als Versammlungsstätten bei religiösen und politischen Feierlichkeiten, die fi-

---

Oben: Rätselhafte Scharrlinien im Wüstensand (hier der „Kolibri") – ein Erbe der Nasca-Kultur. Rechts: Mumie aus Chauchilla, dem Friedhof der Nasceños.

gürlichen Darstellungen – deren Linien sich in der Regel nicht überschneiden – als Pfade für Totenkult-Zeremonien.

Von einem mit Maria Reiches Spende errichteten **Aussichtsturm** (Torre Mirador) an der Straße Richtung Ica, wenige Kilometer außerhalb Nascas, kann man einige der Linien bewundern. Sehr viel besser sieht man die gigantischen Zeichnungen bei einem **Rundflug**, am besten morgens (ab ca. 100 US-$). Allerdings: Es gab bereits mehrere Abstürze und mehrere Notlandungen! Wer sich, von Lima kommend, den Weg nach Nasca sparen will, kann auch von Ica aus einen (ebenfalls nicht besonders sicheren) Rundflug unternehmen.

Der Fortbestand der Nasca-Linien ist gefährdet: Fuß- und Autospuren von Touristen, Umweltverschmutzung – verursacht durch die Industrialisierung Nascas – und die starken Regenfälle der *El Niños* 1982/83 und 1997/98 beschädigten die Bilder im Wüstensand, einzelne wurden sogar völlig zerstört. Das Betreten des riesigen Geländes ist deshalb strengstens verboten – die Auszeichnung „UNESCO-Weltkulturerbe" allein schützt die Bilder nicht.

Zu Ehren der Forscherin richtete man 1994 in **San Miguel de la Pascana** (auch **San Pablo** genannt; knapp 30 km nördlich von Nasca) das kleine **Casa Museo María Reiche** ein. Neben Keramiken zeigt es auch originale Pläne und mathematische Berechnungen der „Bewahrerin der Linien"; Fotos dokumentieren zudem das Leben der Forscherin, die im Garten der Anlage bestattet ist.

Die Umgebung von Nasca

Südlich von Nasca (18 km auf der Panamericana, bei Km 464 noch 7 km in östliche Richtung) breitet sich der **Cementerio de Chauchilla** aus. Der gesamte Friedhof wurde von *huaqueros* (Grabräubern) geplündert; mehr als 1000 Jahre alte Knochen, Schädel, ja sogar ganze Mumien, Tücher und Kleiderfetzen sowie Scherben von Keramikge-

Foto: Andreas M. Gross

fäßen lagen hier lange im Wüstensand verstreut. Viele sind nun in rekonstruierte Gräber verbracht worden.

Einige Kilometer nordwestlich der Stadt, jenseits der Arica-Brücke über den Río Seco (ein meist trockenes Flussbett), liegen die Ruinas **Paradones** mit Resten einer Inka-Anlage. Interessanter sind die benachbarten unterirdischen **Bewässerungskanäle** (*puquios*), von den Nasqueños kunstvoll angelegt und immer noch funktionstüchtig; so liefert beispielsweise der **Aqueducto Cantallo** auch heute noch das Wasser für die nahen Felder.

6 km südlich von Nasca, am linken Ufer des Río Nasca, sind die Reste der einstigen Hauptstadt der Nasca-Kultur **Cahuachi** erhalten. Wie nach Chauchilla und Ruinas Paredones veranstalten Agenturen in der Stadt auch Ausflüge zu dem Pyramidenkomplex: Reihen von **Baumstämmen** stecken halb vergraben im Wüstensand. Diese dienten vermutlich als Dachpfosten für einen **Tempel**, dessen Grundmauern aus Lehmziegel noch erkennbar sind.

» Plan S. 162-163, Info S. 174-175

7

An der Südküste

Foto: Andreas M. Gross

Ica

Nach mehrstündiger Fahrt von Nasca in nördliche Richtung tauchen in der Wüste plötzlich große Werbetafeln auf – eine größere Stadt naht: In **Ica** ⑱, 1563 von Jerónimo Luis de Cabrera gegründet und 2007 bei einem Erdbeben stark beschädigt, leben heute fast 300 000 Einwohner. Die Wüstenmetropole liegt 400 m über dem Meeresspiegel und leidet daher nicht unter dem Küstennebel *garúa*. Im Gegenteil, das Klima in Ica ist meist recht angenehm: immer trocken und sonnig, nie zu heiß, meist weht eine leichte Seebrise. Selbst eine Autostunde vom Pazifik entfernt umgeben die Stadt noch riesige Sanddünen. Landwirtschaft wäre ohne das in zahllosen Kanälen umgeleitete Wasser des **Río Ica** nicht möglich: Weintrauben, Luzerne, Baumwolle und tropische Früchte gedeihen in Stadtnähe. Zahlreiche Weingüter und Destillerien für den berühmten Trauben-

schnaps *Pisco*, Bestandteil des peruanischen Nationalcocktails *Pisco Sour*, beschäftigen viele Bewohner Icas. Die hier **Bodegas** genannten Weinkellereien und Brennereien besichtigt man am besten während der Traubenernte von Februar bis April; die Bodegas Tacama, Ocucaje und Vista Alegre sowie Peña, Lovera und El Carmel im Stadtteil Guadalupe gehören zu den sehenswertesten.

Vor, nicht nach einer Weinprobe sollte man das ★**Museo Regional de Ica** am Stadtrand von Ica besuchen. In einem einfachen Betonbau untergebracht, ist es museumspädagogisch zwar nicht auf dem neuesten Stand, doch sehr übersichtlich und informativ. Das Museum präsentiert Artefakte der Paracas-, Nasca-, Huari- und Inka-Kultur: trepanierte Schädel, Trophäenköpfe, Keramikfiguren, Gefäße, Mumien, schöne Beispiele der Paracas-Webkunst, Umhänge mit bunten Federn tropischer Vögel und auch die faszinierenden *quipus*, die verschlüsselten Knotenschnüre der Inka. Im Hof des Museums kann man von einer Aussichtsplattform eine verkleinerte

---

Oben: Fächer aus einem Nasca-Grab (6. Jh. n. Chr.).
Rechts: In der Pampas Galeras.

  » Karte S. 168, Info S. 174–175

Foto: Ernst Müller (Mainbild)

Nachbildung der Nasca-Linien studieren. Wie wertvoll die Exponate sind, zeigte 2004 ein Diebstahl: zwei über 2000 Jahre alte *Mantos de Paracas*-Textilien wurden aus den schlecht gesicherten Museumsräumen entwendet. 2007 tauchte in einem Antiquitätenladen mitten in Lima einer der wertvollen *Mantos* auf: Er sollte für US$ 250 000 verkauft werden.

Nur 5 km westlich von Ica liegt zwischen hohen Sanddünen die traumhaftschöne ★**Oase Huacachina**. Sie wirkt in dieser endlosen Wüste wie eine Fata Morgana. Ein **See**, umgeben von großen Palmen und bunten Zierblumen, lockt zum Tretboot-Fahren oder gar zum Schwimmen. Tatsächlich baden viele Einheimische darin, allerdings schwimmen hier auch unzählige Bakterienarten. Huacachina ist ein idealer Platz für einen Mittagsstopp zwischen Ica und Paracas, denn hier gibt es zwei gute, altehrwürdige Hotels: Das *Mossone* und das *Gran Hotel Salvatierra* laden zum Relaxen ein und servieren zudem noch leckere Mahlzeiten. In den ★**Sanddünen** kann man **Sandboarden** und **Buggy** fahren.

Seit Landwirte neue und tiefere Brunnen im Ica-Tal bohren ließen, sinkt der Wasserspiegel des Oasensees.

Paracas

Die Frühgeschichte der **Paracas-Kultur** kennt man erst seit 1925. In diesem Jahr entdeckten der peruanische Archäologe Julio Tello und sein US-Kollege Samuel Lothrop auf der gleichnamigen wüstenhaften Halbinsel (Península de Paracas) unterirdische Grabkammern, die von etwa 1200-200 v. Chr. angelegt wurden. Aufgrund der exzellenten Bedingungen im trockenen Wüstensand bargen die Forscher über 400 Mumien, die in feinste, gewebte Tücher gehüllt waren. Die Funde erlaubten nach Tello eine Klassifizierung der Paracas-Kultur in zwei Zeitabschnitte: die Cavernas-Periode (1200 bis 700 v. Chr.) und die Nekropolis-Periode (700-200 v. Chr.).

In der Cavernas-Zeit erbauten die Menschen bis zu 7 m unter der Erdoberfläche liegende, flaschenförmige Familiengrüfte und ummauerten diese. Die

VON NASCA NACH LIMA

17 · **26**

0   25   50   75 km

© Nelles Verlag GmbH, München

Mumien hockten, in Baumwolltücher gewickelt, in engen Bastkörben. Umgeben waren sie von Musikinstrumenten, dekorierten Keramiken sowie Götterfiguren. Der Jaguarkult muss in der Religion der Cavernas-Periode eine große Rolle gespielt haben; sein Bild ist auf Gefäßen und Textilien häufig zu sehen.

In der Nekropolis-Periode scheinen die Menschen noch mehr Wert auf die Bestattung ihrer Toten gelegt zu haben. Sie erbauten Totenstädte mit Holzdächern, schmückten ihre Mumien mit Perlenketten und Goldplättchen auf Mund und Augen und hüllten sie in kunstvoll gewebte Kleider. Die mit unvorstellbarer Geduld gewebten Totentücher maßen bis zu 20 x 4 m und suchen auf der Welt ihresgleichen. Die Archäologen konnten über 22 Farben und fast 200 verschiedene Nuancen in den Darstellungen von Fischen, Seevögeln, geometrischen Figuren und „Augenwesen" unterscheiden. Sensationell war die Entdeckung von Schädeln, die offensichtlich operativ geöffnet und dann mit Goldplatten wieder verschlossen wurden. Bereits die Vorgängerkulturen der Inka hatten also komplizierte chirurgische Eingriffe gewagt.

Unklar ist bis heute der Charakter der Paracas-Kultur und ihr Verhältnis zu der darauf folgenden von Nasca. Glaubte bis vor wenigen Jahren die Mehrheit der Archäologen an zwei verschiedene Völker als Träger der Kulturen, so ist man heute von der Existenz nur eines Volkes überzeugt, dessen religiöse Vorstellungen – und somit auch die künstlerischen Äußerungen – sich im Lauf der Jahrhunderte geändert haben. Auf die Nasca-Kultur folgte die Herrschaft der Huari und der Inka aus dem Hochland, nur kurz unterbrochen von der Chincha- bzw. Ica-Kultur um 1200 n. Chr.

Die Paracas-Halbinsel sowie die kleinen Ballestas-Inseln sind wichtige Naturschutzgebiete an der Küste. Die we-

Foto: Mireille Vautier

Oben: Dieses kunstvolle Gewebe der Paracas-Kultur ist über 2000 Jahre alt.

nige Quadratkilometer große ★**Península de Paracas** ⓳ ist eine lebensfeindliche Sandwüste. Heute erinnert nichts mehr an die große Paracas-Kultur, und nur die Buchten mit ihrem klaren Pazifikwasser locken Schwimmer und Sonnenhungrige an. Seeigel und Quallen machen das Baden hier jedoch nicht an allen Stränden attraktiv – auch Überfälle hat es hier gegeben.

Vom weit in den Pazifik hinausragenden Holzsteg des kleinen Badedorfs **Paracas** (1300 Einwohner) legen von den frühen Morgenstunden bis gegen Mittag Motorboote zu ihrer zweistündigen Fahrt zu den Vogel- und Seelöwenkolonien der ★★**Islas Ballestas** ⓴ ab (nachmittags werden aufgrund des stärkeren Wellenganges nur selten Touren angeboten). Man passiert mehrere alte russische Schiffswracks und erblickt an der Küste der Halbinsel den etwa 50 m langen so genannten ★**Candelabro** („Kandelaber"), ein Scharrbild im sandigen Boden, dessen Darstellung und Funktion noch ungeklärt sind. Auch die Interpretation als San Pedro-Kaktus,

7

An der Südküste

» Karte S. 168, Info S. 174–175   169

Foto: Erlantz PR (Shutterstock.com)

aus dem in präkolumbischer Zeit ein Halluzinogen gewonnen wurde, vermag nicht zu überzeugen.

Die Fauna der Islas Ballestas würde man normalerweise in wesentlich kälteren Regionen, in Polarnähe, vermuten. Doch das 14-16 °C kalte Tiefseewasser, das an der peruanischen Küste an die Oberfläche getrieben wird – der nach dem deutschen Naturforscher und Geografen benannte **Humboldt-Strom** – ermöglicht hier dieses Phänomen, nur 1500 km südlich des Äquators. Im blassen Sonnenlicht tauchen die Inseln auf, majestätisch schwebende Pelikane und herabstürzende Guano-Tölpel, Grau- und Andenmöwen, Inka-Seeschwalben mit ihrem schwarz-roten Federkleid und einem weißen „Schnurrbart" sowie die weißbrüstigen Guano-Kormorane erfüllen die Luft; neugierig begleiten Robben das Boot. Brüllende, bis zu 10 Zentner schwere **Seelöwen** (Mähnen-

robben) nutzen die Akustik der gewölbten Felswände, Humboldt-Pinguine watscheln mehr tollpatschig als elegant über die Klippen.

Auf einer der unter Naturschutz stehenden Inseln erkennt man eine Guano-Fabrik mit Verladerampen und Förderbändern: 20 000 t Dünger aus Vogelmist exportiert Peru jährlich von den Inselklippen des Pazifiks in alle Welt.

3 km südwestlich von Paracas liegt inmitten der Wüste das ★**Museo Arqueológico Julio C. Tello**. Neben einem originalen Trophäenkopf verdient eine 7 m² große *manta* (Decke) aus der Cavernas-Periode besondere Aufmerksamkeit; man erkennt darauf ein aufgemaltes „Augenwesen" mit einem Trophäenkopf.

VON PISCO NACH PACHACÁMAC

240 km südlich von Lima liegt die Hafenstadt **Pisco** ㉑, deren Name die weißen Trauben tragen, die zu dem berühmten *Pisco*-Weinbrand verarbeitet werden. Grund für einen Touristen-

---

Oben: Auf dem Weg nach Paracas lädt die Oase Huacachina zu einer Rast ein. Rechts: Inka-Seeschwalben auf den Islas Ballestas.

Foto: Detlev Kirst

aufenthalt in der Stadt war früher der Ausflug zur 15 km entfernten Península de Paracas oder zu den Islas Ballestas im Pazifik. Im Jahr 2007 jedoch wurde Pisco durch ein katastrophales Erdbeben zu 85 % zerstört – samt dem alten Rathaus und der Iglesia de La Compañia, die vollbesetzt während einer Messe einstürzte. Die Infrastruktur wurde weitgehend instandgesetzt, der Tourismus im nahen Paracas funktioniert wieder normal.

2016 wurde der **Flughafen** des Militärs für den Passagierbetrieb erweitert und soll künftig auch für Rundflüge über die Nasca-Linien genützt werden.

Den sehenswerten Ruinen von ★**Tambo Colorado** ㉒ gab ein Palast mit gelb, weiß und rot bemalten Wänden ihren Namen (Modell im Museo Nacional de Antropología y Arqueología in Lima). Der **Sonnentempel** mit trapezförmigen Nischen und -türen lässt auf ein Erbe der Inka schließen, das Heiligtum auf der gegenüberliegenden Straßenseite jedoch auf Baumeister der vorinkaischen Zeit. Sehr wahrscheinlich war der Ort außer

einer Raststätte (*tambo*) auch eine Festung zur Sicherung der inkaischen Herrschaft an der Küste. Für die Besichtigung empfiehlt sich ein Taxi oder ein öffentlicher Bus (ca. 50 km von Pisco in Richtung Ayacucho / Huancavelica).

Die nächstgrößere Stadt zwischen Pisco und Lima heißt **Chincha Alta** ㉓, zählt etwa 40 000 Einwohner und war im 13. Jh. ein kleines Fürstentum, bis es um 1390 von den Inka erobert werden konnte. Der Fürst von Chincha hatte jedoch innerhalb des Inka-Reichs stets eine bedeutende Stellung inne, er hielt sich meist am Hofe in Cusco oder Cajamarca auf. Nur die Ruinen von **Tambo de Mora** mit ihrem Tempel La Centinela, 10 km südwestlich der Stadt am Pazifik, zeugen heute noch von der Chincha-Kultur. Außer einer Stufenpyramide mit aus Lehmziegeln gemauerten Kammern blieb allerdings kaum etwas erhalten.

Folgt man der Panamericana Sur weiter, so trifft man 145 km südlich von Lima auf die Kleinstadt **San Vincente de Cañete** ㉔, eine Oase mit Baumwoll- und

» **Karte S. 168, Info S. 174–175**   171

Foto: Andreas M. Gross

Gemüsefeldern. Cañete war bereits vor den Inka besiedelt, erlangte jedoch erst 1556 mit der offiziellen Stadtgründung durch die Spanier eine gewisse Bedeutung. Südlich des Orts steht inmitten von Baumwollfeldern ein kleines **Schloss**, einst der Landsitz des spanischen Vizekönigs Marqués de Cañete. Das Gebäude soll in den nächsten Jahren in ein Museum umgewandelt werden. Wer **Wildwasserfahrten** im Raft oder Kajak liebt, kann dies zwischen Dezember und März auf dem **Río Cañete** tun.

70 km südlich von Hauptstadt liegt in einer malerischen Bucht das Fischerdorf **Pucusana** ㉕, das gern von den Limeños besucht wird um zu baden, Bootstouren zu unternehmen oder in einem der Fischrestaurants zu schlemmen. Ein besonderer Anziehungspunkt ist die **Boca del Diablo** („Teufelsrachen"), ein Felsenschlund, durch den die Brandung mit donnerartigem Getöse braust.

Oben: Seelöwenkolonie auf den Islas Ballestas. Rechts: Humboldt-Pinguin an der Panamericana Sur.

★Pachacámac

23 km südlich von Lima liegt am rechten Ufer des Río Lurín das weitläufige Ruinenfeld von ★**Pachacámac** ㉖. Das im 2. Jh. erbaute Orakel war dem Schöpfer und Erhalter des Universums, Pachacámac (*pacha* „Erde", *camay* „erschaffen") geweiht. Pachacámac war mit 6 km² eine flächenmäßig riesige Anlage: als Heiligtum der seinerzeit wohl bekannteste Pilgerort und die größte präkolumbische Siedlung entlang der südlichen Pazifikküste. 18 Stufenpyramiden aus Lehmziegel werden der Ishmay-Kultur (900–1470 n. Chr.) zugeschrieben. Von der größten, **Templo del Sol** (Sonnentempel), bietet sich ein herrlicher ★**Blick** über den Pazifik.

Neue Forschungen eines belgischen Teams haben ergeben, dass die Pyramiden vor allem zu Wohnzwecken der Herrscher und nach rund 30 Jahren diesen als Grabmal dienten. Diese These wird auch durch den Chronisten Blas Valera im 16 Jh. gestützt. Der Komplex war wohl für 1300 Jahre ununterbrochen besiedelt:

» Karte S. 168, Info S. 174–175

Foto: Andrea M. Goss

man schätzt ca. 80 000 Grabstätten, in einigen wurden jüngst unversehrte Mumien, geopferte Säuglinge und prächtige Kronen aus Papageienfedern gefunden.

Die Wände der Kultstätte waren bemalt mit Motiven aus der Natur, z. B. Tieren, und müssen in dieser trüben, graubraunen Küstenwüste einen starken Eindruck auf die Pilger ausgeübt haben. Der 9. Inca Pachacutec Yupanqui eroberte die Anlage um 1470, ließ das Orakel jedoch unversehrt. Im Gegenteil: Er funktionierte es für seine Zwecke um und ließ die grandiosen Bilder nicht zerstören, sondern verfügte den Bau einer großen Pyramide für die wichtigste Gottheit, den Sonnengott Inti. Auch der sorgfältig ausgegrabene und restaurierte Komplex **Casa de las Mamaconas**, das „Haus der auserwählten (Sonnen-) Jungfrauen", entstand auf Initiative des Inka-Herrschers. Die großen, trapezförmigen Nischen für Idole verraten den typischen Baustil der Inka.

Der Kult um den Gott Pachacámac war Anfang des 16. Jh. im Inka-Reich in aller Munde, so dass die Conquistadoren bald davon erfuhren. 1533 eroberte Hernando Pizarro Pachacámac, ließ alle Priester hinrichten, die jahrhundertealten Gemälde als Götzenbilder zerstören und die Schatzkammern öffnen, um möglichst schnell an das dort versteckte Gold und Silber heranzukommen. An der Casa de las Mamaconas setzte der Staat Peru seinem bekanntesten Archäologen Julio C. Tello ein Denkmal. Ebenfalls mit einer Büste und Plakette verewigt ist hier der deutsche Archäologe Max Uhle, der bei seinen langjährigen Ausgrabungsarbeiten den Haupttempel als Heiligtum des Mondgottes interpretierte.

Unterhalb des Templo del Sol erkennt man bei günstigem Sonnenstand farbige Freskenreste am **Edificio Pintado** (Bemaltes Haus): 16 übereinanderliegende Malschichten zeigen in rötlich-gelben Farben die Fauna und Flora des Pazifiks.

Das vergrößerte und modernisierte ★**Museum** präsentiert den Zeremonialstab des Gottes Pachacámac sowie die bisher im Museo de la Nación in Lima befindlichen archäologischen Funde der Prä-Inca-Kulturen Südperus.

» **Karte S. 168, Info S. 174–175**

173

Arequipa (☎ 054)

iPeru: Plaza de Armas, Portal Municipalidad 110, Tel. 223265, Mo-Sa 9-19 Uhr. Flughafen: tägl. 7-18 Uhr, Tel. 444564. **Policia de Turismo**: C. Jerusalem 315, Tel. 201258.

Crepissímo, leckere Crêpes, Säfte und Salate, Tische im Hof und toller Ausblick vom Dach, C. Sta. Catalina 208, Tel. 206620. **chicha**, regionale Gerichte, raffiniert zubereitet, neues Lokal von der Gastronomie-Berühmtheit Gaston Acurio, C. Sta. Catalina, gegenüber dem Klostereingang. **Areque-pay**, lokale Küche, angenehmes Flair, C. Jerusalem 502, Tel. 204583. **ZigZag-Restaurant**, Alpaca, Lamm, Rind- und Straußfleisch auf heißen Steinplatten serviert – reservieren, von 18-24 Uhr, C. Zela 210, Tel. 206020. **La Truffa**, leckere Pasta, Paseo La Catedral 111. **La Posada del Puente**, elegant und teuer, Av. Bolognesi 101, Tel. 253132. **El Camaroncito**, große Auswahl an Meeresfrüchten und Pasta, San Francisco 303, Tel. 202080.

Monasterio de Santa Catalina, tägl. 8-17, Di u. Do bis 20 Uhr. C. Sta. Catalina 301, Tel. 608282, www.santacatalina.org.pe. **Iglesia de La Compañía**, Mo-Sa 9.30-13, 16-18 Uhr, C. Sto. Domingo, Eingang durch den 2. Innenhof. **Convento y Museo de la Recoleta**, Mo-Sa 9-12 und 15-17 Uhr, C. Recoleta 117, Tel. 270966. **Convento de San Francisco**, Mo-Sa 9-12.30, 15-17 Uhr, Plaza San Francisco. **Museo Histórico Municipal**, Mo-Fr 8-18 Uh, Plaza San Franciscor. **Museo Santuarios Andinos** („Juanita"), Mo-Sa 9-18, So 9-15 Uhr, Calle La Merced 110, Tel. 215013. **Museo Arqueológico de la Universidad Católica**, Mo-Fr 9-12 u. 14-16 Uhr, Calle Cruz Verde 303, Tel. 959636.

Las Queñas, abends Live-Musik sowie Folklore, C. Sta. Catalina 302, Tel. 215468. **La Italiana**, angeboten wird ein Dinner mit Folkloremusik und Tänzen, San Francisco 303, Tel. 202080. **Mukis Pub**, flotte Rhythmen, C. Sto. Domingo 104. **Forum AQP**, Disco mit versch. Musikstilen, C. San Francisco 317.

Aniversario de Arequipa, 15.8.: Jahrestag der Stadtgründung, wichtigstes Fest der Stadt mit Stier- und Hahnenkämpfen, Feuerwerk, Umzügen und viel Musik, das Fest dauert eine Woche.

BUS: **Terrapuerto**: Ecke Av. Arturo Ibañez und Jacobo D. Hunter, Tel. 428438 u. 348810; div. Busges. fahren in alle größeren Städte des Landes.
Mehrtägige Pauschalbustouren zum **Colca-Canyon** vermitteln Reisebüros in Arequipa; Reyna- u. Andalucía-Linienbusse fahren Arequipa-Chivay, teils auch bis Cabanaconde.
FLUG: **LAN Peru**, C. Sta. Catalina 118-C, Tel. 201100, www.lanperu.com. **Star Peru**, C. Sta. Catalina 105-A, Tel. 221896. **Peruvian**, C. la Merced 202 B, Tel. 202697. **AMASZONAS** (Mo, Mi u. Fr nach La Paz) C. La Merced 125/of. 152, Tel. 211159.
Mehrmals tägl. Verbindungen nach Lima, Cusco und Tacna; Flughafen Rodriguez Ballon 5 km von der Plaza de Armas, Tel. 443464, 443458.

Moquegua (☎ 053)

A Todo Vapor, einheimische Küche, gut und günstig, C. Ancash/Plaza de Armas.

Tacna (☎ 052)

iPeru: Plaza de Armas, Av. San Martin 491, Tel. 425514. **Policia de Turismo**: Jr. Callao 121, Tel. 714141.

El Viejo Almadén, italienische Küche sowie auch gute Steaks, Av. San Martín/C. Apurimac. **Chifa Say Wa**, chinesische Gerichte, Av. San Martín.

BUS: Vom modernen Busbahnhof **Terminal Terrestre**, am Stadtrand, C. Hipólito Unanue, Tel. 427007, verkehren die meisten Fernbusse sowie Busse und Kollectivos nach Arica. Nach Lima (ca. 18 Std.), Nasca (10. Std.), Arequipa (6 Std.) und Puno (12 Std.) fahren mehrere Gesellschaften. Nach Desaguadero mit Verbindung nach La Paz fährt u.a. *Transportes Moreno*, Av. Circunvalatión Norte 1032, Tel. 998659.
FLUG: Der Flughafen liegt 5 km außerhalb, **LAN**

und **Peruvian Airlines** fliegen tägl. nach Lima, LAN im Juni und Juli auch nach Arequipa. Tel. 344503.

ZUG: Bahnhof: C. Gregorio Albarracín 402. Zug nach Arica/Chile Mo-Sa 5.45 und 16 Uhr, Fahrzeit 1,45 Std., in Chile +1 Std. Zeitunterschied. Wichtig: Keine Früchte nach Chile mitnehmen, dies ist streng verboten; die Kenntnis des Verbots muss schriftlich bestätigt werden!

Camaná (☎ 054)

Rinconcito Trujillano, Spezialitäten aus dem Norden, wie Ziegenbraten mit Bohnen und leckere Fischgerichte, Jr. Pizarro 304, Tel. 571252.

Nasca, Ica und Paracas

BUS: Ormeño, Tepsa u. a. fahren täglich mehrmals nach Lima u. Tacna und bedienen dabei alle Orte auf der Strecke.

Nasca (☎ 056)

La Fontana, einheimische Küche, C. Lima. **La Taberna**, gutes Essen mit Live-Musik an Samstagabenden, C. Lima.
La Cebichería El Tiburón, das bekannteste Fisch-Restaurant der Stadt.
La Casona, typisch und günstig, gute *cebiches* (roher marinierter Fisch), C. Lima.
El Portón, italienische Küche und Fisch, Live-Musik, Calle Morsesky / C. Lima, Tel. 523490 / 9605930.
Zudem gibt es Restaurants in allen guten Hotels.

Für die Ausgrabungsstätten in der näheren Umgebung – **Ruinas Paradones**, **Aqueducto Cantalloc** u. a. – gilt ein Sammelticket für US-$ 6,-, das vor dem Rundflug über die Linien am Kiosk der Stadtverwaltung vor dem Flugfeld gelöst wird oder direkt an den Ruinen.

Ica (☎ 056)

Jr. Cajamarca 179, 7.30-15 Uhr. Hier auch Infos und Buchungen zu den Bodegas (Weingütern) der Umgebung: Vista Alegre, Tacama, Ocucaje, Peña, Lovera, El Carmel.

Regionale Spezialitäten sind *chupe de pallares verdes* (Milchsuppe mit Fisch, Garnelen und Reis) und *manjarblanco* (eingedickte karamellisierte Milch).
Las Brujas de Chachiche, sehr guter *cebiche* (roher marinierter Fisch), C. Callao 179.
Chifa Hong Kong, empfehlenswerte chinesische Küche, C. Lima.

Museo Regional de Ica, tägl. 9-18 Uhr, Benützungsgebühr für Kameras und Videogeräte, Av. Ayabaca.

Paracas (☎ 056)

Museo Arqueológico Julio C. Tello, täglich 9-17 Uhr.

Cañete (☎ 034)

El Piloto, leckere Meeresfrüchte (*mariscos*), saubere WCs, an der Panamericana, Tel. 912828.

Pachacámac

ANFAHRT: Von Pucusana über die Panamericana (40 km), von Lima mit Bus oder Colectivo nach Miraflores, dann weiter per Taxi (23 km südlich des Stadtzentrums, am rechten Ufer des Río Lurín).

ÖFFNUNGSZEITEN: Di-Sa 9-17 Uhr, So 9-16 Uhr. Auch das neue **Museum** lohnt den Besuch; zudem gibt es in der Cafeteria Erfrischungen.

FÜHRUNGEN: Der Besuch von Pachacámac empfiehlt sich entweder mit dem Auto oder in einer organisierten Bus-Reisegruppe. Mehrere Agenturen in Lima bieten Ausflüge mit Reiseleitung in spanischer und englischer Sprache an. Zu Fuß würde ein Rundgang durch die Ruinen sehr lange dauern und wäre, trotz der Nähe zur Pazifikküste, in dieser wüstenhaften Einöde sehr anstrengend.

7

An der Südküste

Die Ausgrabung Caral (2700 v. Chr.), gilt als die älteste städtische Siedlung Amerikas.

Foto: Ecuadorpostales (Shutterstock.com)

ENTLANG DER NORDKÜSTE

VON LIMA NACH CHIMBOTE

TRUJILLO UND CHAN CHAN

CHICLAYO

VON PIURA NACH MÁNCORA

TUMBES

Die Landschaften entlang der Nordküste sind – abgesehen von der Region Tumbes im äußersten Norden – bestimmt vom kalten Humboldt-Strom, der nur minimale Niederschläge zulässt und außerhalb der oasenartigen Siedlungen eine wüste Einöde bewirkt. Die Panamericana führt durch lange Wüstenstriche, Oasen und landwirtschaftlich genutzte Flusstäler mit riesigen Zuckerrohrplantagen und Reisfeldern. Viele Ruinen der Chimú-, Moche- und Sicán-(Lambayeque-)Kulturen mit Pyramiden laden zu Ausflügen ein. Der Besuch der über 1300 km langen Nordküste lohnt v. a. für archäologisch interessierte Reisende sowie für Freunde von Strandvergnügen und Wassersport.

VON LIMA NACH CHIMBOTE

40 km nördlich von Lima liegt **Ancón** ❶, ein Badeort vor allem begüteter Limeños, die besonders an Wochenenden die geschwungene Bucht mit hellem **Sandstrand** bevölkern. Das tiefblaue Wasser des Pazifiks zieht Schwimmer und Surfer an.

Nach kilometerlangen Sanddünen trifft man auf **Chancay** ❷, ein Städtchen mit 12 000 Einwohnern. Hier erheben sich die Dünen, kunstvoll geformt vom Wind, über 100 m hoch. Knochen

Links: Krieger-Relief in Cerro Sechín (1600 v. Chr.).

und Keramikscherben in der Umgebung weisen auf die jahrhundertealten Gräberfelder der Chancay-Kultur (etwa 1100-1400 n. Chr.) hin.

Kurz vor dem Städtchen Huacho, bei Km 140 zweigt eine Piste zum **Humedal El Paraíso** ❸ ab, ein Feuchtgebiet, das für Ornithologen und Tierfotografen wirklich ein Paradies sein kann. 125 Vogelarten wurden in diesem rund 440 ha großen Biotop gezählt, darunter Flamingos, Enten, seltene Möwen wie die *Gaviotín peruano* (*Sterna lorata*), Schwalben und sogar Eulen.

Weiter nördlich, an der Mündung des Río Huaura, liegt die Kleinstadt **Huaura** ❹. Hier erklärte der Befreier José de San Martín am 28. Juli 1821 die Unabhängigkeit Perus. Es gibt Übernachtungsmöglichkeiten für den Besuch Carals.

Bei Km 184 führt eine Straße den Río Supe 23 km entlang nach ★**Caral** ❺. Nach Radiokarbonmessungen im Jahr 2001 mussten die Geschichtsbücher umgeschrieben werden: Die Funde in den auf 60 ha verteilten 32 Gebäudekomplexen – darunter sechs **Tempelpyramiden** – datieren in die Zeit um 2700 v. Chr.! Damit ist Caral die älteste städtische Siedlung Amerikas (älter als die Chavín-Kultur in den Zentralanden und die La Venta- bzw. Olmeken-Kultur in Mexiko), erstaunlicherweise aber ohne jede Keramik. Die Forscher erklären dies mit einer Überflusskultur

8

Entlang der Nordküste

» **Karte S. 180-181, Info S. 193**

aufgrund der ausgedehnten Bewässerungskanäle und ausreichenden Kürbissen, die als Gefäße dienten. Neue Funde in **Vichama** (Reliefs) und **Áspero** (Frauenmumie) unterstreichen die Bedeutung Carals.

Nach weiteren 50 km passiert man **Barranca** ➏, kurz danach die Straße nach Huaraz (s. S. 197).

Die Panamericana Norte führt dann in Höhe des Dorfes ★**Paramonga** ➐ (8 km nördlich von Pativilca) an einer ★**Chimú-Festung** auf dem 50 m hohen Cerro de la Horca vorbei. Die Befestigungsmauern erstrecken sich stufenförmig um insgesamt acht Terrassen, auf deren oberster sich ein Tempel erhebt. Die einstmals rot und weiß bemalte Anlage markierte den südlichsten Punkt des Chimú-Reichs. Hier besiegte der 10. Inca Túpac Yupanqui (1471-1493) den letzten Chimú-Herrscher.

Kurz vor dem Städtchen **Casma** ➑ zweigt eine Straße in die Cordillera Negra ab. Weiter nordwärts, 2 km hinter Casma, erreicht man die Ruinen von ★★**Cerro Sechín**, eine Ausgra-

bungsstätte aus der Zeit um 1600 v. Chr. Besonders eindrucksvoll sind die ca. 300 **Reliefierten Monolithen** an der Außenseite des fast quadratischen **Tempels**, die das Heiligtum zu einer der bekanntesten archäologischen Stätten Perus machten. Dargestellt sind Priester oder Krieger mit Keulen und Lendenschurz sowie – in fast expressionistischer Weise – menschliche Körperteile: Köpfe, Wirbelsäulen, Gedärme, Ohren und gleichsam an einer Schnur aufgefädelte Augen (s. Bild S. 14). Über Sinn und Zweck dieser Bilder kann bisher nur spekuliert werden. Interessant ist das **Museum** am Eingang zu den Ruinen.

Chimbote

Chimbote ➒ ist auf der Strecke Richtung Ecuador die erste Großstadt und liegt 430 km nördlich von Lima. Perus größter Fischereihafen bietet keine Sehenswürdigkeiten. Der Geruch der Fischmehlfabriken, die vielen der über 350 000 Einwohner Arbeit bieten, ist bereits von weitem bemerkbar.

★TRUJILLO UND ★★CHAN CHAN

Auf halbem Weg zwischen Lima und Tumbes liegt die mit 900 000 Einwohnern größte Stadt Nordperus, die 1534 von Francisco Pizarro an der Flussoase des Río Moche gegründete und nach seiner spanischen Heimatstadt benannte Kolonialstadt ★**Trujillo** **10**. Ideale, milde Temperaturen, kaum Regen, täglicher Sonnenschein und die Nähe des Pazifiks sprechen für sich. Trujillo lohnt wegen seiner Kolonialbauten, vorspanischen Ruinen und Surferstränden mehrere Übernachtungen. Die Stadt, seit 1824 Universitätssitz, ist in Peru auch bekannt wegen ihrer Galerien, kleinen Kunstmuseen und nicht zuletzt wegen ihrer Fiestas: In der letzten Januarwoche zelebrieren die Trujilleños die **Marinera**, den spanisch geprägten Volkstanz der Küstenbewohner Nordperus. ★**El Festival Internacional de la Primavera**, das Frühlingsfest, feiert man seit 1950 alljährlich im September mit Umzügen, Marinera-Tanzabenden und Schönheitswettbewerben. Vorführungen der beliebten *caballos de paso*

(Dressurpferde) und nächtliches Treiben in Diskos, Kinos und Musikkneipen runden das Festival ab.

Auf der mit Palmen, Blumenarrangements und den für Peru so typischen weiß getünchten Steinbänken aufgelockerten ★**Plaza de Armas** erinnert eine Statue an die Helden der peruanischen Freiheitsbewegung. Trujillo erklärte 1820 als erste Stadt seine Unabhängigkeit vom spanischen Mutterland.

Auffälligstes Bauwerk am Platz ist die außen schlichte ★**Catedral** **1**, die 1616 fertiggestellt, jedoch mehrmals (1619, 1635, 1919, 1970) durch Erdbeben beschädigt wurde. Im dreischiffigen Innenraum verdient v. a. das Chorgestühl eine nähere Betrachtung, im angeschlossen **Museo de Arte Religioso** sind kolonialzeitliche Gemälde, Messgewänder, liturgisches Gerät und Heiligenstatuen ausgestellt. An die Kathedrale grenzt rechts der **Palacio de Arzobispo** (Bischofspalast) aus dem frühen 17. Jh. an.

Folgt man der Jirón Pizarro, stößt man rechter Hand auf die **Iglesia La Merced** **2**, die wegen der 1603 vollendeten Sta-

» Karte S. 180–181, Stadtplan S. 183, Info S. 193   181

Foto: Christian Vinces (Shutterstock.com)

tue der *Virgen de la Merced* („Jungfrau der Barmherzigkeit") und der Rokoko-Orgel aus dem 17. Jh. einen Besuch lohnt.

Ein schönes Beispiel eines repräsentativen Stadtpalastes mit schönem, statuengeschmücktem Patio im neoklassizistischen Stil ist der gelbe ★**Palacio Izurrégui** ③ aus dem späten 18. Jh. Hier bereitete General Iturrégui 1820 mit einem Stadtrat (*cabildo*) die Unabhängigkeit Trujillos vor. Heute beherbergt das Gebäude den *Club Central*, ist jedoch öffentlich zugänglich.

Das **Museo de Arqueología** ④ der Universität zeigt – etwas abseits in der **Casa Risco** (Jirón Junín 682) – Keramiken, Statuetten, Textilien und weitere Exponate der faszinierenden Küstenkulturen der Moche und Chimú.

Am **Mercado** und der **Iglesia de San Agustín** vorbei gelangt man zu einem der schönsten Kolonialhäuser der Stadt. Die ★**Casa Orbegoso** ⑤ beherbergt wertvolle Möbel aus der Kolonialzeit und Wechsel-Gemäldeausstellungen.

In der **Casa Urquiaga** ⑥ an der Südostseite der Plaza hat Simón Bolívar 1824 einige Monate verbracht und von hier aus den Kampf um die endgültige Unabhängigkeit Perus organisiert. Gleich daneben befindet sich die **Municipalidad** (Rathaus) mit der **Touristeninformation**.

Geht man von der nächsten Ecke der Plaza einen Häuserblock in die Jirón Larco Herrera hinein, so steht man vor einem weiteren hübschen Kolonialhaus, der **Casa de Mayorazgo** ⑦. Die heute darin untergebrachte *Banco Wiese* organisiert hier archäologische Ausstellungen über die neuesten Forschungen im Umkreis Trujillos.

An der Nordwestecke der Plaza fallen die weißen Türme der ehemaligen **Iglesia de La Compañía** ⑧ (1634) ins Auge. Heute dient der Bau der Universität als Auditorium. Von den Bauwerken auf dieser Seite der Plaza stammt nur die ockerfarben getünchte **Casa Bracamonte** ⑨ aus der Kolonialzeit. Das sich so harmonisch einfügende *Hotel Libertador* entstand erst im 20. Jh.

Oben: Die gepflegte Plaza de Armas von Trujillo.

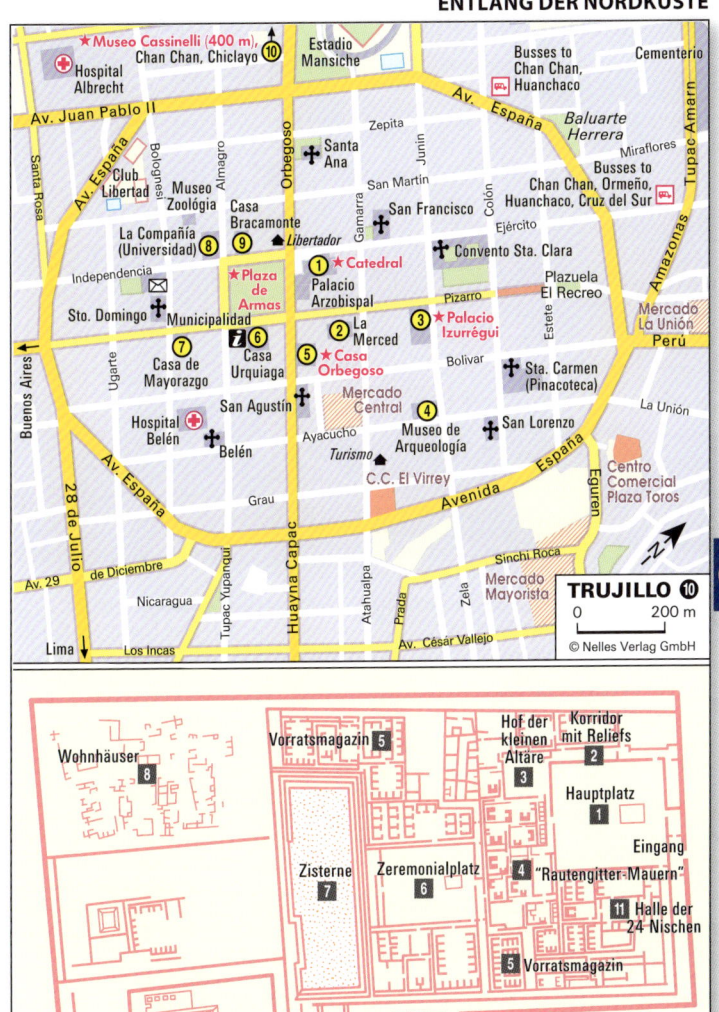

TRUJILLO ⑩

0   200 m

© Nelles Verlag GmbH

**CHAN CHAN /
CIUDADELA TSCHUDI** ⑫

0   50 m

© Nelles Verlag GmbH

Foto: Jürgen Bergmann

Ungefähr 1200 m nordwestlich der Plaza de Armas, in der Jirón Píerola 601, liegt im Keller einer Tankstelle (!) das ★**Museo Cassinelli** ⑩. Señor José Cassinelli unterhält hier eine liebevoll gepflegte Privatsammlung von Keramiken vor allem der Chavín-, Virú-, Cajamarca-, Salinar-, Moche- und Chimú-Kultur.

★★Huacas del Sol y de la Luna

Ein Ausflug lohnt zu den so genannten ★★**Huacas del Sol y de la Luna** ⑪ („Tempel der Sonne und des Mondes"). Ihren Namen erhielten die beiden Pyramiden wegen der Größenverhältnisse, die an Sonne und Mond erinnern. Die gewaltigen Gebäude, 9 km südöstlich von Trujillo am Südufer des Río Moche, sind um 500 n. Chr. von den Moche erbaut worden. Die im 16. Jh. von spanischen Schatzsuchern durch die künstliche Umleitung des Flusses schwer be-

schädigte **Huaca del Sol** misst 280 x 136 m und war bei ihrer Fertigstellung ca. 50 m hoch. Sie besteht aus rund 50 Mio. Lehmziegeln und ist eines der eindrucksvollsten Beispiele monumentaler Architektur im Alten Amerika. Die Moche und Chimú bestatteten vermutlich ihre Toten in bzw. an der 80 x 42 m breiten und 20 m hohen **Huaca de la Luna**, die sich 500 m von der Sonnenpyramide entfernt am Fuß des Cerro Blanco erhebt. Eindrucksvolle farbige ★**Lehmziegelreliefs** aus Lehm zeugen von großen künstlerischen Fähigkeiten lange vor den Inka. Bemerkenswert sind in der Mondpyramide die zahlreich gefundenen Skelette jeden Alters, deren Verstümmelungen auf Menschenopfer schließen lassen.

★★Chan Chan

★★**Chan Chan** ⑫ gilt mit ca. 24 km² Fläche als größte präkolumbische Stadt Perus und war mit 10 000 Wohngebäuden die größte Adobestadt der Welt. Um 1200 n. Chr. von den Chimú als deren Hauptstadt erbaut, zählte sie

---

Oben: Polychrome Reliefs in der Huaca de la Luna.
Rechts: Die „Rautengitter-Mauern" in der Ciudadela Tschudi in Chan Chan.

Foto: Volkmar E. Janicke

mehr als 60 000 Einwohner, unzählige Straßen und 16 große Plazas, bis sie um 1470 von den Inka unter Pachacutec erobert, jedoch nicht zerstört wurde. Unerklärlicherweise fanden die Spanier Chan Chan 1533 fast verlassen vor. Einen guten geschichtlichen Überblick gibt das **Museo de Sitio** nahe der Abzweigung nach Chan Chan.

Die heutige Stadt Trujillo bedeckt einen großen Teil der präkolumbischen Metropole, so dass sich auch innerhalb der heutigen Wohngebiete Zeugnisse der Chimú finden, so die **Huaca la Esmeralda**, nur 2 km von Trujillos Plaza de Armas entfernt an der Straße nach Chan Chan: Hinter einer Kirche sind noch die Grundmauern des „Smaragdtempels" zu erkennen.

Gut erhaltene Reliefs mit der Darstellung eines Drachens (?) in Lehm haben der **Huaca del Dragón** (bzw. Arco Iris = „Regenbogen") ihren Namen gegeben. Diesen Tempel der Chimú findet man am nordwestlichen Stadtrand von Trujillo, an der Straße Richtung Chiclayo.

Charakteristisch für Chan Chan sind die – restaurierten – **Flachreliefs** mit Darstellungen von Tieren und Fabelwesen in den so genannten „Zitadellen" (*ciudadelas*), mächtige ummauerte Stadtsektoren, die überwiegend nach Archäologen benannt sind. Die besterhaltene ist die nach dem Schweizer Forscher Johann von Tschudi bezeichnete ★★**Ciudadela Tschudi**. Nach Durchschreiten der imposanten, über 10 m hohen und bis zu 5 m dicken Lehmziegelmauer gelangt man auf einen weitläufigen **Hauptplatz** 1 mit umlaufenden Reliefs, der der Abhaltung religiöser Zeremonien diente.

Vögel und Fische finden sich auf den Reliefs des westlich anschließenden **Korridors** 2, der über den **Hof der kleinen Altäre** 3 (*altarcillos*) zu einem nicht sicher gedeuteten **Komplex mit „Rautengitter-Mauern"** 4. Möglicherweise dienten die Räume als Gebetshallen (*adoratorios*) oder als Büros (*oficina*) für die mehrfach vorkommenden **Vorratsmagazine** 5.

Ein weiterer **Zeremonialplatz** 6 liegt im Zentrum der ganzen Anlage,

》 **Plan S. 183, Info S. 193**   185

Foto: NanKrad/Shutterstock.com

von dem der Rundweg zu einer gewaltigen, ca. 135 x 45 m großen **Zisterne** 7, vielleicht Teil eines Gartens, führt. Unter allen Küstenkulturen erreichte die Wasserversorgung bei den Chimú mit teilweise über 100 km langen Kanälen, künstlicher Bewässerung und der Anlage von Tiefbeeten zur Reduzierung der Verdunstung ihren Höhepunkt.

In der südwestlichen Ecke der Ciudadela liegen unscheinbare, unrestaurierte **Wohnhäuser** (?) 8, in der südöstlichen Ecke der mutmaßliche **Friedhof** 9 der Chimú-Herrscher. Die bereits während der Kolonialzeit ausgeraubten Grabkammern sind aus Stampflehm (*tapia*) mit Muscheln zur Erhöhung der Stabilität gebaut.

Auf dem Rückweg passiert man ein großes, als **Kaserne** 10 oder Vorratsmagazine gedeutetes Areal mit aneinander gereihten Kammern und die **Halle der 24 Nischen** 11 (*sala de las 24 hornacinas*), deren Zweck ebenfalls unklar ist: Versammlungsort oder Kultraum mit Nischen für Gottheiten.

Huanchaco

12 km nordwestlich von Trujillo, in Richtung Flughafen, liegt der Strandort **Huanchaco** 13, der mit seinen Fischrestaurants und preiswerten Hotels eine ideale Übernachtungsalternative zur Großstadt ist. Berühmt ist Huanchaco für seine brandungstauglichen ★**Binsenboote** (*caballitos de totora*), die man sich von den Fischern ausleihen kann und damit oft zur Belustigung beiträgt – es ist alles andere als einfach damit umzugehen... Diese elegante Bootform ist schon seit präkolumbischer Zeit bekannt und findet sich auf Keramiken der Moche-Kultur.

Die **Badesaison** ist hier von Oktober bis April (das Meerwasser erreicht dann um 22 °C), hartgesottene Wellenreiter tummeln sich allerdings das ganze Jahr über in der kräftigen Brandung. Touristen sind hier noch eine Minderheit

Oben: Die "Caballitos de Totora" aus Binsen am Strand von Huanchaco. Rechts: Das Moche-Grab des "Señor de Sipán".

El Brujo

60 km nördlich von Trujillo führt von Chocope eine Straße nach **Magdalena de Cao**. Hier befinden sich mehrere, erst seit den 1990er Jahren ausgegrabene **Moche-Ruinen**, die einen Abstecher wert sind, besonders seit der Eröffnung des örtlichen **Museums** 2009.

In **Huaca Rajada**, **Huaca Prieta** und v.a. in **El Brujo** ⑭ (der Zauberer) entdeckten die Archäologen Sensationelles, wie farbige **Reliefs** mit nackten Gefangenen, die am Seil zum Opferplatz geschleppt werden. Aufhorchen ließ die Fachwelt die Freilegung der **Señora de Cao**, einer tätowierten Frauenmumie, die mit typisch männlichen Attributen, wie Nasenringen und Kriegskeulen ausgestattet war. Daneben lag die Mumie eines geopferten Mädchens, noch mit dem Strick um den Hals.

CHICLAYO UND LAMBAYEQUE

Chiclayo

Die nächste Großstadt der Nordküste ist **Chiclayo** ⑮, Hauptstadt des Departamento Lambayeque. 1560 von spanischen Missionaren gegründet, sind nur wenige historische Bauten erhalten. Bis 1900 war Chiclayo eine unbedeutende Ort, danach wuchs er durch Landflucht und Industrie schnell zu seiner heutigen Größe mit fast 610 000 Einwohnern an.

Am nördlichen Ende der Calle Balta liegt der große **★Mercado Modelo**, ein täglicher Markt für Gemüse, Obst, Fleisch und Fisch, Kleintiere, Haushaltswaren und Kunsthandwerk. Er gilt zudem als der größte Markt von Naturheilern und Wahrsagern: *curanderos* (Wunderheiler) und *brujos* (Hexer, Magier) bieten hier mit Kräutern, Koka-Blättern, magischen Knochen, Zauberformeln und exotischen Mixturen ihre Dienste an – eine Fundgrube für Freunde der indianischen Heilkunde!

An Wochenenden strömen die Städter zu dem vornehmeren Strandort **Pi-**

Foto: Mark Green | Shutterstock.com

mentel (15 km) oder zum schlichteren Fischerdorf **Santa Rosa**.

Sipán

30 km östlich Chiclayos liegen die beiden Pyramiden von **Sipán** ⑯, wo 1987 fünf 1500 Jahre alte **★★Fürstengräber** mit Keramiken und wertvollen Grabbeigaben aus Gold, Silber und Edelsteinen entdeckt wurden.

Die zahlreichen wertvollen Grabbeigaben, darunter der goldene Brustschmuck und die mit Türkisen verzierten Ohrpflöcke des *Señor de Sipán*, die Alva in einem Holzsarg eines Moche-Priesters oder Fürsten fand, ließ man in einem deutschen Labor in Mainz von Experten untersuchen und restaurieren. Die Funde bilden den größten in Amerika je gehobenen Grabschatz. Drei erwachsene Männer, drei Frauen, ein Kind und ein Hund waren unter derselben Pyramide bestattet, jeweils in einer Kiste aus geflochtenem Rohr. In einem weiteren Grab lagen ein Schamane mit einem Lama und einem Hund. Ein 2009

≫ Karte S. 180-181 u. S. 190-191, Info S. 193

187

8

Entlang der Nordküste

Foto: Mireille Vautier

eröffnetes **Museum** dokumentiert die Ausgrabungsarbeiten und zeigt die neuen Funde seit 2007 im Original. Ein 2005 entdecktes Grab brachte bei seiner Öffnung 2009 noch eine Überraschung: ein 21 Jahre alter Fürst wurde mit allen Machtinsignien bestattet, der jüngste Moche-Adlige, der je gefunden wurde, verstorben vor etwa 2000 Jahren.

Archäologisch besonders Interessierte können ca. 60 km östlich von Chiclayo, bei **Chongoyape** ⑰, auf dem kakteenbestandenen **Cerro Mulato** („Mulattenhügel") **Petroglyphen** (Felsgravuren) aus der Chavín-Kultur auf rötlichen Felsblöcken besichtigen und die schöne Aussicht genießen.

Lambayeque

11 km nördlich von Chiclayo trifft die Panamericana Norte auf die 20000-Einwohner-Stadt **Lambayeque** ⑱, deren Straßen sich durch Adobehäusern schlängeln. Mehrere Kirchen in dem 1821 von General San Martín gegründeten Städtchen lohnen einen Besuch, v.a. aber zwei Museen: Im 1924 eröffneten ★**Museo Arqueológico Brüning** hat der deutsche Ingenieur Hans Heinrich Brüning Gold, Silber, Kupfer, Kleidungsreste und Tonfiguren der Chimú-, Sicán- (Lambayeque-), Vicus- und Moche-Kultur zusammengetragen.

Einer der Höhepunkte Perus ist das am Stadtrand gelegene, 2002 fertiggestellte ★★**Museo Tumbas Reales de Sipán**, dessen ungewöhnliche Architektur die Pyramiden von Sipán imitiert. Auf einer Fläche von 3200 m^2 wird neben Funden der Sicán-Kultur der weltbekannte **Grabschatz des Señor de Sipán** (s. o.), einschließlich einer Kopie der prunkvollen Grablege, mustergültig präsentiert.

★Túcume

Als ein ehemaliges religiöses und militärisches Zentrum der Sicán-

Oben: Begräbnismaske der Moche mit felinen (raubkatzenartigen) Gesichtszügen (1.-6. Jh.). Rechts: Die vom Río Chira gespeisten Reisfelder bei Sullana.

Foto: Jürgen Bergmann

(Lambayeque-)Kultur (ca. 900-1300 n. Chr.) gilt das 33 km nördlich von Lambayeque gelegene, noch bis zur Chimú- und Inka-Zeit ausgebaute ★**Túcume** ⑲. Auf dem 3 km² großen Areal am Fuß des Cerro Purgatorio erforschten der norwegische Ethnologe Thor Heyerdahl und der peruanische Archäologe Alfredo Narváez 26, zum Teil gigantische Pyramiden. Mit ungefähr 700 m Länge, 240 m Breite und über 35 m Höhe ist die **Huaca Larga** der größte Bau Túcumes, der jedoch – wie alle Pyramiden aus ungebrannten Lehmziegeln (*adobe*) an der peruanischen Küste – stark durch Wind und die seltenen, dann aber sehr heftigen Regenfälle des El Niño erodiert ist.

Zur archäologischen Stätte gehört das ★**Museo de Sitio Túcume**, das in traditioneller Bauweise die Architektur der präkolumbischen Zeit nachahmt; so stützen beispielsweise Algarroba- (*mesquite*-) Baumstämme das Dach. Gegenstände des Alltags veranschaulichen verschiedene Themenbereiche, etwa der Wandel der Bestattungsbräuche und der Schmuckformen. Auf-

schlussreich sind die **Modelle** des Ruinengeländes sowie des **Templo de la Piedra Sagrada** („Tempel des heiligen Steins"), unter dem ein Opferdepot mit hunderten von Silberminiaturen der Sicán-Kultur gefunden wurde.

Ferreñafe

Zu den in der Umgebung Lambayeques errichteten archäologischen Museen zählt das ★**Museo Nacional Sicán** in **Ferreñafe** ⑳. Es widmet sich der Sicán-Kultur (etwa 900-1300 n. Chr.), die japanische Archäologen 23 Jahre lang in der Region von Poma-Batán Grande erforschten. Themen der Ausstellung sind unter anderem traditionelle Baumethoden, Handelsbeziehungen, Bestattungsarten, Weltbild und Ursachen des El Niño-Phänomens – alles anschaulich mit Funden – darunter Goldobjekten – und Dioramen dargestellt. Besondere Beachtung verdient die naturgetreue ★**Nachbildung zweier Elitegräber**, entdeckt unter der Huaca Loro-Pyramide in Poma-Batán Grande.

» **Karte S. 190-191, Info S. 193**

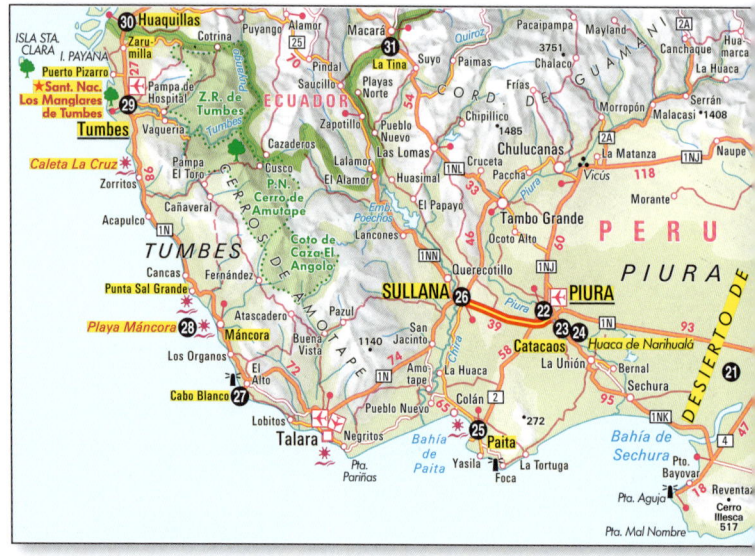

Desierto de Sechura

Die Panamericana Norte zwischen Chiclayo und Piura führt durch den breitesten Wüstenabschnitt Perus, die bis zu 145 km breite **Desierto de Sechura ㉑**. Der Boden dieser **Wüste** ist stark phosphathaltig und fast ohne Leben. Doch nach den *El Niños* 1982/83 und 1997/98, als hier wochenlang kräftige Regenfälle niedergingen, begann die Wüste zum Leben zu erwachen; seitdem gedeihen einige **Algarroba-Bäume** (*mesquite*).

VON PIURA NACH MÁNCORA

Die über 430 000 Einwohner zählende Stadt **Piura ㉒** bildet eine für Reisende willkommene Oase in der Wüste. Piura liegt 1040 km nördlich der Hauptstadt Lima Es und 160 km südlich der Grenze zu Ecuador. Es verfügt über eine Universität sowie einen internationalen Flughafen. 1531 als erste spanische Siedlung in Peru von Francisco Pizarro gegründet, leben die Menschen heute vor allem von den Erträgen der Mais-,

Zuckerrohr-, Baumwoll-, und Reisfelder sowie der Obst- und Tabakplantagen.

Die **Plaza de Armas** zieren drei historische Bauten: das hübsche **Hotel Los Portales**, der **Correo** (Hauptpost) mit einer kunstvoll gepflegten Fassade und die **Kathedrale** mit vergoldetem Altar, Heiligengemälden von Ignacio Merino und einer filigran geschnitzten Kanzel aus Tropenholz.

In der nahen, am Ufer des Río Piura gelegenen **Iglesia de San Francisco** erklärte der Bürgermeister Piuras am 4. Januar 1821 die Unabhängigkeit seiner Stadt von Spanien. Sehenswert ist auch die **Iglesia de Carmen** (Avenida Libertad), deren Fassade und Inneneinrichtung im – in dieser Region Perus seltenen – Churriguera-Stil gestaltet sind.

Die **Banco Central de Reserva** hat auf dem Hauptplatz ein ★**Museum** eröffnet, das sich der hervorragenden, schwarzen Keramik der **Vicús-Kultur** widmet. Die meisten Exponate befanden sich zuvor in den Museen Limas und tragen nun zum Stolz der Piuraner bei.

VON TRUJILLO NACH TUMBES

15 · 31

0   25   50   75 km

© Nelles Verlag GmbH, München

14 km sind es von Piura nach **Cata-caos** 23, bekannt für **Kunsthandwerk**. Bunte Keramik, Holzschnitzereien, Baumwollwebereien und hübsche Arbeiten aus geflochtenem Stroh gehören zum Angebot. Die Feierlichkeiten in der **Osterwoche** haben einen ihrer Höhepunkte am Mittwoch der Karwoche, wenn die Statue der Veronika durch einen raffinierten Schnurmechanismus dazu gebracht wird, das schweißtriefende Antlitz Jesu abzutrocknen.

4 km von Catacaos entfernt lohnt der Ruinenkomplex **Huaca de Narihualá** 24 einen Abstecher. Hier siedelten die Angehörigen der Prä-Inca Kultur Tallán. Sie verehrten die Gottheit Ñari Walac, was „das große Auge, das die Ferne beobachtet" bedeutet. Auf 6 ha Fläche sind eine 40 m hohe Pyramide und Gebäudereste aus Lehmziegel sowie ein kleines **Museum** zu besichtigen. Kinder aus der Umgebung führen die wenigen Besucher gerne durch die Anlage.

58 km nordwestlich von Piura liegt der Überseehafen **Paita** 25. 15 km weiter nördlich in der Küstenwüste bietet

der kleine Badeort **Colán** günstige Hotels und Fischlokale an gepflegten **Sandstränden**. Die Wellen des Pazifiks sind hier recht friedlich und das Wasser so nah am Äquator angenehm warm, im Februar 25, im September 18 Grad; Vorsicht: Stechrochen in Strandnähe.

Landschaftlich reizvoll ist die Umgebung von **Sullana** 26 (39 km nördlich von Piura). Hier breiten sich in der Flussoase des **Río Chira** die schönsten ★**Reisfelder** der peruanischen Küste aus, beschirmt von hohen Palmen.

Cabo Blanco und Playa Máncora

30 km nördlich von Talara zweigt links eine Straße in das abgelegene Fischerdorf **Cabo Blanco** 27 ab, das wegen der *Fishing Club Lodge* auch über die Grenzen Perus bekannt ist.

Die nun sehr küstennahe Panamericana trifft nach einer halben Stunde auf das Fischerdorf **Máncora**, dessen international bekannte **Playa Máncora** 28 fantastische Bedingungen zum Wellenreiten bietet. Hier tummeln sich von No-

» **Karte S. 190-191, Info S. 193**

vember bis März amerikanische Surfer im warmen Pazifikwasser. In der Badesaison warten auch in **Punta Sal Grande** (Km 1187) Strandhotels auf Urlauber.

Tumbes

Am schönen **Sandstrand** von **Caleta La Cruz**, 16 km südwestlich von Tumbes, betrat der Conquistador Pizarro mit seinen Mannen ausgemergelt und orientierungslos am 13. Mai 1531 peruanischen Boden – der Anfang vom Ende des Inka-Imperiums.

Tumbes ❷❾ ist die nördlichste Stadt Perus, 1320 km von Lima entfernt. Der Ort ist wegen der nahen Grenze zu Ecuador von Militär geprägt, die Umgebung von Bananenplantagen und Reisfeldern. An lauen Abenden und Wochenenden belebt sich die lange Strandpromenade **Malecón Benavides** mit Spaziergängern. Sonntagnachmittags erfüllt das Geschrei kämpfender

Hähne und wettender Zuschauer das **Coliseo de Gallos** in der Av. Mariscal Castilla. An der **Plaza de Armas**, nördlich des Río Tumbes, ragt die 300 Jahre alte **Kathedrale** von Tumbes in den Himmel, das Wahrzeichen der Küstenstadt. Abgesehen von einigen alten Häusern in der **Calle Grau** blieb kaum historische Bausubstanz erhalten.

Der Pazifik der nordperuanischen Küste mit seiner bisweilen starken Strömung hat fast immer 30 °C Badewannen-Temperatur, weshalb hier auch Mangroven an der Küste gedeihen; ein Bootsausflug in das ★**Santuario Nacional Los Manglares de Tumbes** lässt sich am Strand des Fischerdorfs **Puerto Pizarro** organisieren.

Wer von Tumbes nach Ecuador einreisen möchte, kann den 30 km nordöstlich gelegenen Grenzübergang zwischen **Zarumilla** und **Huaquillas** ❸⓪ (Aguas Verdes) nutzen. Eine andere Möglichkeit bietet sich von Piura aus, wenn man via Sullana und Tambo Grande zum Grenzort **La Tina** ❸❶ am Río Macará fährt (Grenzpassage nur tagsüber).

Oben: Auslaufen zum Fischfang an der Pazifikküste Nordperus.

Chimbote (☎ 043)

Restaurant Gran Hotel Chimú, gut u. teuer, schöne Atmosphäre, Calle Galvez/ Malecón M. Grau (Strandpromenade).
Vicmar, Fischgerichte, Blick aufs Meer, Malecón Miguel Grau/Ecke Calle Palacios.

BUS: Busbahnhof: Urbanisación 27 de Octubre; Busse n. Lima (6 Std.), Trujillo (3 Std.), Tumbes (12 Std.), Huaraz (6-7 Std.).

Caral / Casma

Caral, tgl. 9-16 Uhr, ab Supe 23 km Richtung Ambar (in der Regenzeit Dez.-Apr. 20 Min. Fußweg), Info-Tel. (01) 2052500, www.caralperu.gob.pe.
Cerro Sechín, tägl. 9-17 Uhr, 2 km hinter Casma in Richtung Huaraz.

Trujillo (☎ 044)

iPeru: Plaza de Armas, Jr. Diego de Almagro 420, Tel. 294561. **Policia de Turismo**: Jr. Independencia 630, Tel 224025.

Restaurant Mochica, kreolische Spezialitäten, C. Bolívar/C. Orbegoso.
Pollos a la Brasa ABC, Hühnchen in diversen Varianten, C. San Martín 497. **Il Valentino**, italienische Küche, Calle Orbegoso.
Big Ben, gutes Cebiche, Av. España 1319.

Sammelticket für: **Huaca la Esmeralda**, **Chan Chan** (Anfahrt mit Huanchaco-Bus) und **Huaca el Dragón** (im Stadtteil La Esperanza; Bus ab Av. España / Ecke Av. Orbegoso). Geöffnet 9-17 Uhr. **Huaca de la Luna**, 9-16 Uhr, Taxianfahrt. **Museo José Cassinelli**, Mo-Sa 9-13 und 15-18 Uhr, So 9-13 Uhr, Av. Nicolás de Piérola 601, Tel. 246110. **Museo Arqueológico**, Di-So 9-17 Uhr, C. Junin 682.

BUS: Busse halten stündlich an der Panamericana, süd- und nordwärts.

FLUG: Vom 10 km nordwestlich bei Huanchaco gelegenen Flughafen täglich Verbindungen nach Lima, Chiclayo und zweimal wöchentlich nach Cajamarca, Piura und Iquitos.

Huanchaco

Lucho del Mar, guter Fisch, Av. Victor Larco 600, Tel. 461460.

Magdalena de Cao

BUS: Haltestelle Santa Cruz in Trujillo, alle 30 Min. Bus nach Chocope, von dort Microbus nach Magdalena.
El Brujo, tägl. 9-17 Uhr.

Chiclayo, Lambayeque Piura, Tumbes

BUS: Diese Orte liegen alle an der Panamericana, d.h. sehr gute Busverbindungen.

Chiclayo (☎ 074)

iPeru: Av. Saenz Pena 838, Tel. 205703. **Policia de Turismo**, 830, Tel. 236700.

Las Tinajas, sehr gutes Fischrestaurant, Av. Mcal. Castilla 267. **Le Paris**, peruanische u. internat. Küche, C. M. Izaga 716.

Sipan / Huaca Rajada, tägl. 9-17 Uhr.

FLUG: *LAN Perú* fliegt täglich nach Lima; der Airport liegt 2 km südöstlich.

Lambayeque (☎ 074)

El Cántaro, Av. 2 de Mayo 180. **El Rincón del Pato**, Av. A.Leguia 270.
Museo Arqueológico Nacional Brüning, tägl. 9-17 Uhr, Av. Huamachuco s/n.
Museo Nacional Tumbas Reales de Sipán, Di-So 9-17 Uhr, Av. Juan Pablo Vizcardo y Guzmán s/n., Tel. 283977.
Museo Nacional de Sicán, Di-So 9-17 Uhr, Batán Grande s/n., Tel./Fax 286469, celera27@ yahoo.es.
Complejo Arqueológico y Museo de sitio de Túcume, tägl. 8-16.30 Uhr, Caserio La Raya, Tel. 800052, museotucume@hotmail.com.

Piura (☎ 073)

Plaza de Armas, Tel. 320249.

Kathedrale, tägl. 7-12 u. 17-21 Uhr. **Museo del Banco Central**, Mo-Fr 10-17 Uhr.
Huaca de Narihualá, Di-So 8:30-16:30 Uhr.
FLUG: Mit *LAN Peru* täglich nach Lima, Flughafen Tel. 344503.

Tumbes (☎ 072)

FLUG: *LAN* Peru u. a. fliegen nach Lima, Chiclayo, Talara.

8

Entlang der Nordküste

Der Nevado Huascarán –
der höchste Berg Perus.

Foto: Jürgen Bergmann

DIE CORDILLERA BLANCA

HUARAZ

PARQUE NACIONAL HUASCARÁN

CALLEJÓN DE HUAYLAS

TREKKING-TOUREN

CHAVÍN DE HUÁNTAR

CORDILLERA HUAYHUASH

★★CORDILLERA BLANCA

Wanderungen in der schnee- und eis-gekrönten ★★**Cordillera Blanca**, Begegnungen mit offenen, freundlichen Einheimischen, gastliche Kleinstädte wie Huaraz oder Caraz und die Ruinen-stätte Chavín de Huántar – Zeugin einer der ältesten Kulturen Südamerikas – machen die „Weiße Kordillere" zu einem attraktiven Reiseziel auch für Besucher ohne Eispickel. Beste Reisezeit für diese Andenregion, in der auch die *Puya Raimondii*, die größte Bromelie der Welt, wächst, sind die trockenen Monate Mai bis September.

Seit 200 Mio. Jahren schiebt sich, bedingt durch globale plattentektonische Vorgänge, die Nasca-Platte unter die südamerikanische. Vor 2 Mio. Jahren erhielt die Auffaltung der Anden dadurch einen intensiven Schub, und seitdem wachsen in der Weißen Kordillere 13 Sechstausender jährlich mehrere Zentimeter höher gen Himmel. Die Cordillera Blanca ist nur ein kleiner Teil der 7500 km langen Anden. Hier liegen der höchste Berg der Tropen weltweit, der **Huascarán** (Südgipfel: 6768 m; Nordgipfel: 6664 m) und so grandios

geformte Spitzen wie des Huandoy, des Chopiqualqui oder des **Alpamayo**, der als „schönster Berg der Welt" gerühmt wird.

Zudem prägen diese faszinierende Bergwelt mächtige Gletscher und riesige Täler wie das des Río Santa, das von 4000 m bis auf 1800 m Höhe abfällt. Dieses **Valle del Río Santa** ist von einzigartiger Schönheit und sollte zu jeder Peru-Reise gehören. Bekannt auch als **Callejón de Huaylas** (nach dem hiesigen Distrikt Huaylas), misst es stattliche 160 km Länge und bis zu 40 km Breite (s. u.).

Huaraz

Drei Wege führen von der Hauptstadt nach **Huaraz** ❶ in der Cordillera Blanca: Die meistbefahrene Route über den Conococha-Pass (4020 m) zweigt in der Küstenstadt Pativilca von der Panamericana Norte ab, die zweite, zeitaufwändigere, führt weiter nördlich über Casma durch die Cordillera Negra, die durchschnittlich 1500 m niedrigere Schwarze Kordillere. Auf der dritten Route biegt man in der Küstenmetropole Chimbote von der Panamericana ab und gelangt über Caraz und Yungay nach Huaraz.

Die von einer traumhaften Bergkulisse umrahmte Hauptstadt des Departamento Ancash empfiehlt sich wegen der vielen Hotels, Restaurants, Bars und

Links: Die türkisfarbene Laguna Solteracocha vor den mächtigen Gletschern der Cordillera Huayhuash.

»» Karte S. 200, Info S. 209

9

Die Cordillera Blanca

Foto: Oskar E Busch (Montanus)

Trekkingveranstalter (Ausrüstungs-verleih, Vermittlung von Treibern und Tragetieren) als eine Art Basislager in der Cordillera Blanca. Sie ist mit ihren über 120 000 Einwohnern Treffpunkt der Bergsteiger in Peru schlechthin, doch keineswegs von Touristen über-laufen. Huaraz hat in 3091 m Höhe ein angenehmes, meist trockenes Klima. Im September, dem wärmsten Monat, kann man bei 15-20 °C die Bergsonne genießen, im Juli, dem kältesten Monat, liegt die Durchschnittstemperatur tags immerhin noch bei 12 °C.

In Huaraz mündet der Río Quilcay in den Río Santa, und von der Brücke aus sieht man noch heute Indígenas ihre bunte Wäsche im Fluss waschen und anschließend am Ufer des Flusses zum Trocknen ausbreiten. Gebäude aus der Kolonialzeit gibt es in Huaraz kaum noch; 1958 begrub eine Mure einen Teil der Stadt unter sich, und am 31. Mai

1970 starben 30 000 Menschen in Folge eines Erdbebens. Nur ein Bruchteil der Stadt wurde nicht zerstört. Die Überle-benden bauten Huaraz modern wieder auf, legten breitere Straßen und größere Plätze an; geschäftige Hauptschlagader der Stadt ist die **Avenida Luzuriaga**.

Das ★**Museo de Arqueología** (Plaza de Armas / Ecke Av. Luzuriaga) lohnt einen Besuch. Huaraz war ein wichtiger Knotenpunkt an einer der Nord-Süd-Achsen im Inka-Reich. Hier wechselten die Stafettenläufer und machten die Lama-Karawanen halt. In den kleinen Ausstellungsräumen bezeugen Mu-mien, Stofformamente und *kero*- bzw. *aryballo*-Gefäßformen die einstige An-wesenheit der Inka.

Im Garten sind Dutzende von Stein-plastiken der regionalen **Recuay-Kul-tur** (etwa 0–300 n. Chr.) zu studieren, die nach dem Niedergang von Chavín im Tal des Río Santa erblühte. Bemerkens-wert sind die Darstellungen von Krie-gern, die teilweise einen Trophäenkopf (bzw. Schrumpfkopf; *tzantza*) am Gürtel oder in Händen halten.

Oben: Huaraz vor der Kulisse der Cordillera Blanca.
Rechts: Die Puya Raimondii ist eine der ältesten Blütenpflanzen der Welt.

Umgebung von Huaraz

Der Ort **Recuay** ❷ (ca. 30 km südlich von Huaraz) blieb von jedem Erdbeben weitgehend verschont und existiert heute noch in seiner traditionellen Form mit **Lehmziegelhäusern**.

Verlässt man Huaraz in nördlicher Richtung und biegt am Ende der Avenida Centenario auf der Straße nach rechts ab, so stößt man nach 8 km jenseits der kleinen Bauerndörfer Jinua und Paria auf die Ruinen von ★**Wilcahuaín** ❸. Dieser Ort war einst ein wichtiges Heiligtum der Huari- Kultur (500-1000 n. Chr.), die auf diejenige von Recay folgte. Bemerkenswert am Hauptgebäude – vermutlich eine Grabanlage (*chullpa*) mit drei Stockwerken und insgesamt 21 Zimmern – sind zwei noch erhaltene *cabezas clavas* („Nagelköpfe") an den Außenwänden. Folgt man der Straße etwa 800 m weiter, breitet sich rechter Hand ein zweiter, ebenfalls sehenswerter Ruinenkomplex aus.

In **Monterrey** ❹, 5 km nördlich von Huaraz, kann man sich nach einer langen Wanderung in den zum *Hotel Baños Termales* gehörenden Thermalbädern mit heißen Quellen entspannen. Neben den kleinen Pools im oberen Bereich lädt ein größerer Pool im unteren Teil zum Schwimmen ein.

★★Parque Nacional Huascarán

Der 180 km lange und 3400 km² große ★★**Parque Nacional Huascarán** (Weltnaturerbe der UNESCO) umfasst den größten Teil der Cordillera Blanca oberhalb von 3500 m Höhe. Benannt sind der Park und sein höchster Berg nach dem Inka Huáscar.

Der international bekannte peruanische Bergsteiger César Morales Amao hatte in den 1960er Jahren die Ausweisung eines Naturschutzgebietes in der Cordillera Blanca angeregt, und im Jahr 1975 setzten die Behörden dies in Form des Huascarán-Nationalparks in die Tat um.

Foto: Jürgen Bergmann

Fährt man von Huaraz das Santa-Tal in Richtung Lima, so erreicht man 6 km hinter dem Ort **Catac** eine Abzweigung, von der eine staubige Straße zum ★**Pastoruri** (5240 m) führt. Trotz seiner Höhe ist der nur leicht abfallende **Gletscher** relativ leicht zu begehen.

Nach weiteren 14 km gelangt man zu einem runden Bergrücken, an dem vom Aussterben bedrohte Pflanzen wachsen, die zu den seltsamsten der Welt zählen: die ★★**Puya Raimondii**. Benannt nach dem italienischen Naturforscher Antonio Raimondi, gehört sie zu den Bromeliazeen (Ananasgewächse), erinnert jedoch in ihrer Form stark an Amaryllis- und Agavenpflanzen und hat eine sehr lange Wachstumszeit (etwa 100 Jahre). Die Puya Raimondii blüht zwischen Mai und November. Dann ragt aus einem runden Busch eine schmale, bis zu 8 m hohe Blütenlanze hervor. Wie Agaven blüht die Pflanze nur einmal – drei Monate lang – und stirbt dann ab. In der mächtigen Staude befinden sich bis zu 6 Mio. Blütenblättchen, an denen Kolibris nach Nektar suchen.

Die Cordillera Blanca 9

》 Karte S. 200, Info S. 209

DIE CORDILLERA BLANCA

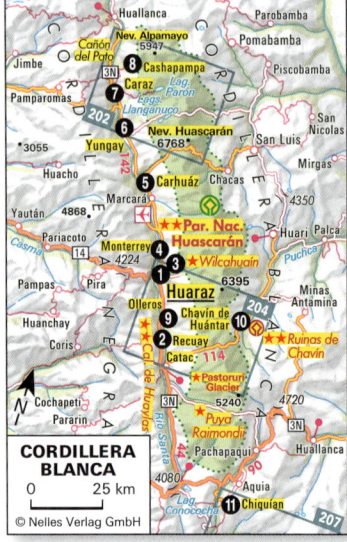

★★Callejón de Huaylas

Folgt man dem fantastischen Tal des Río Santa, dem ★★**Callejón de Huaylas**, von Huaraz flussabwärts, so gelangt man nach 32 km zur 2700 m hoch gelegenen Stadt **Carhuaz** ❺ am Fuß des Hualcán (6125 m). Jeden Sonntagmorgen treffen sich Hunderte von Campesinos auf dem **Markt** an der Plaza de Armas: Bunte Schnittblumen, Säcke mit Bergweizen und Wintergerste, Luzerne, goldgelbe Maiskolben, herzhaftes Gemüse und auch die als Delikatesse bekannten *cuys* (Meerschweinchen) wechseln dann den Besitzer. Zur *Fiesta de la Virgen de la Merced*, dem Fest der Gnadenreichen Jungfrau am 24. September jeden Jahres, versammeln sich gar mehrere Tausend Gläubige aus dem Callejón de Huaylas. In einer Prozession tragen sie eine Statue der Jungfrau durch die Straßen, in der Kirche werden von früh bis spät Gebete gesprochen.

Rechts: Trekkinglager im Parque Nacional Huascarán, unterhalb des Nevado Hualcán.

Für die kampflustigen Besucher gibt es tagsüber Stierkämpfe, abends zünftige Musik, Tanz und zum Abschluss ein großes Feuerwerk mit selbstgebastelten Knallern.

Yungay

Die Fahrt führt weiter in das 60 km nördlicher gelegene **Yungay** ❻. Eine Christus-Statue markiert den Ort, an dem sich vor dem 31. Mai 1970 eine blühende Stadt mit 20 000 Einwohnern befand. An jenem verhängnisvollen Tag erschütterte ein schweres Erdbeben das Land (s. o.). Vom Nordgipfel des Huascarán stürzten gewaltige Eismassen in einen Gletschersee und bildeten zusammen mit Wasser, Geröll und losem Erdreich eine tödliche Schlammlawine, die durch ein enges Tal 4000 m abwärts raste und Häuser und Menschen unter sich begrub. Nur wenigen gelang es, sich in den drei Minuten, die seit dem Erdbeben vergangen waren, auf den Friedhofshügel mit der Christusfigur zu retten.

Heute sieht man zwischen dem Gras und Gestrüpp, das sich auf den Schuttmassen angesiedelt hat, noch überall die Kreuze, die an die Katastrophe erinnern. Drei Palmenwipfel markieren die Stelle, an der sich früher die Plaza und die Kirche der Stadt befanden. Mit Spenden aus aller Welt wurde der Ort 2 km entfernt neu aufgebaut.

Caraz

In **Caraz** ❼, der in 2300 m Höhe tiefstgelegenen Stadt im Río Santa-Tal, beginnt der Cashapampa-Llanganuco-Trek (s. u.). Die Stadt hat sich vom Erdbeben gut erholt, bietet jedoch kaum Sehenswürdigkeiten. Von dem 14 000 Einwohner zählenden Ort kann man per Taxi oder zu Fuß die 32 km entfernte **Laguna Parón** auf 4200 m Höhe besuchen. Auf dem Weg zu dem idyllischen Bergsee am Fuß des 5884 m hohen Pico Pirámide passiert man Nelken- und Rosenfelder, deren Anlage ein deutscher Geschäfts-

Foto: Andreas Gaßner

mann initiierte. Die Campesinos exportieren heute Blumen, die in dem günstigen Klima hervorragend gedeihen, sogar in die USA und nach Europa.

Folgt man von Caraz dem Tal des Río Santa nordwärts, schlängelt sich die – zum Teil recht schlechte – Straße nun durch den **Cañón del Pato** mit seinen bis zu 800 m hohen Granitwänden. In Tausenden von Jahren hat der Fluss, vermischt mit Gletschergeröll, diese „Entenschlucht" geformt. Als Autofahrer muss man nun mehr als 30 Tunnels durchfahren und passiert das Wasserkraftwerk von Huallanca. Von hier aus sind es noch 150 km und 1400 Höhenmeter hinab zur Industriemetropole **Chimbote** am Pazifik (s. S. 180).

★★CASHAPAMPA-LLANGANUCO-TREK

Diese Tour ist nach dem Inka-Trail der beliebteste Wanderweg in Peru. Sie führt zu den Höhepunkten der nördlichen Cordillera Blanca und dauert – abhängig von der täglichen Marschleistung – 4-5 Tage (nachfolgend ist eine gemächliche Fünf-Tages-Tour beschrieben). Insgesamt sind etwa 3200 Höhenmeter sowie zwei Pässe (am dritten und am fünften) Tag zu bewältigen.

Ausgangspunkt ist das kleine Dorf Cashapampa (2900 m) nordöstlich von Caraz, Endpunkt sind die Lagunas Llanganuco (3900 m) nördlich des Nevado Huascarán. Führt man den Trek in umgekehrter Richtung durch, ist er für noch nicht akklimatisierte Bergsteiger schwieriger: die Anstiegshöhenmeter sind zwar um etwa 1000 weniger, doch muss bereits am ersten Tag ein Pass überschritten werden; zudem kann man bei den Lagunas Llanganuco keine Muli mieten.

Von Caraz fahren bis gegen Mittag Mikrobusse oder Sammeltaxis (*colectivos*) in knapp 2 Stunden nach **Cashapampa ❽**. In dem Dorf warten in der Hochsaison gewöhnlich bereits einige *arrieros* (Muliführer) auf Touristen. Der erste Abschnitt des Treks führt durch die **Quebrada Santa Cruz,** bei der man nur anfangs – wenige hundert Meter nach dem Registrierposten am

9

Die Cordillera Blanca

» Karte S. 200, Plan S. 202, Info S. 209

DIE CORDILLERA BLANCA

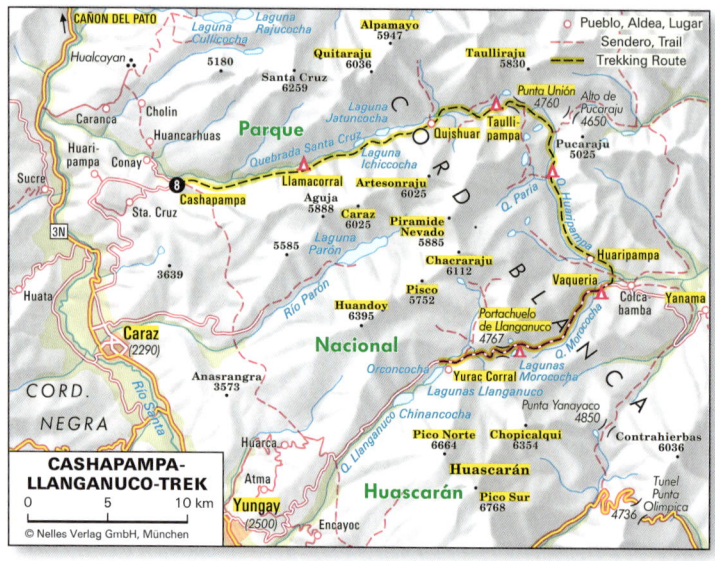

Dorfausgang – relativ steil aufsteigt; fast bedrohlich rücken hier die steilen Felswände zusammen, lassen nur Platz für den von Bromelien gesäumten Weg und den kleinen, reißenden Fluss. Nach etwa einer halbe Stunde weitet sich die *quebrada* (Tal) und steigt bis zum Ende nur noch leicht an. Eine erste gute Zeltmöglichkeit bietet sich in **Llamacorral**, einem Ort, in dem früher Llamas in Pferchen zusammen getrieben wurden.

Der zweite Tag ist der leichteste des ganzen Treks; der Weg führt kontinuierlich leicht aufwärts. Nach kurzer Gehzeit zeigen sich rechter Hand die ersten Gletscher, die Nevados de Caras (bis 6025 m). Man passiert die **Laguna Ichiccocha** und – nach etwa einer Stunde – die von Schilf bestandene **Laguna Jatuncocha**, beides ideale Plätze zum längeren Verweilen.

In einem kleinen Wäldchen, **Quishuar** genannt, verzweigt sich erstmals der Pfad (Beschilderung); links führen steile

Serpentinen zum Basislager des Alpamayo (5947 m), der sich hier mit dem Quitaraju (6036 m; *raju* = „Eis, Gletscher") von seiner Südseite zeigt. Man hält sich rechts und überwindet die einzige steile, kurze Wegstrecke der Tagesetappe, ehe man nach knapp 1 Stunde einen der schönsten Zeltplätze der gesamten Cordillera Blanca erreicht: das 4200 m hoch gelegene **Taullipampa**, eingerahmt von den Nevados Quitaraju und Alpamayo im Nordwesten, dem majestätischen Taulliraju (5830 m) im Nordosten sowie dem Artesonraju (6025 m) und Millisraju (5500 m) im Südwesten.

Am dritten Tag ist die **Punta Union** zu besteigen, die man in fast 2 Stunden erreicht. Von dem 4760 m hohen Pass bietet sich – bei morgens meist fast wolkenfreiem Himmel – eine fantastische Rundumsicht. Tief in der **Quebrada Huaripampa**, die man von Nord nach Süd durchquert, zeigen sich mehrere kleine Seen. Nach dem etwa zweistündigen Abstieg bieten sich mehrere schöne Zeltmöglichkeiten, beispielsweise bei der Einmündung der Quebrada Paria in

---

Rechts: Die Nevados Quitaraju (6036 m) und Alpamayo (5947 m) am Zeltplatz Taullipampa.

Foto: Jürgen Bergmann

Die Cordillera Blanca **9**

das Huaripampa-Tal. In atemberaubender Schönheit erheben sich an dieser Stelle die beiden Gipfel des Nevado Chacraraju (6112 m und 6001 m).

Am vierten Tag frühmorgens durchwandert man ein kleines Wäldchen mit Quinua-Bäumen (Polylepis), ehe nach etwa 3 Stunden das Dorf **Huaripampa** inmitten zahlreicher Felder auftaucht. Hoch über den großenteils noch aus Lehmziegeln (*adobe*) gebauten Häusern erhebt sich majestätisch – einer vergletscherten Pyramide gleich – der Nevado Pirámide (5885 m). Am Ortsausgang zweigt man vom Hauptweg rechts ab und überquert den Bach (nicht geradeaus nach Colcabamba!). An einem Registrierposten mit einem kleinen Kiosk vorbei steigt man in der **Quebrada Morococha** auf, in der der Wanderweg mit der von dem Dorf Yanama kommenden Schotterstraße teilweise identisch ist (vor allem im oberen Talbereich gibt es jedoch immer wieder die Möglichkeit, die Kurven der staubigen Straße auf einem Pfad abzukürzen). Bei **Vaqueria** kann man zwischen verfallenen Häusern sein Zelt aufschlagen und am nächsten Tag den langen Anstieg zum zweiten Pass in Angriff nehmen. Eine weniger schweißtreibende Alternative ist es, mit einem Lastwagen oder mit den zwischen Yanama und Yungay verkehrenden Mikrobussen den Weg zurückzulegen. Die letzte Zeltgelegenheit vor dem Pass bietet sich bei den etwa 4500 m hoch gelegenen **Lagunas Morococha** am Fuß des Nevado Chopicalqui (6354 m), der sich hier in seiner ganzen Schönheit zeigt.

Nach einer eiskalten Nacht am Seeufer und einem knapp einstündigen Anstieg abseits der Straße wird der Trekker am fünften Tag mit einer Rundumsicht belohnt: von der **Portachuelo de Llanganuco** (4767 m) erblickt man zur Linken den Nord- (6664 m) und Süd-Gipfel (6768 m) des Huascarán, rechter Hand reihen sich drei Gletscherriesen aneinander, der Chacraraju, der Pisco (5752 m) und die vier Spitzen des Huandoy (bis 6395 m): ein fantastischer Anblick! Unmittelbar am Pass geht links von der Schotterstraße ein zum Teil recht steiler

» Plan S. 202, Info S. 209   203

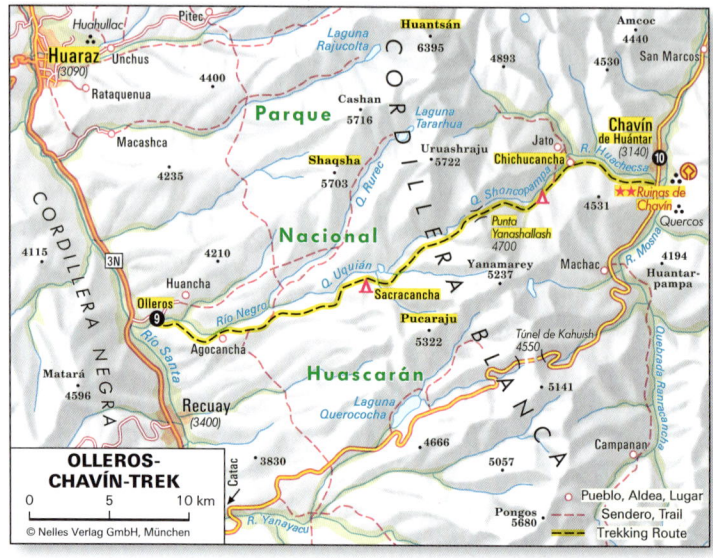

OLLEROS-CHAVÍN-TREK

0   5   10 km

© Nelles Verlag GmbH, München

Fußweg in die **Quebrada Llanganuco** ab, in der – von oben erkennbar – die **Lagunas Chinancocha** und **Orconcocha** liegen; unterwegs sieht man die verschiedenen Nevados immer wieder aus unterschiedlichen Perspektiven.

Kurz vor Erreichen der Seen treffen Pfad und Straße wieder zusammen; bei **Yurac Corral** gibt es die letzte Zeltmöglichkeit. Bei den Lagunas Llanganuco endet der Trek, und per Anhalter man kann von hier (nach der Entrichtung der Nationalpark-Gebühr von etwa 20 US-$) nach **Yungay** im Callejón de Huaylas fahren.

★OLLEROS-CHAVÍN-TREK

Eine der bedeutendsten archäologischen Stätten Perus, ★★**Chavín de Huántar** (s. S. 205), ist das Ziel des nachfolgend beschriebenen Treks, der über den Hauptkamm der südlichen Cordillera Blanca und damit auch über die Wasserscheide in den Anden führt. Reizvoll bei dieser dreitägigen Wanderung ist der fast abrupte Wechsel der

Vegetation: westlich des einzigen zu überwindenden Passes breitet sich das für die Puna typische Ichu-Gras aus, in den östlichen, verhältnismäßig dicht besiedelten Tälern sind die Hänge mit Feldern verschiedenster Färbung und Form bedeckt.

Von Huaraz (vor San Antonio in der Av. Tarapacá) fahren ab den frühen Morgenstunden regelmäßig Mikrobusse nach **Olleros** ❾ ab (ca. 45 Min.), dem Ausgangspunkt des Treks. Im Dorf überquert man den **Río Negro**, passiert die von Adobe-Häusern gesäumte Hauptstraße sowie eine kleine Kirche und geht die am Fluss auf dessen linker Seite immer aufwärts. Der Weg steigt gleichmäßig leicht an, nur unterbrochen von kurzen, etwas steileren Passagen. Linker Hand zeigt sich der Nevado Shaqsha (5703 m), rechts der kegelförmige Nevado Pucaraju (5322 m).

Am späten Nachmittag gelangt man nach **Sacracancha**, einer vom Fluss durchzogenen Ebene, in der es sich an erhöht gelegenen, trockenen Stellen gut zelten lässt und von der man den

Pass in der Ferne bereits sieht. Das Wasser des Río Negro ist stark eisenhaltig, sein Wasser ist daher rostbraun gefärbt.

Am zweiten Tag folgt man dem Río Negro weiter flussaufwärts; man passiert die Hütten einer freundlichen Indígena-Familie, ab der der Weg zum Pass hin steiler ansteigt. An kleinen Seen kann man seine Wasserflasche wieder auffüllen (desinfizieren!). Erst nach zwei so genannten falschen Pässen (*pasos mentirosos*), d. h. Vorpässen, erreicht man die 4700 m hohe **Punta Yanashallash**, die andine Wasserscheide, von der man eine herrliche Aussicht genießt. Wie einst an vielen Pässen in der Cordillera Blanca ist es bei Indígenas noch üblich, aus Bruchsteinen einen kleinen **Steinhaufen** (*apachita*) zu errichten. Der Abstieg erfolgt über einen guten, breiten Weg. Um ungestört übernachten zu können, schlägt man am besten sein Zelt noch vor der dicht besiedelten Quebrada Shoncopampa, etwa in der Nähe einer alten, knapp 2 m hohen **Sonnenuhr**, auf.

Morgens durchquert man die **Quebrada Shoncopampa** mit ihren steilen, von unregelmäßig geformten Feldern (*milpas*) bedeckten Hängen, wobei dem Trekker zahlreiche (bettelnde) Indígenas begegnen. Bei dem Dorf **Chichucancha** mit schönen, großenteils noch aus Adobe errichteten Häusern mündet der Bach in das Tal des **Río Huachesca**, dem man nun flussabwärts folgt. Zur Linken erhebt sich das beeindruckende, vergletscherte Massiv des Nevado Huantsán (6395 m), eines der größten Berge der südlichen Cordillera Blanca.

Am frühen Nachmittag zeigt sich vor dem letzten kurzen, jedoch sehr steilen Abstieg das Ziel der Wanderung: **Chavín de Huántar** im Tal des Río Mosna, der in Richtung Amazonien fließt. Um die archäologische Stätte eingehend studieren zu können, empfiehlt es sich, im gleichnamigen Ort in einem der Hotels zu übernachten und erst am Nachmittag des folgenden Tages mit einem der zahlreichen Busse nach Huaraz zurückzukehren.

★★Chavín de Huántar

Das von Huaraz 110 km entfernte Dorf **Chavín de Huántar** ❿ mit den einmaligen ★★**Ruinen von Chavín**, bereits seit 1985 UNESCO-Weltkulturerbe, ist über eine neue Straße in etwa 3 Stunden oder mit einer Trekking-Tour in 3 Tagen (s. o.) zu erreichen. Die Chavín-Kultur (1200 bis 400 v. Chr.) hatte großen Einfluss auf die Religion der Menschen des alten Peru; weil man ihr bis heute nur wenige archäologische Stätten zuweisen konnte, sind die Ruinen am Südostrand der Cordillera Blanca so bedeutend.

Das 7 ha große Ausgrabungsgelände erstreckt sich in 3200 m Höhe an einem Nebenfluss des großen Urwaldstroms Río Marañon, dem Río Mosna. In dieser Region vollzogen Jäger und Sammler vermutlich den wichtigen Schritt zu sesshaften Ackerbauern. Sie bauten Tempelanlagen und riefen den für sie spezifischen Kult, in dem Jaguare, Schlangen und Kondore eine zentrale Rolle spielen, ins Leben. Auch die Steinmetzkunst erreichte eine nie gekannte Qualität.

Chavín de Huántar war im 1. Jahrtausend v. Chr. wohl die bedeutendste Wallfahrtsstätte Perus, ähnlich wie heute Copacabana am Lago Titicaca in Bolivien. Die zentralen Reste der Anlage – Heiliger Platz, El Templo mit der Granitstele El Lanzón und El Castillo – haben der Peruaner Julio Tello und in der Folgezeit weitere in- und ausländische Archäologen freigelegt. 1945 wurde das Ruinengelände durch einen Bergrutsch verschüttet, ist jedoch seitdem wieder großenteils freigelegt.

Auf dem **Heiligen Platz**, vor der **Ostseite** des Castillo (s. u.), versammelten sich Priester und Pilger zu gemeinsamen Kulten und Riten. Die Treppenstufen an den Seiten des Platzes – eine Art Zuschauertribüne – erreichten oftmals eine Breite von 9 m. Die tonnenschweren Granitblöcke ließen die Priester aus Steinbrüchen der weiteren Umgebung bis zu 40 km weit heranschleppen. Die Baumeister hatten auch an die Regen-

9

Die Cordillera Blanca

Foto: Andreas M. Gross

zeit gedacht: Das Regenwasser konnte durch die angelegten Kanäle zum Río Mosna abfließen, ohne den Heiligen Platz zu überschwemmen.

Vom Eingang aus rechts liegen neben dem Castillo, an der Seite der **Plaza Circular**, eines kreisförmigen Zeremonial-Platzes, die Reste eines als **El Templo** bekannten Bauwerks. Priester stiegen während der Kulthandlungen die Treppe dieser Pyramide hinauf und opferten den Göttern auf der oberen Plattform – dem Altar – Mais und Tiere. Im Inneren des Bauwerks konnten die Priester sich durch die weitverzweigten, labyrinthartigen Gänge, die wohl auch der Entwässerung und Belüftung dienten, miteinander verständigen.

Im Inneren der Plattform hatten die Priester **El Lanzón** aufgerichtet: Die 4,5 m hohe Granitstele, einer Lanze (*lanzón*) ähnlich, war vermutlich das älteste und meist verehrte Heiligtum der Chavín-Kultur. Seine Form ist die

eines viereckigen Kopfes mit runden Ohrringen. Die scharfen Reißzähne im fratzenartig geöffneten Mund lassen jedoch auf einen Jaguarkopf schließen. Das Kopfhaar besteht aus stilisierten, sich windenden Schlangen und verstärkt den beängstigenden Ausdruck der Figur, der die Chavín-Priester auch Menschenopfer darbrachten.

Der Haupttempel ist 75 m lang, 72 m breit und 13 m hoch und wird seit dem 16. Jh. als **El Castillo** („Schloss") bezeichnet. In drei Bauphasen entstanden, waren seine Außenwände – zumindest im unteren Bereich – mit glattpolierten rechteckigen, teilweise mit Reliefs geschmückten Platten verkleidet. Das Eingangsportal markieren zwei Säulen mit **Reliefs**: Die Menschenköpfe bzw. -fratzen, Jaguare, Schlangen und Kondore sind typisch für die Chavín-Kultur. *Cabezas clavas* („Nagelköpfe") haben die Baumeister mit massiven Zapfen in die Mauern integriert, und an mehreren Stellen haben sie vulkanischen Stein verarbeitet – doch die Frage, woher dieser kam, ist bis heute unbeantwortet geblieben.

Oben: Ein Jaguar-Relief an der Plaza Circular in Chavín de Huántar.

206   » **Plan S. 204, Info S. 209**

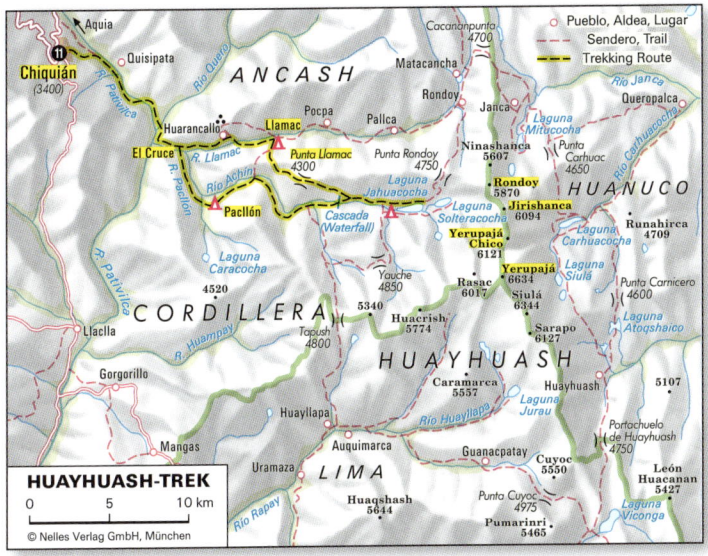

HUAYHUASH-TREK

0   5   10 km

© Nelles Verlag GmbH, München

1898 fand Antonio Raimondi bei einem Dorfbewohner eine Tischplatte, die sich als wertvolle Stele der Chavín-Kultur herausstellte. Er ließ die 2 m hohe, nach ihm benannte *Estela Raimondi*, eine ungewöhnliche Darstellung eines gefiederten Jaguars von Schlangenköpfen umrahmt, nach Lima ins Museo Nacional de Antropología y Arqueología (s. S. 76) bringen, ebenso 1919 den ★**Tello-Obelisk**. Doch dieser wurde mittlerweile zurückgebracht: In das 2008 neu eröffnete ★**Museo Nacional Chavín**, wo er heute der Mittelpunkt der auch viele interessante Keramiken umfassenden Sammlung ist. Der 2,52 m hohe Granitmonolith gibt Forschern immer noch Rätsel auf, man erkennt Reptilienköpfe, Pumas, Kondore, Federn sowie Pflanzensymbole.

★KLEINE HUAYHUASH-TOUR

Im Gegensatz zur großen Tour, bei der man die gesamte Cordillera in 12-14 Tagen umrundet und für die man unbedingt Tragtiere braucht, lassen sich mit der kleinen, 4-5 tägigen Tour die Höhepunkte der Cordillera Huayhuash auch ohne Führer und Mulis erleben.

Ausgangspunkt ist **Chiquián** ⓫, das man von Huaraz (Busse in der Nähe des Parks an der Jr. Avelino Cáceres) über die Laguna Conococha in etwa 2 Stunden erreicht. Vom Friedhof am Dorfrand führt der Weg bergab, um dann den **Río Pativilca** zu überqueren. Nach der Brücke geht man auf einer Schotterstraße durch Halbwüstenvegetation, deren auffälligste Pflanzen der hohe San-Pedro-Kaktus und Tillandsien sind. Bei einer **El Cruce** genannten Abzweigung hält man sich rechts, überquert den **Río Llamac** und steigt den Hang hinauf (ab der Brücke führt ein Pfad links der Schotterstraße hoch über dem **Río Pacllón** entlang). Kurz vor dem Dorf **Pacllón** überquert man am späten Nachmittag den Fluss, wozu man noch einmal bergab und ein kurzes Stück steil bergauf steigen muss. Im Dorf bietet sich das Fußballfeld als Zeltplatz an; die Bewohner geben dem Trekker auf Nachfrage gerne Leitungswasser.

» Karte S. 200, Plan S. 207, Info S. 209

9

Die Cordillera Blanca

Foto: Jürgen Bergmann

Am zweiten Tag geht es den Fluss auf seiner linken Seite entlang. Nach etwa 2 Stunden biegt man in einem kleinen Wäldchen mit Quinoa-Bäumen rechts ab, steigt über weite Wiesen aufwärts, ehe man nach nach einer Linksbiegung unmittelbar im Flussbett geht. Nach etwa 2 km steigt der Pfad an; man geht nun hoch über dem kleinen, reißenden Fluss, der unterwegs einen Wasserfall bildet. Nun ist es nicht mehr weit bis zum Ziel: die letzten 3 km führen an Hütten vorbei über weite, ebene Grasflächen der Puna, ehe man am Zeltplatz an der tiefblauen **Laguna Jahuacocha** ist. In ihr spiegeln sich – von links nach rechts – die Gletscher der Nevados Rondoy (5870 m), Jirishanca (6094 m), Yerupajá Chico (6121 m) und der Yerupajá (6634 m), der zweithöchste Berg Perus. Dieser wirklich einmalige Anblick entschädigt den Trekker für alle Mühen!

Für den dritten Tag empfiehlt sich eine ganztägige Erholungspause mit einer etwa 3 km langen Wanderung zur türkisfarbenen **Laguna Solteracocha** (s. Bild S. 196).

Am vierten Tag geht es zunächst den gleichen Weg zurück, um vor dem Wasserfall die nicht leicht zu erkennende Abzweigung zum Pass zu nehmen (am besten die Viehwirtschaft treibenden Indígenas am See fragen!). Nach dem etwa zweistündigen Aufstieg überblickt man von der **Punta Llamac** (4300 m) nochmals das gesamte Panorama der Cordillera in ihrer ganzen Schönheit, um dann zum Dorf **Llamac** (3400 m) abzusteigen. Hier kann man sich wieder mit Getränken versorgen, und wie in Pacllón ist das Zelten auf dem Fußballfeld geduldet.

Vorbei an wunderschönen, unregelmäßig geformten kleinen Feldern wandert man am fünften Tag entlang des **Río Llamac** flussabwärts, trifft bei **El Cruce** wieder die Schotterstraße, auf der es zurück nach **Chiquián** geht (in unregelmäßigen Abständen gibt es ab der Abzweigung auch Sammeltaxis nach Chiquián; im Dorf Llamac erkundigen!).

Oben: Der Nevado Yerupajá (6634 m) überragt die Laguna Jahuacocha.

 » Plan S. 207, Info S. 209

CORDILLERA BLANCA (☎ 043)

Huaraz

ℹ️ **iPeru**, tägl. 8.30-18.30, So bis 14 Uhr, Plaza de Armas, Pasaje Atusparia, Tel./Fax 428812. **Policia de Turismo**: Av. Laredo y Laredo 716, Tel. 721341.

TREKKINGTOUREN: **Casa de Guias**, Bergführer, Parque Ginebra 28-G, Tel. 721811.

🍴 **Chalet Suisse**, das Haus mit der besten (schweizerischen und internationalen) Küche der Stadt, gemütlich, freundlich, im Hostal Andino, P. Cochachin 547.

Huaraz Querido, Spezialist für Forelle und Cebiche, Jr. Simón Bolivar 981, Tel. 422592.

Samuel's, preisgünstige peruanische Gerichte wie *pollos a la brasa* (Hühnchen), manchmal auch *cuy* (Meerschweinchen), Calle La Mar/Ecke Av. Luzuriaga.

Pizza Bruno, exzellente Pizzas, gemütliches Ambiente, der französische Inhaber und leidenschaftliche Bergsteiger Bruno Reviron gibt aktuelle und nützliche Infos zu Trekking-Touren in den Cordilleras, Av. Luzuriaga 834.

Pachamama, gute peruanische Küche mit schweizer Einschlag, tägl. 12-23 Uhr, Jr. San Martin 687, Tel. 421834.

Monte Rosa, italienische Küche, schweizerische Spezialitäten, Calle José de la Mar 661, Tel. 421447.

🎵 **Imantata Bar**, abends Live-Musik, sehr belebt, Avenida Luzuriaga 424 /Ecke Raimondi.

Discoteca Any, eine richtige Disko zum Tanzen, Avenida Raimondi / Ecke Luzuriaga.

Peña El Tambo, peruanische Folkore-Live-Musik, meist gut gefüllt, Calle La Mar / Ecke Bolívar, 2 Blocks von der Plaza de Armas.

La Cueva del Oso, populärer Trekker-Treff, mit Kunstgalerie, Av. Luzuriaga 674.

🏛️ **Museo Regional Arqueológico**, Mo-Sa 8.30-17.45, So 8.30-14 Uhr, Av. Luzuriaga 762 / Plaza de Armas.

↪️ *FLUG*: Der Flughafen von Huaraz liegt weit außerhalb, im 23 km entfernten Anta. Der Linienverkehr nach Lima wird von **LC Busre** be-dient, www.lcbusre.pe, Tel. 424734; kleine Maschinen, max. 10 kg. Gepäck, Di, Do und Sa um 10:05Uhr; Flugzeit 1:15 Std.

BUS: **Expreso 14**, **Ormeño**, **Empresa Cial**, **Cruz del Sur**, **Oltursa** und **Movil Tours**, Av. Simón Bolivar 452, Tel. 422555, fahren z. T. mehrmals tägl. von/nach Lima, Fahrtdauer ca. 8 Stunden. Nach Chimbote via Caraz dauert die Fahrt ebenfalls 7-8 Stunden und wird von den gleichen Busgesellschaften angeboten, meist aber ausschließlich nachts, nach Trujillo 10 Stunden.

Nach Chavín de Huántar fährt **Transportes Huascarán**, Avenida Raimondi 870, täglich.

Zu den Thermalquellen von Monterrey fahren fast stündlich Minibusse von der Av. Luzuriaga. Die Pools am **Hotel Termas** sind von 8-17 Uhr geöffnet.

Nach Yungay und weiter ans Ende des Callejón de Huaylas (Caráz) fahren unregelmäßig, aber mehrmals täglich Busse, Minibusse und Colectivos von der Avenida Raimondi/Ecke Fitzcarrald und von der Brücke über den Río Quilcay ab. Nach Caráz: 90 Min. Fahrt.

RADVERLEIH: **Pedal Peru**, Verleih und Reparatur von Fahrrädern, Verkauf von Ausrüstung und Karten. Kompetente Routenplanung, Jr. Lúcar y Torre 530, Tel. 424259, www.chakinaniperu.com.

Yungay

↪️ *BUS*: Abfahrt zu den Lagunas Llanganucos von der Plaza de Armas; mehrmals täglich in Colectivos und Minibussen, auf Wunsch auch Geländewagen.

Caraz

🍴 **El Mirador**, kleine Gerichte und leckere Säfte mit herrlicher Aussicht, Plaza de Armas.

Chavín de Huántar

🍴 **Chavin Turistico** und **Ramada** sind einfach, aber gut, beide liegen an der Hauptstraße.

↪️ *BUS*: **Transportes Huascarán** in Huaraz, Av. Raimondi 870, fährt täglich zu den Ruinen (3 Stunden hin).

Ruinen von Chavín, tägl. 8-17 Uhr.

9

Die Cordillera Blanca

Reisanbau im Tal des Río Jequetepeque.

Foto: Detlev Kirst

DIE NORD-ANDEN

CAJAMARCA

CHACHAPOYAS

KUÉLAP

MOYOBAMBA

Die nördlichen Anden und die Abhänge zum Amazonas-Tiefland werden nur von wenigen Reisenden aufgesucht. Die touristische Infrastruktur ist weniger entwickelt. Die Fahrzeit von der Küste nach Cajamarca beträgt für nur 180 km immer noch 5 Stunden. Und doch gibt es hier viel zu entdecken: Cajamarca, die Schicksalsstadt der Inka und zahlreiche Ruinen wie beispielsweise Kuélap, Monte Peruvia und Yalape. Die Klimaverhältnisse sind zum Reisen meist sehr angenehm. Die Temperaturen sind selbst in Höhen von 2000-3000 m subtropisch, starke Regenfälle jedoch eher selten.

★★Cajamarca

Die wichtigste Stadt der Region, das 2750 m hoch gelegene ★★Cajamarca ❶, erreicht man am besten über die Panamericana, die entlang der Nordküste verläuft. Zwischen den beiden Küstenstädten Trujillo und Chiclayo zweigt, 15 km nördlich von Pacasmayo, eine gut ausgebaute Straße in das lange **Valle Jequetepeque** ab. Man überquert mehrfach den Río Jequetepeque, passiert ausgedehnte Reisfelder und gewinnt allmählich an Höhe. Die Strecke führt später durch die Kleinstadt **Chilete**. Kurz

Links: Die Grabnischen der Ventanillas de Otuzco bei Cajamarca.

vor Cajamarca passiert man den **Abra de Gavilán**, mit 3190 m der höchste Punkt der Anreise. Nun geht es bergab ins große **Valle de Cajamarca**. Man nähert sich, vorbei an Erlen, Eucalyptus-Hainen und Getreidefeldern, der Stadt. Hier läutete Francisco Pizarro den Untergang des Inka-Reichs ein.

Bewegte Geschichte

Cajamarca war vor seiner Eroberung durch die Inka um 1470 jahrzehntelang ein kleines, autarkes Fürstentum. Atahualpa, ältester Sohn des Inca Huayna Cápac, hielt sich nach seinem Sieg über seinen konkurrierenden Halbbruder Huáscar gerade in Cajamarca auf, als die spanischen Eroberer unter Pizarro dort auf ihn stießen und gefangen nahmen (15. Nov. 1532). Nach Atahualpas Hinrichtung (28. Aug. 1533) bauten die Conquistadoren Cajamarca zu einer prächtigen Kolonialstadt aus: Sie legten die Plaza de Armas mit einem Brunnen an, pflasterten die Hauptstraßen, bauten Kirchen und Paradores. 1771 entdeckten die spanischen Encomenderos 90 km nördlich, im Hualgayoc-Distrikt, reichhaltige Silbervorkommen und begannen, diese auszubeuten. Minenarbeiter zogen nach Cajamarca, und die Stadt wuchs schnell. Aus Interesse an den Bodenschätzen und der Geschichte besuchte Alexander von Humboldt 1802 die Stadt. 1908 wurde Cajamarca Provinz-

Die Nord-Anden 10

» Karte S. 216-217, Stadtplan S. 215, Info S. 221

213

Foto: Matyas Rehak (Shutterstock.com)

hauptstadt. Seit 1993 wird 18 km nördlich in **Yanacocha** im Tagebau **Gold** im großen Stil gewonnen, was nicht nur die Umwelt, sondern auch die alte Kolonialstadt zunehmend verändert.

Interessant ist ein Besuch der Stadt während des **Karnevals** (mit den für Peru typischen Wasser- und Farbbeutelschlachten) oder während einer Fiesta. In der zweiten Oktoberwoche feiert die Stadt das **Touristenfestival** mit Hahnenkämpfen, Folklore-Shows und Tanzwettbewerben, und zehn Tage nach Pfingsten das Fest **Corpus Christi** (Fronleichnam) mit Prozessionen.

Stadtrundgang

Auf 2750 m Höhe führten die 200 000 Einwohner Cajamarcas bis zum Goldboom ein relativ ruhiges Leben. Mittlerweile nimmt die Zahl der Discos immer mehr zu. Treffpunkt ist die ★**Plaza de Armas** mit ihren Bänken. Der großzügig angelegte Mittelpunkt der Stadt wurde 2006 modernisiert. Der **Brunnen** aus Vulkangestein plätschert schon seit 1699. An der Westseite des begrünten Platzes liegt die imposante ★**Catedral** ①. Sie wurde 1762 eingeweiht und beeindruckt durch das herrliche Schmuckwerk an den drei **Eingangsportalen**. Die Glocken hängen über den Seitenportalen in offenen Nischen – für einen Glockenturm fehlte das Geld. Das wertvollste Prunkstück der sonst schlichten Kirche ist die **Monstranz**, *La Hermosa* – die Schöne – genannt, auch die kunstvoll geschnitzte **Kanzel** verdient Beachtung.

An der gegenüberliegenden ★**Iglesia de San Francisco** ② haben die Bauherren nicht gespart: Sie besitzt Glockentürme und eine reich ornamentierte Fassade. Die sehr sehenswerte ★★**Capilla de la Dolorosa** („Kapelle der Schmerzensreichen Jungfrau") an der rechten Kirchenseite ist geschmückt mit feinen Verzierungen und Gemälden mit biblischer Thematik – ein Meisterwerk kolonialer Steinmetzkunst.

Auf der anderen Straßenseite ist in

Oben: Cajamarca; Plaza de Armas mit Kathedrale.

Ventanillas de Otuzco (8 km)

Marañón · Sabogal · Leticia · Guadalupe · El Inca · Ayacucho · Maestro

Rio San Lucas · Museo Arqueológico Horacio Urteaga ⑧

Mercado Central ⑦ · El Batán · Las Americas · Los Jazmines (& Cafe) · Gran Hotel Continental · Plaza San Sebastián

Angamos · Becerra · Salas · ★San Francisco ② · Continental · Amazonas · Convento Monjas Concepción · Concepción

A. Puga · ★Plaza de Armas · ★Capilla Dolorosa ② · Plaza Puga

★Catedral ① · ★★Cuarto del Rescate ③ · A. Puga · Recoleta

Casa Conde Uceda · Del Comercio · El Batán · Etén

Portal del Marques · Apurimac · Vaca Loca · ℹ ④ ★Belén · Silva Santisteban

Municipaldad · ⑤ · Guadalupe · Cinco Esquinas · Soledad · Romero · San Sebastián

San Pedro · Junin · Teatro · ★Museo Arqueológico y Etnográfico · Urrello · Trujillo (300 km), Cajabamba (75 km)

Huánuco · Atahualpa · San Martin · Desamparados

Unión · Cruz de Piedra · Cerro Santa Apolonia · Petateros · San Pablo

Ancón · Silla de Inca ✳⑥ · Cumbe Mayo (14 km)

CAJAMARCA ❶

0   250 m

© Nelles Verlag GmbH

---

einem einfachen Haus das berühmte ★★**Cuarto del Rescate** ③, das Lösegeldzimmer in typisch inkaischer Mauertechnik, zu besichtigen. Pizarro hatte den Inka-Untertanen versprochen, ihren Herrscher freizulassen, falls es ihnen gelänge, diesen Raum einmal mit Gold und zweimal mit Silber zu füllen. 34 Tage lang schleppten daraufhin Lama-Karawanen Gold und Silber aus allen Teilen Tahuantinsuyos, des Inka-Reichs, herbei – vergebens: Pizarro hielt nicht Wort und ließ Atahualpa unter einem Vorwand – möglicherweise auf dem großen Stein in diesem Raum – hinrichten.

Folgt man den Jirón Belén aufwärts, gelangt man zum ★**Conjunto Monumental Belén** ④, bestehend aus dem ehemaligen **Klosterkomplex** des Bethlehem-Ordens mit der Kirche aus dem 17. Jh. und den Hospitälern für Frauen und Männer aus dem 18. Jh. Die profanisierte **Kirche** mit ihrer prächtigen Barockfassade ist Teil des Museumskomplexes, im angeschlossenen Männerhospital ist eine **Gemäldegalerie** mit Werken einheimischer Künstler

untergebracht. Im Innenhof findet man die **Touristeninformation**.

Gegenüber der Kirche im ehemaligen Frauenhospital zeigt das kleine ★**Museo Arqueológico y Etnográfico** ⑤ präkolumbische Funde aus der Umgebung Cajamarcas, besonders Keramiken, sowie Musikinstrumente, Kunsthandwerk, Trachten u. v. m.

Empfehlenswert ist ein in dieser Höhe atemraubender Spaziergang zum **Cerro Santa Apolonia** ⑥ südlich der Altstadt. Von diesem Hügel soll Atahualpa seine Truppenparaden abgenommen haben – dabei saß er angeblich auf einem Felsenthron, dem **Silla de Inca**. Die heute hier noch sichtbaren, bearbeiteten Steine stammen allerdings vermutlich aus der Zeit der Chavín-Kultur. Dennoch: Der Weg zum Gipfel lohnt, die ★**Aussicht** über das rote Häusermeer von Cajamarca ist beeindruckend.

Zwei Häuserblocks nördlich der Plaza de Armas liegt an der Avenida Apurimac, Ecke Calle Amazonas der **Mercado** ⑦. Hier sieht man wenig Touristen, aber ein reiches Warenangebot mit auffal-

» **Stadtplan S. 215, Info S. 221**   215

Die Nord-Anden **10**

NORD-ANDEN

0   25   50   75 km

© Nelles Verlag GmbH, München

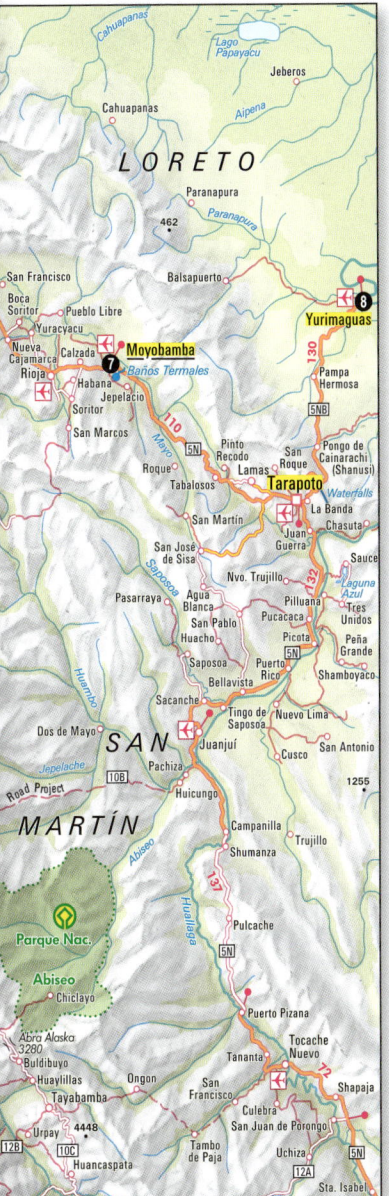

lend vielen Molkereiprodukten – dank der intensiven Milchwirtschaft in der Region, die guten Käse liefert.

Wenige Schritte weiter widmet sich das **Museo Arqueológico Horacio Urteaga** ⑧ den präkolumbischen Hinterlassenschaften der Region.

Umgebung von Cajamarca

Die ★**Baños del Inca** („Inka-Bäder") 7 km östlich von Cajamarca, haben seit der spanischen Eroberung nicht an Attraktivität verloren. Man kommt hierher, um wie einst Atahualpa in den heißen Quellen zu baden; sein **Badehaus** ist zu besichtigen. Das Wasser läuft in gemauerte, überdachte Badezuber, in denen man sich aufwärmen und reinigen kann. 2001 wurden bei Ausgrabungen Reste eines Wasserkult-Tempels der Cajamarca-Kultur gefunden.

Wer gut zu Fuß ist, kann in dieser schönen Landschaft weiterwandern zu den ★**Ventanillas de Otuzco** (auch per Bus zu erreichen): Hunderte von in den Fels geschlagene **Grabnischen** aus der Zeit vor dem Inka-Imperium.

Ein Ausflug zu den 14 km südwestlich von Cajamarca gelegenen Resten der präinkaischen Bewässerungsanlage ★**Cumbe Mayo** erfordert mehr Zeit; sie besteht aus einem Aquädukt, einem Heiligtum und einer Höhle mit Felszeichnungen. Eine teils steile, kurvige und schlecht befestigte Straße führt zu der Anlage, die mit 25 000 m^2 wesentlich größer als die der Inka-Bäder ist. In der Quechua-Sprache bedeutet *kumpi mayo* „gut gemachter Wasserkanal". Der peruanische Archäologe Julio Tello untersuchte den 2500 Jahre alten, langen **Kanal** und stellte fest, dass davon 4 km oberirdisch, 900 m sogar als Tunnel in den Fels geschlagen sind. Rechte Winkel im Kanalsystem verhinderten eine zu hohe Fließgeschwindigkeit, ebenso das exakt eingehaltene Gefälle von nur 1,5 %. An den Eingängen zu den Tunnels erkennt man Felsreliefs im Chavín-Stil. Auch der Opferstein und der Fels

Die Nord-Anden 10

Foto: Yenika (Dreamstime)

in Form eines menschlichen Kopfes sind bearbeitet worden. Die Indígenas haben Cumbe Mayo vielleicht auch als Grabstätte genutzt.

Die archäologische Stätte **Kuntur Huasi** ❷ („Haus des Kondors") liegt 93 km südwestlich von Cajamarca auf 2100 m Höhe. In Chilete führt eine steile Straße nach San Pablo, von dort sind noch 15 Minuten zu Fuß zum **Cerro La Copa** zurückzulegen. Um 1100 v. Chr. begann die Besiedlung der Stätte, japanische Archäologen legten einen **terrassierten Komplex** mit Plattformen, Monolithen und sieben Gräbern frei, die aus der Chavin- und Cupisnique-Epoche stammen. Der gefundene **Goldschatz** aus Kronen, Brustpanzern und einer Kette mit goldenen Jaguarköpfen gilt als der älteste Goldfund Amerikas und ist im örtlichen **Museum**, neben Türkisketten und Spondylusmuscheln, ausgestellt.

Oben: Rekonstruiertes Rundhaus in Kuélap, der größten Festungsstadt der Chachapoyas-Kultur.
Rechts: Chachapoya-Sarkophage in Karajia.

Chachapoyas

Folgt man der kurvigen, nordöstlich in den Amazonas-Dschungel führenden Straße, trifft man nach 115 km auf das 2700 m hoch gelegene Städtchen **Celendín** ❸. Der sonntägliche Wochenmarkt und die Fiesta Ende Juli, mit Stierkampf, lohnen einen Aufenthalt. Weiter geht es über den **Río Marañon**, der die Cordillera Blanca von der östlich verlaufenden Parallelkette, der Cordillera Central, trennt.

Chachapoyas ❹, die Hauptstadt des knapp 40 000 km 2 großen Departamento Amazonas, liegt in der klimatisch angenehmen Höhe von 2240 m. „Menschen im Nebel" bedeutet der Name der Ur-Einwohner dieser Region. Der 1538 gegründete Bischofssitz verfügt über eine große **Plaza de Armas** mit Bäumen und Bänken und über **Kirchen** und **Klöster** aus der Zeit um 1700, als Chachapoyas die Basis für im Urwald tätige Missionare war. Die Bewohner des Departamento bauen Reis, Kaffee, Kakao, Tee, Para- und Cashewnüsse sowie

Koka an und leben zudem vom Export der Mahagoni- und Steineibenbäume des Nebelwalds. Die Busfahrt von Lima dauert etwa 22 Stunden.

Die **Touristeninformation** auf der Plaza sowie Agenturen geben Auskunft über Ausflugsmöglichkeiten bzw. organisieren diese mit Kleinbussen. Am einfachsten und als Tagestour zu erreichen sind: **Kuelap, Gocta-Wasserfall, Karajia** und **Pueblo de los Muertos** oder **Cueva de Quiocta**, sowie **Leymabamba** und **Revash**. Für die faszinierenden Ausgrabungsstätten in **Gran Vilaya** und **Laguna de los Condores** sind mehrtägige Exkursionen nötig. Der 120-km-Wanderweg *Gran Camino* soll künftig zwischen Chachapoyas und Balsa viele Sehenswürdigkeiten verbinden.

★★Kuélap

Hauptsehenswürdigkeit des Departamento Amazonas sind die faszinierenden Ruinen von ★★**Kuélap** ❺. Für die 70 km auf guter Straße von Chachapoyas über Tingo Nuevo braucht ein Kleinbus ca. 2 Stunden, danach geht man 20 Minuten zu Fuß zur der 3000 m hoch gelegenen, spektakulären, 600 m langen **Festungsstadt Kuélap** – lange vor der Inkazeit ab ca. 500 n. Chr. erbaut. Eine neue **Seilbahn** befördert Besucher ab **Tingo Nuevo** (2000 m ü.M) in 20 Minuten hinauf. Aus den 8 Personen-Kabinen bietet sich ein herrlicher Ausblick auf das Flußtal des Utcubamba. 1887 stieß der deutsche Forscher Ernst Wilhelm Middendorf hier im Nebelwald auf einen Rundturm, dessen Nischen und Boden mit Gebeinen und Schädeln gefüllt war. Imposant ist die bis zu 18 m hohe, mehrere Meter dicke Schutzmauer. Enge Gänge, Plazas, Plattformen, hunderte Rundhüttenfundamente und ein großer Kerker zeugen vom einstigen Leben in der Stadt. Man vermutet, dass Kuélap Zentrum des 0,5 Mio. zählenden Chachapoya-Volks war, das im Hochland östlich des Río Marañon siedelte. Die Inka unterwarfen die Chachapoya

Foto: Stefano Torrione (SIME/Schapowalow)

um 1475 und deportierten die meisten. 60 Jahre später verbündeten sich die Letzten des Volks mit den Konquistadoren gegen die Inka. Doch dann wurden sie durch von den Spaniern eingeschleppte Krankheiten fast ausgerottet. Der deutsche Kulturwissenschaftler Giffhorn spekuliert, dass die Chayapoya vor 2000 Jahren Besuch von Exil-Karthagern und Keltiberern hatten und dass diese sich mit ihnen vermischten – ganz ähnliche Rundhütten gibt es in Spanien.

Sarcófagos de Karajia

Lohnend ist der auch landschaftlich reizvolle Ausflug zu den **Sarcófagos de Karajia**. Von Chachapoyas nordwestwärts sind es zwei Autostunden bis zum Dorf **Cruzpata**, dann führt ein Holperweg in 20 Minuten durch Maisfelder zum Eingang. Die 2,5 m hohen bemalten **Sarkophage** (*Karajia* bedeutet „rotes Gesicht") befinden sich in luftiger Höhe auf einer schmalen Plattform in einer steilen Felswand. Die eigentliche Mumie wurde in Felle und Tücher gewickelt in

Die Nord-Anden **10**

Foto: Nelly Hendrichs

der Hockstellung bestattet und nimmt nur ein Drittel des Grabs ein. Sechs der ursprünglich acht Sarkophage sind noch unversehrt an Ort und Stelle, einer wurde beschädigt geborgen und konnte untersucht werden. Die exponierte Lage schützte die im 15. Jh. angelegten Gräber vor Räubern, heute schützen sie das Kulturinstitut und die Dorfbewohner.

Auf dem Rückweg empfiehlt sich ein Abstecher nach **Lámud** und von dort zum **Pueblo de los Muertos**, dem Totendorf, ein leider völlig ausgeraubter Friedhof mit Mausoleen an einem steilen Berghang; und zur **Caverna de Quiocta**, einer Tropfsteinhöhle.

Der peruanische Archäologe Kaufmann-Doig spricht von den „Zwölf Städten des Kondors", die von den *sachupoyas* in der Region angelegt wurden. Der amerikanische Abenteurer Gene Savoy entdeckte 1985 bei Choctamal, 65 km südwestlich von Chachapoyas, **Gran Vilaya**; er schätzte die Zahl der Gebäude auf über 23 000 auf einer Fläche von 75 km²!

Oben: Im Thermalbad von Moyobamba.

Wasserfall von Gocta

Der von weitem (z. B. von einem Höhenrücken bei Lámud) sichtbare **Wasserfall von Gocta** wurde erst 2006 von dem deutschen Entwicklungshelfer Stefan Ziemendorff vermessen und der staunenden Welt als dritthöchster Wasserfall der Erde mit 771 m präsentiert. Ausgangspunkt ist das 38 km nördlich von Chachapoyas gelegene Dorf **Cocachimba** auf 1700 m Höhe, von dort geht es zwei Stunden per Pferd oder zu Fuß bis zur **Lagune**, die der untere Teil des zweistufigen Falles nährt. Die subtropisch anmutende Landschaft dient Affen, Tukanen, Papageien und dem Nationalvogel Perus, dem Roten Felsenhahn (*rupicola peruviana*) als Heimat; Orchideen, Bromelien und Farne säumen neben Zuckerrohrfeldern den Weg.

★Mausoleen von Revash

2 ½ Std. Fahrt von Chachapoyas südwärts liegt der Weiler **Sto. Tomás**. Hier kann man Pferde mieten oder zu

Fuß den 4 km (etwa 1 ½ Std.) langen Aufstieg wagen, zu den von Weitem sichtbaren rot-weiß bemalten mehrstöckigen Mini-Häusern – den ★**Mausoleen von Revash**. Am Ende führt ein schmaler, steiler Pfad direkt zu den bis auf einige Knochen leeren, aber offenen Grabstätten aus Lehm und Schilf. Die Mausoleen sind überdacht, obwohl von überhängenden Felsen geschützt; erstaunlich, dass die leuchtenden Farben die Jahrhunderte überdauert haben.

Leymebamba

Eine andere Entdeckung erregte 1997 für Aufsehen: Unter einem Felsüberhang am Bergsee **Laguna de los Cóndores**, 2800 m ü. M., stießen Grabräuber auf gemauerte **Mausoleen** mit 219 **Mumien**, überwiegend aus der Zeit der Chachapoyas-Kultur (800–1470 n. Chr.). Aufgrund des sehr guten Zustands der Mumien – Organisches verwest sonst viel rascher im feuchten Nebelwald – errichtete man in **Leymebamba ❻** am Río Utcubamba ein eigenes ★**Museum** (Di–So 10–17 Uhr) für die Mumien und deren Grabbeigaben.

Moyobamba

Von Chachapoyas gelangt man über Pedro Ruiz nach **Moyobamba ❼**, der ca. 20 000 Einwohner zählenden Hauptstadt des Departamento San Martín. Bald nach der Eroberung des Inka-Reichs gründeten die Spanier Moyobamba als erste koloniale Siedlung im nordöstlichen Tiefland Perus. Im landschaftlich reizvollen **Alto-Mayo-Tal** nahm der Tourismus in den letzten Jahren zu. Attraktionen sind Wasserfälle und v. a. die **Baños Termales**, schweflige Thermalbäder in **San Mateo** und **Oromina**, an der Straße nach Rioja.

Um in den tropischen Regenwald des Amazonas-Tiefland vorzudringen, fehlen nun nur noch die 240 km via **Tarapoto** und Shanusi bis nach **Yurimaguas ❽** am Río Huallaga.

Cajamarca (☎ 076)

ℹ️ **Dirección Regional Turistica**, Mo–Fr 7.30–13 und 14.30–17 Uhr, Sa 9–13 und 15–18 Uhr, Jr. Belén 631, im Innenhof des Conjunto Monumental de Belén, www.cajamarca.net. **Policia de Turismo**: Av. 13 de Julio, Tel. 363042.

🍴 **El Real Plaza**, regionaltypische Speisen, Jirón Dos de Mayo 569. **Salas**, preisgünstig, Plaza de Armas. **Vaca Loca**, sehr gute Pasta und Pizza, nur abends, C. San Martín. **Los Jazmines**, Café mit bestem Espresso der Stadt, tägl. 7–20 Uhr, Jr. Amazonas 775.

🎵 **Hostal Cajamarca**, Lokal mit abends Folklore, C. Junín. **Cafe-Pub Qatari**, Shows, Livemusik, Jr. Ayacucho 436-A.

🏛️ **Museo Arqueológico de la Universidad Nacional**, Mo–Fr 7-15 Uhr, Jr. Batán 289. **Cuarto del Rescate**, Jr. Amalia Puga 750 und **Conjunto Monumental Belén**, C. Belén 631, Tel. 362601 – Gemeinschaftsticket für beide, jeweils Di–Sa 9-13 und 15-18 Uhr, So 9-13 Uhr. **Catedral**, tägl. 8-11, 18-21 Uhr. **San Francisco**, Mo–Fr 9-12, 16-18 Uhr. **Iglesia de Belén**, Mo–Sa 9-13, 15-18 Uhr, So 9-13 Uhr.

🔝 *FLUG*: **LAN** und **LC Busre** (Tel. 363115) fliegen tägl. nach Lima.

BUS: **Empresa Díaz**, Calle Ayacucho 758, und **TEPSA** fahren täglich nach Chiclayo, Trujillo und Lima, **Movil Tours**, C. Atahualpa, fährt tägl. über Celedin und Leymebamba nach Chachapoyas (12 Std.).

😺 *FESTE*: **Cruces de Porcon**, in Porcon, 17 km nordwestl. von Cajamarca, große Palmsonntags-Prozession: Träger reich verzierter Kreuze begleiten die Christusfigur, die auf einem weißen Esel „reitet", durch den festlich geschmückten Ort.

Chachapoyas (☎ 041)

ℹ️ **iPeru**: Plaza de Armas, Jr. Ortiz Arrieta 590, Tel. 477292.

🍴 **Kuélap**, günstige Andenküche, Jirón Ayacucho, n. Plaza de Armas. **Chacha**, Steaks, Plaza de Armas. **Mio Mio**, *pollo* u. Fruchtsäfte, Jirón Ayacucho, n. Postamt.

Die Nord-Anden 10

Ein Dorf im Amazonas-Regenwald am Ufer des Yanayacu-Flusses, 60 km südlich von Iquitos.

Foto: Mireille Vautier

AMAZONAS-TIEFLAND

YURIMAGUAS

IQUITOS

PUCALLPA

POZUZO

PUERTO MALDONADO

PARQUE NACIONAL MANÚ

Über 60 % der Landesfläche Perus werden von tropischem Regenwald bedeckt, doch nur 10 % der Bevölkerung leben in diesem über 1000 km langen Streifen im Ostteil Perus. Und dennoch haben die vergleichsweise wenigen Menschen im ehemals stabilen ökologischen System massive Spuren hinterlassen. Hier, in der *selva baja*, dem tiefgelegenen tropischen Regenwald (im Gegensatz zur *selva alta*, dem tropischen Nebelwald des Hochlands), kann man sich ein Bild von den katastrophalen Folgen der Abholzung des Regenwaldes in Südamerika machen, die das Klima der Erde stark beeinflusst.

In der Amazonas-Region Perus gibt es zwar nur wenige nennenswerte Städte; diese locken jedoch mit variantenreichen Ausflugsangeboten, mit Urwaldexkursionen und Fahrten auf dem Amazonas und seinen Nebenflüssen: Der Artenreichtum der Fauna und Flora im Tropenwald ist schier unermesslich.

Die Menschen, die vom Kautschukzapfen, von der Suche nach Gold, der Ölförderung oder der Landwirtschaft leben, meistern fernab der urbanen Zentren der Pazifikküste ein Dasein mit vielen Entbehrungen. Die Existenz der Ureinwohner dieser Region (wie Shipibo oder Jívaro) wird von Jahr zu Jahr mehr von Missionsstationen oder

der Brandrodung neuer Siedler beeinflusst, obwohl ihre Kultur, Religion und Lebensweise wesentlich besser an die Bedingungen im Dschungel angepasst ist als die der weißen und indigenen Zuwanderer von Küste und Hochland.

Wegen der intensiven Sonneneinstrahlung und der hohen Verdunstung ist das Klima in Amazonien das ganze Jahr über feuchtwarm. Die durchschnittlichen Tageshöchsttemperaturen liegen im heißesten Monat (Oktober) mit 34 °C nur um 2 °C höher als im kältesten Monat (Juli). Die nächtlichen Tiefstwerte betragen 18 bis 20 °C. Jährlich fallen beachtliche 3000 mm Niederschläge. In der größten Stadt, in Iquitos, regnet es an über 200 Tagen im Jahr. Periodische Überschwemmungen der landwirtschaftlich nutzbaren Zonen und die verbreitete Malaria (*malaria tropica*) erschweren das Leben der Siedler.

Der Río Amazonas

Am 12. Februar 1542 entdeckte der Spanier Francisco de Orellana als erster Weißen den Río Amazonas. Er beobachtete am Ufer menschliche Gestalten mit langen Haaren, ausgerüstet mit Pfeil und Bogen für die Jagd, und fühlte sich an das legendäre antike Frauengeschlecht der Amazonen erinnert, die dem breiten Urwaldstrom seinen Namen gaben.

Links: Jívaro-Indianerin bei Iquitos.

11

Das Amazonas-Tiefland

» Karte S. 228, Info S. 239   225

DAS AMAZONAS-TIEFLAND

Foto: Gustavo Frazao (Shutterstock.com)

Von Iquitos aus sind es noch 3700 km bis zum Meer, nur 100 km flussaufwärts vereinigen sich der Río Ucayali und der Río Marañon zum Río Amazonas, dem Fluss mit dem größten Wasservolumen der Welt. Der **Amazonas** kann mit wahren Weltrekorden aufwarten: Er transportiert ein Fünftel des gesamten Süßwassers der Erde, ist innerhalb Perus zwar nur maximal 2 km, an der Mündung in Brasilien jedoch stattliche 230 km breit. Dort ergießt er 200 000 m^3 Wasser pro Sekunde in den Atlantik, zehnmal soviel wie beispielsweise der Mississippi in Nordamerika – der gigantische Urwaldstrom könnte theoretisch in nur 13 Minuten den großen Titicaca-See füllen. Nach neuesten Untersuchungen einer peruanisch-brasilianischen Expedition im Jahr 2007 ist der Amazonas mit 6762 km Länge sogar der längste Fluss der Erde und übertrifft damit mit rund 100 km den Nil in Afrika.

Oben und rechts: Das empfindliche Ökosystem Regenwald ist in Peru durch Brandrodung, Holzeinschlag und Goldminen bedroht.

Die Quelle liegt am 5597 m hohen Nevado Mismi im Süden Perus.

Der Río Amazonas führt Massen von Schlamm mit sich, und tonnenweise bricht die Erde vom Steilufer ab und fällt in den Fluss. Als wichtigste Verkehrsader Südamerikas durchquert er fast den ganzen Kontinent und entwässert mit seinen mehr als 1000 Nebenflüssen riesige Flächen, mehr als jeder andere Fluss der Welt. Seine wichtigsten Zuflüsse sind in Peru der Río Putumayo (zugleich die Grenze zu Kolumbien), der Río Tigre, der Río Ucayali, der Río Marañon und der Río Napo.

Geschichte der Region

Nach dem Ende des Kautschukbooms im Amazonas-Tiefland interessierte sich fast niemand mehr für die flächenmäßig größte Provinz Perus. Für die meisten Peruaner bestand ihr Land ausschließlich aus Hochland (*sierra*) und Küste (*costa*). Erst die wachsende Armut unter der Hochlandbevölkerung und die damit verbundene Landflucht in

 » Karte S. 228, Info S. 239

Foto: Eugen Bruder

die ohnehin schon überfüllten Städte riefen den peruanischen Politikern den Urwald (*selva*) in Erinnerung. Präsident Belaúnde Terry hatte bereits Mitte der 1960er Jahre laut über eine gezielte Besiedlung Amazoniens nachgedacht; 1980, zu Beginn seiner zweiten Amtsperiode, forderte er seine Landsleute offiziell dazu auf.

Tausende von Neusiedlern strömten plötzlich in den äußersten Nordosten Perus, gründeten Dörfer, rodeten riesige Flächen bislang unberührt gebliebenen Urwaldes, bauten Straßen und versuchten ihr Glück als Viehzüchter und Ackerbauern. Dabei drangen sie in die ca. 1500 bereits bestehenden Gemeinden der hier seit vielen Generationen lebenden Indianer ein und trugen so – unbewusst – zum Untergang vieler Ureinwohner der peruanischen Amazonas-Region bei, die aus 50 verschiedenen indigenen Ethnien stammen und heute noch etwa 300 000 Menschen zählen.

Der Vertreibung der Eingeborenen folgte nun oft die Vertreibung der neuen Siedler. Große Firmen eigneten sich – meist auf dubiose Weise mit Unterstützung korrupter Staatsbeamter – Land an, ließen Neusiedler verjagen und gründeten ihrerseits große, moderne Viehfarmen, die Rindfleisch für den US-amerikanischen Hamburger-Markt produzierten. Das gerodete Land, nun schutzlos der prallen Sonne, dem immensen Regen und damit massiver Erosion ausgesetzt – kann jedoch meist nur wenige Jahre als Weideland genutzt werden. Danach ist es landwirtschaftlich für viele Jahre unbrauchbar. Die Baumsägen der Multis setzen dann in den benachbarten Wäldern an, um neues Weideland zu schaffen. Allein in Peru sind auf diese Weise bereits über 6 Mio. ha tropischen Regenwaldes zerstört worden – im Nachbarland Brasilien liegen die Zahlen noch weitaus höher. In beiden Fällen sind die Bevölkerungsexplosion und die aus allen Nähten platzenden Städte Mitursache dieser sich global auswirkenden Entwicklung. Ein Ende ist bislang nicht abzusehen.

Zurzeit werden in Peru jährlich

Das Amazonas-Tiefland **11**

» **Karte S. 228, Info S. 239**

AMAZONAS-TIEFLAND

0   100   200 km

© Nelles Verlag GmbH, München

250 000-300 000 ha Regenwald gerodet. Die Siedler pflanzen nach dem Verbrennen des Gestrüpps und der Baumwurzeln Reis, Mais, Maniok, Erdnüsse und Bohnen zumeist in Monokulturen an. Seit wenigen Jahren werden diese Kulturen auf Geheiß der Regierung zum Teil auch mit Obst-, Kaffee- und Kakaoplantagen aufgelockert. Zudem führte man Zebu-Rinder ein, die die durch Kahlschlag geschaffenen Weiden abgrasen. Diese Art von Landwirtschaft bringt zunächst ansehnliche Gewinne. Doch nach 4- bis 5-jähriger Nutzung verlieren die gerodeten Gebiete stark an Fruchtbarkeit und die Siedler müssen weiterziehen – ein Teufelskreis ohne Ende. Eine gründliche Aufforstung der gerodeten Gebiete würde 500 US-$ pro Hektar kosten – das wären über 125 Mio. US-$ pro Jahr allein in Peru.

Yurimaguas

Die Hafenstadt **Yurimaguas** ❶ am Río Huallaga ist mit dem Auto oder Bus von Cajamarca via Chachapoyas und Moyobamba oder mit dem Boot auf dem Río Amazonas und Río Marañón in wenigen Tagen von Iquitos aus zu erreichen. Ihre 30 000 Einwohner nennen sie die „Perle des Río Huallaga".

Der Ort hat den Kautschuk-Boom um 1900 noch aktiv miterlebt: In der Avenida Arica stehen noch einige Häuser aus dieser turbulenten Zeit als Zeugen eines längst vergangenen Glanzes. Heute werden Politik und Wirtschaft großenteils vom Kokainhandel und dem damit verbundenen Kleinkrieg (*guerilla*) zwischen Drogenbossen und dem von den USA unterstützten peruanischen Militär bestimmt.

Die illegale Kokain-Industrie Perus, die jährlich fast 2 Mrd. US-$ erwirtschaftet und sich im Huallaga-Tal um Yurimaguas konzentriert, trägt ebenfalls zur Zerstörung des Regenwalds bei. Seit Ende der 1970er Jahre hat die Kokainmafia tausende Quadratkilometer unberührten Urwalds roden und dort Kokasträucher anpflanzen lassen. Die „Frucht" der Sträucher wird z. T. noch innerhalb Perus weiterverarbeitet und dann in die USA und nach Europa geschmuggelt.

Auf Druck der US-Regierung lässt die peruanische Drogenbekämpfung seit Mitte der 1990er Jahre hochgiftige Entlaubungsmittel auf die Kokaplantagen abwerfen, um der Mafia das Handwerk zu legen. Die Vegetation und die Fauna der Region werden dadurch doppelt geschädigt. Bereits zuvor verschärfte sich die Situation weiter, als Guerilleros des *Sendero Luminoso* gegen US-„Militärberater" im Huallaga-Tal zu operieren begannen (bis 1992).

2002 wurde mit dem illegalen Anbau von Kokapflanzen und der anschließenden Produktion von Kokain in kleinen Dschungellabors etwa 20-40 % der Exporte und schätzungsweise 15 bis 20 % des BSP erwirtschaftet.

★Iquitos

Benannt nach dem Indianerstamm, der ursprünglich in dieser Region lebte, ist ★**Iquitos** ❷ heute mit knapp 500 000 Einwohnern Perus größte Stadt im Urwald. Sie liegt am linken Ufer des Río Amazonas, der hier, nur 100 m über dem Meer, 2 km breit ist und auf den folgenden 3700 km bis zu seiner Mündung nur noch ein minimales Gefälle hat. Iquitos ist zugleich Hauptstadt des Departamento Loreto, des mit ungefähr 350 000 km² flächenmäßig größten des Landes. In ihm leben – umgeben von dichtem tropischem Regenwald – insgesamt eine halbe Million Einwohner.

Iquitos, 1000 km Luftlinie von Lima bzw. Cusco entfernt, ist nur über den Amazonas oder per Flugzeug zu erreichen. Die Autos, die dreirädrigen Taxis und die unzähligen Motorroller für das städtische Verkehrsnetz werden von Ozeanschiffen hierher transportiert und haben nur einen sehr begrenzten Aktionsradius, denn außerhalb der Stadt gibt es weit und breit keine Straßen.

11

Das Amazonas-Tiefland

» **Karte S. 228, Info S. 239**

Foto: Mireille Vautier

In der Stadt, 1757 als Jesuiten-Reduktion und erster amazonischer Flusshafen San Pablo de los Napeanos gegründet, kämpften die ansässigen Indígenas lange gegen die unwillkommenen Missionare an. Die Siedlung Iquitos wuchs nur sehr langsam und hatte 1880 erst 2000 Einwohner. Doch das änderte sich schlagartig: Die Erfindungen von europäischen Wissenschaftlern wie La Condamine (1754: Latex als Dichtmaterial) und Charles Goodyear (1839: Vulkanisation; 1852: Hartgummi) hatten die Nachfrage nach dem in Amazonien von Indianern gesammelten Rohmaterial Kautschuk angeregt. Dies gipfelte in einem Gummiboom in den 1880er Jahren, der die Stadt innerhalb von Monaten aus allen Nähten platzen ließ. Gummibarone wurden über Nacht steinreich; ihre leibeigenen indianischen Kautschuksammler dagegen profitierten von dieser Entwicklung keineswegs;

im Gegenteil: auf drastische Weise wurden sie ausgebeutet und bei kleinen „Vergehen" – z. B. wenn sie das Tagessoll nicht erfüllten – grausamst mit dem Tode bestraft. Der Boom endete 1912, als billigerer malaiischer Plantagen-Kautschuk auf den Weltmarkt kam – die Briten hatten 1876 auf raffinierte Weise *Hevea*-Samen aus dem Amazonas-Gebiet geschmuggelt. Damit begann der wirtschaftliche Abstieg von Iquitos. Knapp 30 Jahre später jedoch erwachte die Stadt aus ihrem Dornröschenschlaf: Man hatte in der Umgebung schwarzes Gold entdeckt: Erdöl.

Mit den Bohrtürmen strömten seit den 1960er Jahren Tausende von Peruanern nach Iquitos, die Stadt erhielt eine moderne Infrastruktur. Bis heute leben die Bewohner von Iquitos vor allem vom Öl, ferner vom Urwaldtourismus. Doch wie lange noch? In Nordperu lagern noch ca. 700 Mio. Barrel. Jährlich werden zur Zeit 70 Mio. Barrel gefördert, so dass in nur 10 Jahren die Vorkommen ausgebeutet sind. Gleichzeitig holzen Siedler riesige Flächen des

---

Oben: Am Hafen von Iquitos. Rechts: Yagua-Indianer demonstrieren den Umgang mit Blasrohren.

Waldes alljährlich ab. Und irgendwann werden dann wohl auch die Touristen ausbleiben. Ein weiteres Problem für die *selva* ergibt sich aus der Ölförderung. Aus einer einzigen Lagerstätte ergießen sich täglich bis zu 9 Mio. l Salzwasser (und auch Öl) in die Urwaldflüsse, eine extreme Belastung für Pflanzen und Tiere.

Nebeneinnahmen kommen aus der Landwirtschaft: Nüsse, Tabak und Bananen werden angebaut, zudem wilde Tiere in beträchtlichen Zahlen in Zoos anderer Länder exportiert.

Iquitos ist Sitz einer Universität und verfügt über einen Hafen für Schiffe bis zu 3000 BRT. Er ist der am weitesten vom Ozean entfernt gelegene Hafen der Welt, den große Ozeanschiffe noch anlaufen können.

1981 war Iquitos einer der Schauplätze von Werner Herzogs weltbekanntem Film *Fitzcarraldo* mit Klaus Kinski und Claudia Cardinale. Die Geschichte hat ein authentisches Vorbild: Dem Gummibaron Carlos Fermín Fitzcarraldo gelang es in den 1880er Jahren, den gesamten Handel entlang des Río Ucayali mit eigenen Militärpatrouillen zu kontrollieren und so steinreich zu werden. Als er entdeckte, dass das Einzugsgebiet des Ucayali fast jenes des Río Madre de Dios berührte, ließ er das erste Dampfschiff von Tausenden von Eingeborenen über eine 8 km breite Landenge dorthin schaffen. Hunderte von Bewohnern von Iquitos spielten in dem Kinostreifen als Statisten mit.

An der **Plaza de Armas** (auch **Plaza Mayor** genannt) im Zentrum der Stadt, stehen die Kathedrale Santa Ana, der Palacio Municipal (Rathaus) sowie das **Haus des Kautschuk-Barons Carlos Fitzcarraldo**. Auf der Plaza 28 de Julio erinnern ein **Freiheitsdenkmal** an den Unabhängigkeitskrieg und ein kleiner Waggon an die ehemalige Straßenbahn von Iquitos.

Ganz in der Nähe steht die **Casa de Hierro**, ein von Gustav Eiffel konstruiertes Stahlhaus: Der französische

Foto: Johannes Frangenberg

Ingenieur hatte dieses Haus für die Pariser Weltausstellung 1898 konzipiert. Danach war es zerlegt und vom reichen Gummibaron Anselmo del Águila importiert worden, um den *Dernier Cri* der westlichen Architektur im tiefen peruanischen Dschungel zu präsentieren; an der Ecke der Calles Putumayo / Raimondi wurde es aufgestellt. Heute befindet sich darin eine Snack Bar.

Mehrere **Herrenhäuser** entlang der Calle Raimondi und der 1995 renovierten Uferpromenade **Malecón** (samstags sehr belebt, mit Artisten und Livemusik) sind mit handgemachten, glasierten *Azulejos* dekoriert – Fayence-Fliesen, die man zur Zeit des Booms aus Portugal und Italien importierte. Die Azulejos sollten die „Perle des Amazonas" verschönern. Gut zu erkennen ist dies am ehemaligen *Hotel Palace* (jetzt Präfektur) am Malecón Tarapacá, der Uferstraße. Die Ausstattung mit französischen Stilmöbeln, Kristallkronleuchtern sowie luxuriösen Musikinstrumenten aus Deutschland und England taten ihr übriges.

11

Das Amazonas-Tiefland

» Karte S. 228, Info S. 239

Bemerkenswert sind entlang des Malecón die Bronzeplastiken des peruanischen Künstlers schwedischer Abstammung Felipe Lettersten, die verschiedene indigene Volksgruppen Amazoniens repräsentieren.

Ein Spaziergang von der Plaza de Armas entlang der Calle Raimondi, die in Höhe der Plaza 28 de Julio in den Jirón Prospero übergeht, zeigt einen Großteil der sehenswerten Gebäude von Iquitos. Man erreicht nun das Viertel **Belén** am Südostende der Stadt. In der slumähnlichen Siedlung in Ufernähe schwimmen die Holzhütten auf floßartigen Fundamenten, liegen jedoch während der trockeneren Jahreszeit von August bis Oktober fest im Schlamm des Flussbettes. Dann wirkt Belén weniger idyllisch. Erst wenn im März und April das Wasser um 10 m steigt, schippern wieder die Händler auf kleinen Booten zwischen den Hütten und verkaufen Lebensmittel und Haushaltsgeräte. In den Hütten am Flussufer kann man sich auch selbst ein Boot zu einer Rundfahrt mieten und sich einen Eindruck vom ursprünglichen Aussehen der ganzen Stadt zu Beginn des Kautschuk-Booms machen.

Auf dem **Mercado Belén**, entlang dem Amazonas-Ufer, wechseln Säcke von Mehl und Zucker, Töpfe, Schüsseln und Werkzeuge ihre Besitzer. Fischer bieten Trockenfisch, Gürteltier-Panzer, Schildkröten, Wasservögel, Piranha-Zähne und -Kiefer an. Bauern preisen tropische Früchte wie Avocado, Mango, Ananas, Papaya und Passionsfrüchte an. Naturheilmittel (wie Kräutertees, Baumrinde, getrocknete Blüten und „magische" Käfer) gehören ebenfalls zu den Produkten des Mercado.

Das **Museo Amazónico** an der Uferpromenade lohnt den Besuch schon allein wegen dem renovierten Herrschaftshaus von 1863, in dem es Quartier fand. Tropische Hölzer prägen die Innenarchitektur, die Sammlung zeigt lebensgroße Abgüsse verschiedener Amazonas-Indios – zum Teil Angehörige längst verschwundener Stämme –, die der schwedische Ethnologe Lettersten anfertigte.

Das Nachtleben in Iquitos findet in den Kinos und Diskotheken nahe der Plaza de Armas, entlang der Calle Raimondi, der Putumayo und der Uferpromenade Malecón statt. Hier kann man sich in einigen Bars mit Musik wenigstens zeitweise von der heißen Schwüle der Nacht ablenken.

Ein Ausflug empfiehlt sich in die **Laguna Moronacocha**. Dieser See liegt am Nordrand der Stadt und ist mit einem *Colectivo* (Sammeltaxi) aus der Innenstadt zu erreichen. Von den Palmhütten am Seeufer kann man den romantischen Sonnenuntergang über dem See beobachten.

Die **Laguna Quistococha** dagegen liegt 14 km südlich von Iquitos. Ein kleiner Zoo mit Ozeloten, Jaguaren, Anakondas und Urwaldvögeln lockt vor allem Familien an. An der Laguna kann man Ruder- und Tretboote mieten, und manche Einheimische gehen auch zum Baden in das trübe Wasser des Sees. In den Teichen leben die bis zu 2 m langen *paiche*-Fische, die über lungenähnliche Atemorgane verfügen und zum Atmen immer wieder an die Wasseroberfläche auftauchen müssen. Dies ist ein großer Nachteil, denn hierbei erlegen die Eingeborenen sie mit einem Speer und rotteten sie fast aus. Der Paiche ist sehr schmackhaft, geradezu ein Leckerbissen unter den Amazonas-Fischen. Man isst ihn als *paiche a la loretana* zusammen mit Maniok und gedünstetem Gemüse.

Ein besonderes Erlebnis ist die 10 Tage dauernde Fahrt auf dem Río Amazonas ins brasilianische Manaus. Den Stempel für die Ausreise aus Peru muss man sich in **Santa Rosa** besorgen, den für die Einreise nach Brasilien erhält man auf der anderen Flussseite in **Tabatinga**.

Rechts: Die Frauen der Shipibo sind hervorragende Töpferinnen und hüten das Geheimnis ihrer Symbolsprache.

Foto: Peter Herion

Pucallpa

Pucallpa ❸ („rotes Ufer" bzw. „rote Klippe") ist mit ungefähr 250 000 Einwohnern die zweitgrößte, sehr schnell wachsende Urwaldstadt des Landes. Seit 1982 ist sie Verwaltungssitz des damals neu geschaffenen Departamento Ucayali und verfügt über eine Straßen- und Flugverbindung mit Lima. Trotz guter Übernachtungsmöglichkeiten (beispielsweise im *Hotel Sol de Oriente*) zieht es verhältnismäßig wenige Peru-Reisende in die 200 m über dem Meer gelegene Stadt, da Touristenattraktionen weitgehend fehlen. Die Architekten haben sich beim Bau der Wohnhäuser auf Betonmauern und Blechdächer beschränkt. Zahlreiche junge und alte Frauen des in dieser Region lebenden Indianerstammes der Shipibo reisen nach Pucallpa und verkaufen auf der Plaza de Armas ihr schönes Kunsthandwerk.

Das Leben in Pucallpa hat immer noch Pioniercharakter: Während der Trockenzeit dringt der aufgewirbelte rote Straßenstaub durch alle Ritzen, in

der Regenzeit watet man knöcheltief durch den feinen Schlamm. Und seit den Meldungen von Erdgas-, Öl- und Goldfunden sind selbst hier im Urwald, im Stadtteil La Hoyada, *pueblos jóvenes* (Slums) entstanden. Hütten am Flussufer auf Pfählen oder in Form primitiver Hausboote zeugen davon.

10 km nordwestlich von Pucallpa liegt die malerische, U-förmige **Laguna Yarinacocha** mitten im tropischen Regenwald, ein kleiner Kanal verbindet sie heute nur noch bei Wasserhöchststand (im März und April) mit dem Río Ucayali.

Dort, wo die Lagune im Südosten einen Knick macht, hat sich die kleine Siedlung **Puerto Callao** entwickelt. Hier findet man das Amazonas-Hospital *Albert Schweitzer*, im Jahr 1957 vom deutschen Arzt Dr. Binder gegründet, das freundliche, einfache Hotel *El Pescador* sowie mehrere Bars und Restaurants, in denen Einheimische und Besucher gleichermaßen willkommen sind. Ein **Bootsverleih** ermöglicht Fahrten auf der Lagune. Im See leben Süßwasser-Delfine, und man kann Faultiere, Leguane und zahlreiche

11

Das Amazonas-Tiefland

» Karte S. 228, Info S. 239

Vögel wie z. B. den bunten Amazonas-Eisvogel beobachten. Daneben werden Tagestouren in den dichten Urwald oder zum Fischen angeboten.

In Pucallpa sollte man die Gelegenheit nutzen, ein Dorf der **Shipibo** in der Umgebung der Stadt zu besuchen. Die Mitglieder dieses wohl bekanntesten peruanischen Amazonas-Indianerstammes leben entlang des Río Ucayali und seinen Nebenflüssen auf weitgehend traditionelle Weise in kleinen Dörfern, die per Boot oder auf schmalen Saumpfaden durch den Dschungel erreichbar sind. Die Häuser der Shipibo verfügen nur über einen – nach außen hin offenen – Raum, dessen Boden aus einer geflochtenen Bastplattform besteht. Für Ethnologen ist besonders interessant, dass die Gesellschaft der Shipibo matrilinear ausgerichtet ist – die Frauen geben den Ton an. Zudem fertigen sie Keramikwaren und Textilien mit geometrischen Mustern, die von mythischen Ereignissen und legendären Personen erzählen.

Shipibo-Dörfer, die man im Rahmen von Dschungeltouren besuchen kann, sind **San Francisco** am Nordwestufer der Laguna Yarinacocha, **Nuevo Destino** am Canal Panaillo sowie **Santa Clara**. Auch in diesen Dörfern wird traditionelles Kunsthandwerk hergestellt.

Wer sich für diese *artesanía* der Shipibo interessiert, sollte sich auf der Plaza de Armas in **Puerto Callao** genauer umschauen. Hier verkaufen Shipibo-Frauen handgemachte Keramiken und Textilien ihrer aus über 30 Dörfern bestehenden Kooperative. Dieser Markt ist unter dem Namen ★**Maroti Shobo** weithin bekannt. Kleine Töpfe, große Tierfiguren, Vasen, Schüsseln und Urnen, in denen eine jahrhundertealte Tradition zum Ausdruck kommt, wechseln hier den Besitzer. Handeln ist nicht möglich, die Preise sind von der Kooperative festgelegt. Auf dem Maroti Shobo kann man sich in aller Ruhe die Waren an den verschiedenen Ständen anschauen und wird von niemandem zum Kauf gedrängt.

Am Stadtrand von Puerto Callao hat das **Summer Institute of Linguistics** (SIL) der Universität Oklahoma eine Missionsstation. Engagierte, oft überaus idealistische Mitarbeiter dieser fundamental-christlichen Kirche versuchen, einige der über 20 indianischen Sprachen des peruanischen Urwaldgebiets ins Spanische und Englische zu übersetzen. Der nächste Schritt ist dann die Übertragung der Bibel in die Indianersprache, damit die „Heiden" endlich zum „richtigen" Glauben bekehrt werden können.

Das Summer Institute tritt über den Bau von Gesundheitsstationen und Schulen in Kontakt mit den Indianerstämmen, versucht sie auf ein Leben im modernen Peru vorzubereiten und für eine größere Akzeptanz der Indígenas im städtischen Peru zu werben. Die Arbeit des SIL ist unter Ethnologen sehr umstritten, da die Missionare massiv in die traditionelle Kultur der Stämme eingreifen und ihnen mit dem christlichen Glauben eine Wertordnung aufzwingen, die nicht auf das Überleben im Regenwald eingestellt ist. Doch hat das SIL auch namhafte Befürworter, nicht nur von seiten der US- und der peruanischen Regierung. Selbst der bekannteste Schriftsteller des Landes, Mario Vargas Llosa, äußerte sich vor Jahren überwiegend positiv über die Arbeit des SIL.

Oxapampa und ★Pozuzo

80 km nördlich von La Merced (Anfahrt via La Oroya) liegen die kleinen Dschungeldörfer Oxapampa und Pozuzo. **Oxapampa** ❹ war vor 100 Jahren noch ein Zentrum für Holzabbau und -verarbeitung, doch in der Umgebung ist mittlerweile fast jeglicher nutzbare Wald abgeholzt worden. Heute leben die Einwohner hier auf 1800 m Höhe meist von Viehfarmen und Kaffeeplantagen, die gute Erträge von aromatischem Hochlandkaffee liefern. Die Stra-

---

Rechts: Bootsausflug von Puerto Maldonado zur Vogelbeobachtung.

Foto: Christian Vinces (Shutterstock.com)

ße nach Oxapampa ist gut ausgebaut, der Ort wird vor allem von einheimischen Touristen besucht. Restaurants bieten Reisenden eine deutsch-tiroler Speisekarte an, auf der neben Sauerkraut, Würstchen und Semmelknödel sogar Schweinshaxen zu finden sind.

Landschaftlich reizvoll liegt im tropischen Bergwald, 825 m ü. M., das Bauerndorf ★**Pozuzo** ❺; 90 km nördlich von Oxapampa auf schlechter Piste durch den **Nationalpark Yanachaga-Chemillen** zu erreichen. Es besteht aus den Ortsteilen *Prusia* (Preußen) und *Tirol*, verbunden durch eine **Hängebrücke** über den **Río Huancabamba**. Jeder Ortsteil hat eine eigene Kirche, in die sonntags die teils blonden blauäugigen Bauernfamilien strömen. Und im **Hostal Tirol** in Prusia werden auf Wunsch Wiener Schnitzel und (Bananen-) Strudel serviert. Doch wie kommen Tiroler Bergbauern an den Rand des Amazonas-Dschungels am Osthang der Anden? 1855 bat die peruanische Regierung den deutschen Perukenner Damian Baron Schütz-Holzhausen, katholische Aus-

wanderer aus Mitteleuropa nach Peru zu bringen, um sie in dem spärlich bewohnten Gebiet zwischen den Flüssen Ucayali und Huallaga anzusiedeln.

Im Jahr 1857 stachen 300 Bauern und Handwerker aus dem österreichischen Tirol (Silz), dem deutschen Hunsrück, der Eifel und Bayern im belgischen Antwerpen in See. Trotz der fürsorglichen Führung ihres Pfarrers Josef Egg erreichten nur 170 von ihnen ihre neue Heimat Pozuzo und nahmen den Kampf ums Überleben im Urwald auf – die für 1857 versprochene Straße wurde erst 1975 fertiggestellt. Es gelang ihnen, von der Außenwelt fast vergessen, mit alpenländischen Bauernhöfen im Tropenwald ein Auskommen zu finden. Ihre Sprache und Elemente ihrer Kultur wie Volkstänze und Volksmusik blieben teilweise erhalten, auch mit Hilfe aus Österreich und Deutschland.

Puerto Maldonado

Die Bewohner der Stadt **Puerto Maldonado** ❻ – gegründet 1902, im spä-

» **Karte S. 228, Info S. 239**

11

Das Amazonas-Tiefland

Foto: Mireille Vautier

ten Kautschuk-Boom – konzentrierten sich in den 1920er Jahren dann auf den Verkauf wertvollen Tropenholzes. Als jedoch im Umkreis die profitabelsten Urwaldriesen gefällt waren, kam die Arbeit in den Sägewerken und Holzverladungen am Fluss fast zum Erliegen. Heute aber wächst das Geschäft mit dem Holz wieder. Die 65 000 Einwohner arbeiten vor allem als Goldsucher, als Viehfarmer, im Ökotourismus, als Arbeiter in Plantagen für Paranüsse und Kaffee und im Bootsbau.

Die Hauptstadt des Departamento Madre de Dios verfügt über den wichtigsten **Hafen** der Provinz am gleichnamigen Fluss. Der **Río Madre de Dios** („Muttergottesfluss") ist hier ca. 500 m breit und kann rund um die Uhr per **Fähre** überquert werden. Laufend kommen neue Glückssucher nach Puerto Maldonado und bevölkern Spielhöllen, Bars und Diskos, Ansonsten bietet die Stadt

Oben und rechts: In Puerto Maldonado kann man seine Nuggets in Geld wechseln – wenn man welche gefunden hat.

selbst keine Touristenattraktionen, außer einem Ausflug zum **Lago Sandoval,** 10 km östlich im Tambopata-Schutzgebiet, mit Spaziergang am Seeufer. In Puerto Maldonado gibt es passable Hotels und Restaurants, deren typische lokale Speisen wie *castañas* (Paranüsse mit Zucker und Schokoladenguss) man ruhig einmal kosten sollte. In den Bars wird *masato* getrunken; dieses Bier gewinnen die Einheimischen aus Maniok und genießen es reichlich nach Feierabend.

Nach Puerto Maldonado gibt es Flugverbindungen (von Cusco 30 Min.), vom Airport zur City sind es 4 km. Zudem verkehren auf der neuen, geteerten **Interoceánica Sur**, die Südperus Pazifikhäfen mit Brasilien und dem Atlantik verbindet, Busse; *Movil-Tours* fährt ab Cusco nachts über den Hualla-Hualla-Pass (4820 m) in ca. 6 Stunden die 460 km nach Puerto Maldonado.

Von Puerto Maldonado bieten sich längere Ausflüge an. Eine mehrstündige Bootsfahrt flussaufwärts des Río Tambopata bringt Ökotouristen in die wegen ihres Artenreichtums außerge-

Foto: Mireille Vautier

wöhnliche ★**Reserva Tambopata**. Hier leben mehr als 500 Vogelarten sowie 1000 Schmetterlings- und 150 Libellenarten.

Eine andere Exkursion führt in die 12 km² große **Inkaterra Reserva Amazónica**, die man nach einer Stunde Bootsfahrt auf dem Madre de Dios erreicht. Am Eingang des Naturschutzgebietes steht die Lodge, von der aus man drei Tage lang Ausflüge in den Dschungel, zu Seen, Goldschürfern und zu einer Salzlecke für Tiere unternehmen kann.

Eine dritte Möglichkeit erlaubt es Reisenden, das vielfältige Leben im Regenwald einmal aus anderer Perspektive zu betrachten: aus der Höhe der Baumkronen. Dieses in Costa Rica entwickelte System hat der Ornithologe Paul Donahoe auf Peru übertragen, denn zwei Drittel aller Tierarten leben in der Baumkronenschicht. Donahoe hat am **Explorer's Inn** nahe dem Rio Tambopata ★**Beobachtungsplattformen** angebracht. An der *Manú Lodge* und in *Inkaterra* sind weitere „Hochsitze" entstanden.

Die Kleinstadt **Laberinto**, eine Bus-Stunde von Puerto Maldonado entfernt, besteht fast ausschließlich aus Holzhütten und bietet keine Sehenswürdigkeiten, doch sind von hier Fahrten auf dem Madre de Dios zu **Goldschürfer-Siedlungen** möglich. Da **Quecksilber**, das die Arbeiter zur Goldgewinnung einsetzen, in den Fluss gelangt, werden Pflanzen, Tiere und auch Speisefische vergiftet. Vom *Hotel Wilson* fährt der Bus nach Puerto Maldonado ab.

★★Parque Nacional Manú

Im Südosten Perus, am Rand des Amazonasbeckens, liegt der mit 18 000 km² größte Regenwald-Nationalpark der Welt (doppelt so groß wie Zypern), der zum UNESCO-Welterbe zählt. In dem kaum berührten, schwer zugänglichen Gebiet leben noch Indianerstämme wie die **Machiguenga**, die Mario Vargas Llosa mit seinem Roman *Der Geschichtenerzähler* bekannt machte. Den ★★**Manú-Nationalpark** ❼ sollte man mit einer organisierten Tour

11

Das Amazonas-Tiefland

Foto: Detlev Kirst

besuchen, da individuelles Reisen in dieser abgelegenen Region sehr zeitraubend sein kann. Zahlreiche Agenturen in Puerto Maldonado sowie von Cusco im Hochland aus bieten ein mit peruanischen Umweltschutzverbänden abgestimmtes, ökologisch vertretbares Programm. Die (kleinere) Reservatzone steht Besuchern offen, der eigentliche Parkbereich nur qualifizierten Wissenschaftlern mit Sondererlaubnis. Beste Reisezeit sind die trockeneren Monate von Juni bis Ende Oktober.

Der Weg in den Park führt von Lima oder Cusco per Flugzeug, oder – abenteuerlich über Land – von Cusco via Paucartambo und Pilcopata nach **Shintuya**, einem Dorf mit einfacheren Unterkünften und einer Missionsstation. Die meisten organisierten Touren beginnen ihre in der Regel einwöchigen Dschungelexpeditionen auf dem Río Alto Madre de Dios hier in Shintuya.

Nordwestlich der Mündung des Río Manú (diese Stelle heißt Boca Manú) beginnt der jungfräuliche Regenwald. Folgt man von hier dem Río Manú einen halben Tag flussaufwärts, trifft man auf den idyllischen ★**Lago Cocha Salvador**, den größten See des Parks.

In der schier undurchdringlichen Vegetation versteckt sich eine lebhafte, aber nur mit geübtem Auge zu sehende Tierwelt: 800 Vogelarten, 13 Affenarten, 1200 Schmetterlingsarten, Pekaris, Tapire, Jaguare, Riesenschildkröten, Schwarze Kaimane, Riesenotter, Faultiere bevölkern ein Gebiet mit einzigartiger Flora – einem Fünftel aller südamerikanischen Pflanzenarten. Besonders die bunten und lauten **Aras**, die fotogenen Riesen-Papageien, fallen sofort auf.

Der Besuch des Manú-Nationalparks mit seinem 360 km langen Río Manú gehört weltweit zu den besten Optionen, unberührten Urwald kennen zu lernen. Wer jedoch weniger kosten- und zeitintensive Dschungeltouren in Peru sucht, sollte einen Ausflug von Puerto Maldonado oder Iquitos erwägen.

Oben: Ein nur sehr selten zu beobachtender Jaguar im Manú-Nationalpark.

Iquitos (☎ 065)

iPeru, C. Loreto 201/Ecke D. Raymondi, Tel. 236144; am Flughafen: Tel. 260251. **Policia de Turismo**: C. Sargento Lores 834, Tel. 231851.

FLUG: Flughafen 6 km südwestlich, Tel.: 260147, 260151; **Lan-Peru** und **Star-Peru** fliegen tgl. 1-3x (je nach Saison) nach Lima.

La Casa de Jaime, peruanische Küche in gepflegtem Ambiente in Ufernähe des Río Amazonas, Malecón Tarapacá 246, Tel. 239456.
Maloka, ein auf dem Río Amazonas schwimmendes Restaurant, gute internationale Küche, passable Preise, Malecón Tarapacá, Tel. 233126.
El Mesón, typische Amazonas-Küche, schnell zubereitete, preiswerte Mittagsmenüs, C. Napo 116, Tel. 231197.
El Tuquito, internationale Gerichte, in der Nähe der Plaza de Armas, C. Putumayo 157, Tel. 236770.
La Pascana, gute Fischgerichte, Calle Hurtado 735.

Fitzcarraldo, guter Espresso, Salate und Sandwiches im historischen Ambiente, Fotos von Claudia Cardinale und Klaus Kinski schmücken die Wände und erinnern an den 1981 von Werner Herzog gedrehten Film, Malecón Tarapacá/ C. Napo.

Museo Amazónico, Mo-Fr 8-13, 15-19, Sa 9-13 Uhr, Malecón Tarapacá 386.
Museo de Ciencias Naturales, Mo-Fr 7-19, Sa 8-13 Uhr, Jr. Napo 224.

Pucallpa (☎ 061)

FLUG: **Starperu** fliegt tgl. nach Lima.

Chifa Hong Kong / Raimondi, chinesisch, gut und günstig, Calle Raimondi, 3 Blocks von der Plaza de Armas.
Parrillada Braserito, gute Grillteller von Huhn, Fisch (v. a. *corvina*) und Wild, C. San Martín 498 / C. Tacna.
Don José, lokale Spezialitäten, gute Fruchtsäfte, Calle Ucayali / Ecke Calle Raimondi.

Puerto Maldonado (☎ 082)

BUS / LKW: Von Cusco in der Trockenzeit per Bus (530 km). Von Lima über Cusco täglich mit LAN-PERU.
FLUG: Flughafen La Joya, 7 km außerhalb, Tel. 571533 / 571532.

Beliebte Gerichte sind in Bananenblättern gegarter Fisch (*patarashca*) und Grillteller (*parrillada al selva*).
Café Don Pancito, japanische und lokale Kost, Jirón Velarde / Calle Fitzcarraldo.
Café Danubia Azul, sehr gute Fischgerichte, lokale Spezialitäten, vorzügliche Informationsquelle, Plaza de Armas.
Restaurant Califa, am Pionier-Friedhof, Calle Piura / Cusco.

TOUREN IM REGENWALD / MANÚ-NATIONALPARK:
Urwaldtrips um **Puerto Maldonado** sollte man in Lima oder Cusco organisieren (möglichst im voraus buchen). Ausflüge (per Flugzeug) in den Amazonas-Urwald von **Iquitos** sind zwar auch in Lima zu buchen, aber teurer als in Iquitos. Aufgrund der starken Konkurrenz lohnt es sich Preise und Tagesprogramme zu vergleichen. Die Büros der Reiseveranstalter in Iquitos liegen v. a. zwischen der Plaza de Armas und am Amazonas-Ufer entlang dem Jirón Putumayo. Die Touren dauern meist 2-3 Tage und führen über den Río Amazonas mindestens 50 km weg von Iquitos, um auch Primärurwald zeigen zu können.
Vorzeige-Indianer der Stämme Jívaros oder Yaguas, die nach Ankunft eines Touristenbootes schnell Jeans ab- und ihre Kriegsbemalung, Blasrohr und Federschmuck anlegen und dann eine Vorführung geben, vermitteln einen Eindruck vom Leben im Dschungel vor Beginn des Kautschuk-Booms.
Spaziergänge im Urwald mit Erklärungen über Affen, Kaimane, Faultiere, rosafarbene Delfine, Zitteraale und Flora gehören zum Programm. Fahrten in Seitenarme des Río Amazonas; Angeln nach Piranhas und nächtliche Fotojagd auf Kaimane meist fakultativ. Die Chancen, wilde Tiere zu sehen, sind im Manú-Nationalpark oder in der Region um Puerto Maldonado größer.

11

Das Amazonas-Tiefland

REISEVORBEREITUNGEN

Einreiseformalitäten

Schweizer, Österreicher und Deutsche benötigen für die Einreise einen über das Einreisedatum noch weitere 6 Monate gültigen **Reisepass**, jedoch kein Visum. Der Grenzbeamte erteilt je nach angegebener Reisedauer bei der Einreise – nicht verlängerbare – Aufenthaltserlaubnis von bis zu 183 Tagen (eingestempeltes **Ausreisedatum** in Pass kontrollieren!). Bei Flugreise mit Umsteigen in den **USA** brauchen selbst Transitpassagiere, die den Flughafen dort nicht verlassen, ein USA-Visum.

Bei der Einreise über Land wird von Rucksackreisenden in Einzelfällen die Vorlage eines Flugtickets für die Ausreise verlangt bzw. der Nachweis von Geldmitteln, die für den beantragten Aufenthalt ausreichen sollten. Devisenbeschränkungen für Touristen existieren nicht.

Zoll

Die *Declaración de Aduana* (Zollerklärung; sp. und engl. Version) fragt nach mitgeführten Gegenständen. Mitgebracht werden dürfen bis zu 400 Zigaretten oder 50 Zigarren oder 250 Gramm Tabak und drei Liter Wein oder Spirituosen. Der Wert dieser Waren darf 300 US-$ nicht überschreiten.

Strengstens verboten ist es, die in Peru allgegenwärtigen Koka-Blätter bei der Heimreise in die EU einzuführen (auch nicht in zerkrümelter Form in Teebeuteln); Import und Konsum von Koka fallen in der EU unter das Betäubungsmittelgesetz und werden bestraft.

Klima und Reisezeit

Peru liegt in den Tropen und verfügt über ein entsprechendes Klima: geringe Temperaturunterschiede zwischen den Jahreszeiten, größere Schwankungen zwischen Tag und Nacht, besonders in den Hochlagen. Die sehr unterschiedlichen Klimaverhältnisse im Land – vergleicht man Küste, Anden und Amazonas – beruhen auf der sehr unterschiedlichen Niederschlagsverteilung und den extremen Höhenunterschieden.

Küste: Ganzjährig trocken, Temp. 20-30 °C; in unmittelbarer Meeresnähe von Mai bis Dezember neblig (Nordküste meist sonniger); die Temperaturen können dann bis zu 10 °C sinken. Beste Reisezeit: Dez., März, April.

Anden: Hier sind die Monate Mai bis September die beste Reisezeit. Tagestemperaturen in 3000 m Höhe: 15 bis 25 °C. Nördl. Bergland (Cajamarca): Regenzeit Dezember-April. Südl. Bergland (Cusco, Titicacasee): Regenzeit Dezember bis März. Die Schneefallgrenze liegt meist um 5000 m.

Nördl. Amazonas-Gebiet (Iquitos): Tagestemperaturen bei 30 °C; ganzjährig regnerisch, Regenzeit im Nov. / Dez. und von Mitte März bis Mitte Mai.

Südl. Amazonasgebiet (Puerto Maldonado): Tagestemperaturen bei 30 °C; Regenzeit von Dezember bis März.

Kleidung

Für das Küstengebiet ist zwischen Dezember und April Sommerkleidung angebracht. Während der übrigen Zeit braucht man in Lima leichte Wollsachen sowie eine dünne Jacke.

Im Hochland kann es tagsüber angenehm warm sein. Im Schatten und in der Nacht dagegen kühlt es stark ab. Besonders zwischen Mai und September ist warme und winddichte Kleidung nötig. Sonnenbrille und Kopfbedeckung nicht vergessen! Bei Ausflügen mit großen Höhenunterschieden (z. B. Arequipa – Cañón de Colca; Cusco – Machupicchu) kleidet man sich am besten nach dem Zwiebelprinzip, da man mit extremen Temperaturunterschieden zu rechnen hat. Das gleiche gilt für Wanderungen; hier benötigt man zusätzlich spezielle Trekkingausrüstung, vor allem robuste Schuhe, eine Funktionsjacke, einen Pullover, evtl. auch Fleece-Hemden und -Unterwäsche.

Für das Amazonas-Gebiet empfiehlt sich leichte Baumwoll- oder Leinenkleidung, die luftdurchlässig ist und vor Moskitostichen schützt. Besonders wichtig ist ein guter Regenschutz.

Währung und Geldwechsel

Die peruanische Landeswährung heißt **Sol** („Sonne"; Pl.: *Soles*) und wird mit dem Zeichen „S/." gekennzeichnet; 100 Céntimos = 1 *Sol*. 1 Euro ≈ 3,80 Soles (tagesaktueller Kurs: siehe www.oanda.com).

Es empfiehlt sich, nicht im Heimatland, sondern erst vor Ort zu tauschen und keine beschädigten Soles-Scheine zu akzeptieren. Am besten reist man mit Euros, **Kreditkarte**, **EC-Maestro-Karte** und US-Dollars in bar. US$-Reiseschecks werden kaum noch akzeptiert! In allen größeren Städten gibt es **Geldautomaten**, die außer Kreditkarten auch EC-Maestro-Karten akzeptieren; eventuelles Auslandslimit der eigenen Bank beachten! EC-Karten mit VPay-Logo werden nicht akzeptiert. Die geringsten Kreditkartengebühren fallen bei ATM der Scotiabank und der Banco de la Nacion an.

Nur noch wenige Banken wechseln Traveller-Schecks; der Kurs ist schlechter und hohe Kommission wird verlangt. Euro-Banknoten werden in allen Touristenzentren gewechselt, für abgelegene Regionen wie das Hochland Nordperus sollte man vorsichtshalber US$ in bar mitbringen. Am besten deckt man sich vor einem mehrtägigen Ausflug aufs Land mit Soles ein, denn Geldtauschen auf einer Provinzbank kann langwierig werden. Ein Geldschwarzmarkt existiert nicht mehr; der so genannte „Parallelmarkt" – vor allem in Lima an stark frequentierten Straßenkreuzungen, vor Spielkasinos etc. anzutreffen – lohnt sich kaum: Der Kurs ist kaum besser, und das Risiko, beim Wechseln betrogen zu werden – etwa mit Falschgeld – ist groß!

Die Banken sind meist werktags von 9-16 Uhr geöffnet, die Wechselstuben in den großen Touristenzentren gewöhnlich länger. Größere Hotels, Restaurants und Reiseagenturen akzeptieren die gängigen Kreditkarten.

Vorsicht: Beim Bezahlen möglichst nie die Kreditkarte aus den Augen lassen! Trickreiche Manöver könnten unangenehme Folgen für das heimische Konto haben!

REISEWEGE NACH PERU

Flug

Internationale Flüge – oft mit Umwegen – in die Hauptstadt Lima zum *Aeropuerto Jorge Chávez* bieten zahlreiche Fluggesellschaften an; British Airways, KLM, American Airlines und Iberia sind meist die günstigsten.

Auto

Nur selten passieren Touristen mit dem Auto die Grenze von Bolivien (Desaguadero) oder Ecuador (Tumbes/Huaquillas und La Tina/Macará) nach Peru. Die einzelnen Grenzübergänge sind in den jeweiligen Reisekapiteln beschrieben und meist über die Mittagszeit und nach Sonnenuntergang geschlossen. In jedem Fall empfiehlt sich eine Anfrage bei der Botschaft über den augenblicklichen Stand der Bedingungen für die Mitnahme des eigenen Fahrzeugs nach Peru.

Schiff

Zwar legen hin und wieder Kreuzfahrtschiffe für einige Tage im Hafen von Callao bei Lima an, doch gibt es keine regelmäßigen, nennenswerten Schiffsverbindungen nach Peru.

12 Reise-Informationen

REISEN IN PERU

Flug

Zurzeit gibt es vier Fluggesellschaften, die überregionale Flüge in ganz Peru anbieten: *Lan Peru, Avianca, Star Peru* und *Peruvian Airlines.* Sie bedienen fast täglich alle größeren Städte des Landes. Daneben operieren noch kleinere Regionalgesellschaften wie *LC Busre, Aero Condor* und *Atsa* (Charterverkehr). Die Flugverbindungen sind in den jeweiligen Info-Boxen der Reisekapitel aufgeführt; die Preise für die Flüge werden in US-$ berechnet. Da die Nachfrage nach Inlandflügen ganzjährig sehr groß ist, empfiehlt es sich, früh zu buchen. Die Airport Tax (31 US-$, bei Inlandflügen 6 US-$) ist normalerweise bereits im Ticketpreis enthalten.

Mietwagen

Agenturen für Mietwagen gibt es in allen größeren Städten und den meisten Flughäfen. Auf dem Land nimmt man am besten einen Wagen mit Chauffeur.

Gängige Leihwagentypen sind *Chevrolet* (Opel-Modelle), *Nissan, Toyota* und andere japanische oder koreanische Marken. Erhebliche Preisunterschiede bestehen zwischen lokalen Verleihfirmen und großen, internationalen Mietwagenfirmen. Beim Preisvergleich sollte man darauf achten, dass Steuer und Versicherung (in Peru gibt es keine Versicherung gegen Diebstahl von Gegenständen aus dem Fahrzeug) eingeschlossen sind und wie hoch die Selbstbeteiligung ist. Voraussetzungen sind: Alter mindestens 21 Jahre, Kreditkarte, mitgebrachter nationaler Führerschein und Reisepass.

Wer nichtasphaltierte Straßen im Hinterland befahren möchte, sollte ein Allradfahrzeug leihen; mit normalen Leihwagen ist das Pistenfahren laut Vertrag in der Regel nicht erlaubt. Falls mehrere Personen den Wagen abwechselnd steuern, muss dies im Vertrag vermerkt werden, sonst kann es bei einer Polizeikontrolle Ärger geben.

Bus

Das öffentliche Bussystem ist gut ausgebaut. Von den Busbahnhöfen in Lima (kein zentraler Busbahnhof für alle Gesellschaften!), Trujillo, Chimbote, Arequipa und Cusco fahren pausenlos Busse in alle Richtungen ab. Je weiter man sich aus dem dicht besiedelten Hochland entfernt, desto spärlicher werden jedoch die Busverbindungen.

Man sollte sich möglichst nur seriösen Busfirmen wie *Cruz del Sur, Oltursa* or *Ormeño* anvertrauen. Online-Tickets seriöser Unternehmen kann man unter **www.busportal.pe** buchen und dort auch die Fahrpreise vergleichen.

Bahn

In Peru existieren zwei voneinander unabhängige Eisenbahnnetze: Das eine führt von Lima über La Oroya nach Cerro de Pasco bzw. nach Huancayo (zurzeit fährt der Zug nur 1-2x pro Monat). Die andere Linie verbindet Cusco mit dem Titicaca-See (Juliaca und Puno).

Eine Fahrt mit der peruanischen Eisenbahn über das Altiplano, entlang rauschender Bergflüsse und durch enge Bergschluchten, ist ein Erlebnis. Am spektakulärsten sind die Strecken zwischen Puno und Cusco sowie zwischen Cusco und Machupicchu. Kaufen Sie die Zugtickets einen Tag zuvor, und passen Sie auf dem Bahnhof und im Zug gut auf Gepäck und Wertsachen auf!

Schiff

Unvergesslich bleiben wird ein Bootsausflug zu den Islas Ballestas vor Paracas, eine Tour über den Titicaca-See mit Besuch der Inseln der Uros oder eine mehrtägige Schiffsreise auf dem Amazonas (anfangs Ucayali) flussabwärts von Pucallpa nach Iquitos (ca. 3

Tage) und eventuell noch 10 Stunden weiter bis Tabatinga (Brasilien) oder zum benachbarten Leticia (Kolumbien). Auf brasilianischer Seite könnte man dann auf dem Amazonas noch drei Tage weiterschippern bis nach Manaus.

Organisierte Touren

Reiseagenturen vor allem in Lima und Cusco bieten eine ganze Reihe von ein-, mehrtägigen oder gar mehrwöchigen Pauschalreisen durch Peru an. Von einem englischsprachigen Guide geleitet, führen sie meist in ein Naturschutzgebiet und schließen neben Abholung vom Hotel, Transport, Eintrittsgebühren und Betreuung auch volle Verpflegung mit ein. Die Angebotspalette an solchen Veranstaltern in Lima und Cusco ist unüberschaubar, und meist haben diese Agenturen ihre Vertreter auch in den größeren Hotels stationiert. *Inkaland* mit Büros in Lima und Cusco ist hier eine zuverlässige Adresse.

PRAKTISCHE TIPPS

Alkohol

Alkoholerwerb und -konsum sind in Peru kein Problem. Zwar ist das Trinken alkoholischer Getränke in der Öffentlichkeit erlaubt, doch gilt auch hier eine Promillegrenze am Steuer von Motorrädern und Kraftfahrzeugen. Das peruanische *cerveza* (Bier), die guten, sonnenverwöhnten Weine aus der Region Ica und der einheimische Nationalcocktail *Pisco Sour* sind auf jeden Fall eine Kostprobe wert.

Alleinreisende Frauen

Frauen werden zwar in der peruanischen Gesellschaft respektiert, doch manch klassischer *macho* scheint anzunehmen, ohne männlichen Begleiter seien reisende ausländische Frauen Freiwild und sehr viel leichter zu erobern als Peruanerinnen. Solche Frauen

werden meist mit der weiblichen Form des despektierlichen *gringo* als *gringa* bezeichnet. Zotige Andeutungen, eindeutige Blicke oder unzweideutige Bewegungen sowie das international bekannte Nachpfeifen wird eine allein reisende Frau in Peru möglicherweise erleben. Die Peruanerinnen selbst ignorieren diese Bemerkungen erhobenen Hauptes. Manchmal ist jedoch eine sehr bestimmte, verbale Zurückweisung der Anzüglichkeit unumgänglich, z. B. mit einem kräftigen *Déjame en paz!* („Lass mich in Frieden!").

An die landesüblichen Sitten angepasste Kleidung hilft, nicht noch mehr Aufmerksamkeit und eventuelle Belästigungen auf sich zu ziehen, wie eine „exotische" Ausländerin dies ohnehin unfreiwillig tut.

Apotheken

Die *farmacias* sind im Normalfall von 9-19 Uhr geöffnet und führen eine breite Palette auch in Europa gängiger Arzneimittel. Nachts und an Wochenenden bleibt eine Apotheke pro Ortschaft geöffnet. Antibiotika u. ä. sind meist ohne Rezept erhältlich.

Camping

Zelten ist außerhalb archäologischer Zonen und Privatgrundstücke erlaubt und in den Weihnachtsferien, besonders an den Stränden, üblich. Beim Bergsteigen und Trekking (s. Seite 246) ist Zelten unumgänglich und wird auch von den zahlreichen einheimischen Veranstaltern in den Touristenzentren als organisierte Reiseform angeboten. An abgelegenen Orten kann das Zelten alleine unter Umständen gefährlich sein!

Drogen

Peru ist ein Drogenherstellungsort und ein Drogenhandelsplatz zwischen Süd- und Nordamerika und Europa; die Regierung kämpft – vergeblich – mit

12

Reise-Informationen

der US-Drogenbehörde dagegen an. **Drogenhandel** und **Drogenkonsum** sind bei hohen Strafen verboten. Auf internationalen Drogenhandel stehen bis zu 15 Jahre Gefängnis; hunderte Ausländer sitzen in Peru derzeit deswegen ein, verhaftet meist bei der Ausreise am Flughafen wegen Drogenschmuggels. Auch beim Konsum von z. B. Marihuana, Kokain oder Heroin drohen mehrere Jahre Haft. Ein zu meidendes Koka-Anbaugebiet ist z. B. das **Huallaga-Tal**.

Einkaufen

Außer in den üblichen Geschäften kann das Einkaufen an den Marktständen der *mercados* in größeren Ortschaften besonderen Spaß machen. In zahlreichen Städten und Dörfern werden Mercados unter freiem Himmel abgehalten, manchmal sogar ein Wochenmarkt an einem bestimmten Werktag. In Lima (Av. Petit Thouars in Miraflores oder entlang der Av. de la Marina Richtung Flughafen), Huancayo, Cusco, Chincheros bei Cusco, Pisac und Puno finden die interessantesten Märkte Perus statt.

Souvenirs kann man an vielen Stellen in Peru erwerben. Zudem findet man in allen größeren Hotels gut bestückte Souvenir-Shops.

Feiertage

Landesweit feiern die Peruaner:
1. Januar: Neujahrstag (*Año Nuevo*).
Gründonnerstag (ab Mittag)
Karfreitag (*Viernes Santo*; Prozessionen)
1. Mai: Tag der Arbeit (*Día de los Trabajadores*)
Fronleichnam (*Corpus Christi*; Prozessionen)
23./24. Juni: Inti Raymi-Fest in Cusco
28. Juni: St. Peter und Paul
28./29. Juli: Unabhängigkeitstag/Tag der Republik (Nationalfeiertag mit Paraden)
15. August: Mariä Himmelfahrt (*Asunción de la Virgen Maria*)

30. August: Santa Rosa de Lima (Prozessionen)
8. Oktober: Seegefecht von Angamos (*Combate Naval de Angamos*); schicksalsträchtiger Verlust des Panzerschiffs Huáscar im Salpeterkrieg 1879 gegen Chile, der die Niederlage Perus einleitete
1./2. November: Allerheiligen/Allerseelen (*Día de Todos los Santos*)
8. Dezember: Mariä Empfängnis
25. Dezember: Weihnachten (*Fiesta de la Navidad*)
31. Dezember: Silvester

Fotografieren

Von Digitalfotos kann man sich in den Touristenzentren in zahlreichen Läden, wo es auch Speichermedien nachzukaufen gibt, Sicherheitskopien auf CD brennen lassen.

Bei Fahrten im Boot und bei Touren im regenfeuchten Dschungel sollte die Ausrüstung möglichst wasserdicht verpackt sein.

Das Fotografieren lohnt vor allem in den frühen Morgenstunden und am späten Nachmittag, wenn das Licht am reizvollsten ist und – in den Nationalparks – die Tiere am aktivsten sind.

In jedem Fall sollte man vor dem Fotografieren um Erlaubnis fragen: *„¿Con permiso?"*, *„Me permite?"* oder *„¿Puedo tomar una foto?"*. In den von ausländischen Gästen stark besuchten Orten um Cusco und am Titicaca-See (vor allem auf den Inseln der Uros) verlangen die Einheimischen seit einigen Jahren eine Entlohnung für Fotos, meist 1 US-$. Will man die eigene Fotoausrüstung ergänzen, so sind die Fotogeschäfte in der Fußgängerzone Limas (in der Nähe der Plaza de Armas) und in Cusco (gegenüber der Kathedrale) die zur Zeit besten Adressen.

Führer

In manchen Nationalparks, Naturschutzgebieten, archäologischen Zonen und Städten bieten einheimische Führer ihre Dienste an. Oft sind sie Biologen, Ökologen, Archäologen, Fremdenführer und Entertainer zugleich und beherrschen mehrere Fremdsprachen. Gute *guías / local guides* können mehr als nur Tiere und Pflanzen identifizieren; sie können auch wissenswerte Details fesselnd erzählen. Ist man alleine unterwegs, interessiert sich für Hintergründe und spricht man Spanisch oder Englisch, so ist ein solcher *guía* an vielen Orten durchaus empfehlenswert. Man sollte aber – beim Aushandeln von Zeit, Route und Preis – die Fremdsprachenkenntnisse des *guías* schon mal testen.

Gefahren / Sicherheit

Die Pazifikküste und das Hochland Perus gehören zu den besonders erdbebengefährdeten Gebieten, und Touristen sollten sich vor der Reise über das Verhalten bei Erdbeben kundig machen. Von Januar bis Anfang April sind Fahrten in das Landesinnere wegen anhaltender Regenfälle im gesamten andinen Raum nicht zu empfehlen.

Wie in vielen Ländern, versuchen sich auch in Peru **Taschendiebe** vor allem an Besuchern aus dem Ausland. Besonders in Großstädten, Touristenzentren und Städten entlang der Pazifikküste nutzen sie Gedränge, um zu Geldbörsen, Kameras und Taschen zu kommen, auch mit roher Gewalt, oft auch zu zweit oder zu dritt. Zudem arbeiten die Täter oft mit Überraschungsmomenten, beispielsweise fingiert man einen Sturz und nutzt die spontane Hilfsbereitschaft des abgelenkten Touristen geschickt aus. In Lima ist Vorsicht geboten vor allem im Zentrum und auf den Märkten, in Cusco und Puno häufig am Bahnhof. Darüber hinaus ziehen alle belebten Plätze Kriminelle an (auch Banden von Jugendlichen und Kindern). Die Zahl der „Wegreißdiebstähle" hat zugenommen. Es ist auch schon zu Überfällen auf Trekker gekommen sowie zu **24-Stunden-Entführungen**, um in dieser Zeitspanne die Kreditkarte des Opfers zu nutzen.

Kopien der Reisedokumente und der Kreditkarte sind im Fall eines Verlustes sehr hilfreich. Wie die Telefonnummer im Heimatland für die Kartensperrung sollte man die Nummern der Traveller-Cheques separat notieren.

Überfälle bei oder nach dem Geldabheben an **Geldautomaten** häufen sich; am besten Automaten in Bankfoyers benutzen, und auch das nur bei Tageslicht.

Für Busnachtfahrten sind wegen **Überfallgefahr** nur die großen renommierten Busunternehmen zu empfehlen. Als riskant gelten die Panamericana und die Strecke Huánuco – Tingo María – Pucallpa bzw. – Tarapoto. Bei einem Raubüberfall auf zwei Reisebusse nahe der Stadt Abancay, auf der Strecke von Cuzco nach Lima, wurden vor einigen Jahren zahlreiche Bustouristen von Kriminellen ausgeraubt.

Bei der Auswahl der *hostales, pensiones* oder *alojamientos* sollte man auch auf Sicherheitsaspekte achten, beispielsweise ob das Gebäude über einen Hotelsafe, Nachtwächter oder Zimmertelefon verfügt. In Lima, Cusco und Arequipa sollte man nachts nicht allein durch die Stadt gehen und – vor allem als Frau – nur in seriöse, lizenzierte **Funktaxis** bekannter Firmen einsteigen, die man sich in Lokalen, Bars und Diskos bestellen lassen kann – manche Taxifahrer arbeiten mit Gangstern zusammen! Im **Flughafen** Jorge Chávez in Lima deshalb das **Taxi** unbedingt an einem der Taxi-Schalter in der Halle der internationalen Ankünfte buchen!

Bei Touristenflügen über den **Nazca-Linien** gab es bereits mehrere Flugzeugabstürze.

In Cusco und Umgebung, Puno und Umgebung, Cajamarca sowie im Amazonasgebiet kommt es öfter zu mit Gewalt verbundenen **Protestaktionen** und Straßenblockaden.

Ausnahmezustand herrscht wegen Bekämpfung des **Drogenanbaus** in folgenden Gebieten (für aktuellste Infos

12

Reise-Informationen

siehe www.auswaertiges-amt.de): im Departamento Ayacucho die Provinzen Huantar und La Mar; im Departamento Huancavelica die Provinz Tayacaja; im Departamento Cusco die Bezirke Quimbiri, Pichari und Vilcabamba sowie die Provinz La Convención (Hinweis: die touristischen Ziele der Region Cusco befinden sich nicht in dieser Provinz); im Departamento Junín die Provinzen Satipo (nur Distrikt Andamarca und Comas) und Huancayo (hier nur Distrikt Santo Domingo de Acobamba und Parihuanca).

Unsichere Gebiete gibt es am Urubamba-Fluss und Huallaga-Fluss und insbesondere am Apurimac- und Ene-Fluss (*VRAE - Valle del rio Apurímac y Ene*) und deren angrenzenden Gebieten und Nebentälern, wo peruanisches Militär gegen die Drogenmafia kämpft.

Geschäftszeiten

Die meisten Geschäfte in Peru sind montags bis freitags von 9-12.30 Uhr und von 15-19 Uhr geöffnet. Viele Geschäfte haben samstags von 9-18 Uhr geöffnet. Nicht alle Läden halten sich an die vorgegebenen Öffnungszeiten. Die zahlreichen Straßenhändler, die Lebens-, Genussmittel und allerlei Krimskrams anbieten, sind außerhalb dieser Zeiten in den meisten Fällen noch geschäftstüchtig unterwegs.

Staatliche Büros schließen bereits um 15.30 Uhr oder 16.30 Uhr; die Bediensteten gönnen sich von 11.30-13.30 Uhr eine Siesta. In der Sommerzeit zwischen Januar und März arbeiten diese Büros ausschließlich vormittags. Banken öffnen in der Regel nur von 9-16 Uhr.

Gesundheit

Die Gesundheitsversorgung in Peru ist in größeren Städten besser als auf dem Land. Doch selbst in manchen kleinen Dörfern findet man gut sortierte Apotheken, die Medikamente gegen die häufigsten Reisekrankheiten – Durchfall, Insektenstiche, Sonnenbrand und Erkältung – führen. Peru zählt zu den Ländern mit der weltweit höchsten Sonneneinstrahlung, besonders im Sommer werden Werte bis zu 19 Punkten auf dem UV-Index gemessen, mehr als 11 Punkte gelten als extrem hoch und gefährlich! Je nach Hauttyp sollte ein hoher Lichtschutzfaktor verwendet werden.

Man sollte vor Antritt der Reise einen Tropenmediziner konsultieren. Für das **Amazonas-Gebiet** ist eine **Gelbfieberimpfung** zu empfehlen. Choleraepidemien sind schon länger nicht mehr aufgetreten. Im Amazonas-Gebiet tritt auch **Malaria** auf – die Rücksprache mit einem Tropeninstitut zum Thema Standby-Medikation oder Malaria-Prophylaxe ist sinnvoll; geringes Malariarisiko besteht im ganzen Land in Lagen unter 2000 m ü. M., erhöhtes Risiko besteht in den Grenzgebieten zu Ecuador, Kolumbien, Brasilien und Bolivien, besonders in den Regionen Junin, Loreto, Madre de Dios, Piura, San Martín, Tumbes, Puerto Maldonado und Iquitos. Als malariafrei gelten Lima, Cusco, Machu Picchu, das Anden-Hochland über 2000 m ü. M. und die ganze Küste südlich von Lima.

Der Abschluss einer **Auslands-Krankenversicherung**, die den Krankenrücktransport in kritischen Fällen einschließt, ist absolut sinnvoll.

Gegen Durchfall kann man sich vorbeugend schützen: Salat, Speiseeis von Straßenständen, ungewaschenes oder ungeschältes Obst (auch der Pestizide wegen) und ungekochtes, unsauberes Wasser (z. B. aus dem Wasserhahn) sollte man unbedingt meiden. Insektenschutzmittel und eine Sonnenschutzcreme sind ebenfalls sehr zu empfehlen.

Wer in die Sierra, also in Höhen über 3000 m reisen möchte, sollte seinen Kreislauf vor der Reise vom Hausarzt untersuchen lassen, denn mit der **Höhenkrankheit** (*soroche*) ist nicht zu spaßen. Bei zu geringer Akklimatisation, etwa nach einem Flug von Lima direkt ins Hochland, können sich Kopfschmerzen, Schwindelgefühl, Krämpfe, Ohrenschmerzen, Herzrasen und Erbrechen einstellen. Hier lautet die Grundregel: Pro 300 Höhenmeter sollte man – strenggenommen – dem Körper eine Nacht Zeit zum Akklimatisieren geben, was aber bergsteigenden Touristen in der Praxis kaum möglich sein wird. Die Einheimischen schwören auf Koka-Tee (*mate de coca*). Auch *Coramina Glucosa* (wohlbekannt in den peruanischen Apotheken des Hochlands) und, bei schwereren Verläufen, das Entwässerungsmittel *Diamox* oder Kortison können helfen; bei einem akuten Höhenlungenödem soll jedoch laut schweizer Höhenmedizinern *Viagra* (Sildenafil) am schnellsten auf die Lunge wirken. Ausreichende Ruhephasen machen es dem Körper zusätzlich leichter, sich an die Höhe anzupassen.

In kritischen Situationen sollte man keinesfalls zögern, einen Arzt aufzusuchen oder herbeizurufen. Wichtigste Maßnahme: sofortiger **Abstieg** bzw. Abtransport in tiefere Lagen!

Krankenhäuser

In den Kliniken des Landes muss man eine Behandlung bei der Entlassung bar bezahlen, ausländische Krankenscheine gelten nicht. Der Abschluss einer Auslands-Krankenversicherung, die die Behandlungskosten nachträglich gegen Vorlage von Quittungen bezahlt, ist ratsam.

Empfehlenswerte Kliniken sind in Lima: *Anglo-American Hospital*, Av. Salazar, San Isidro, Tel. (01) 2213656. *Instituto de Medicina Tropical, Universidad Particular Cayetano Heredia*, Av. Honorio Delgado, San Martín de Porres, Tel. (01) 4823903.

Notruf

Unter der Telefonnummer 105 lässt sich die **Funkstreife** erreichen, unter 117 die **Ambulanz**.

South American Rescue Association Peru SAC (Notfallmedizin u. Rettungsflüge), Clinica San Jose, Av. Los Incas 1408, Cusco. Notrufzentrale Cusco: 229922; Externa: +51 84 229922. Notrufzentrale Lima: +511975031257 und +511975031254, Skype: southamericanrescueassociation; Internet: www.sarapeu.com; Mail: info@sarapeu.com.

.

Post und Telefon

Die *correos* (Postämter) sind meist nahe der Plaza de Armas oder in den Zentren der Stadtteile zu finden. Peru gibt sehr schöne, bunte und originelle Sondermarken heraus. In den Straßen sind keine Briefkästen angebracht; die Post muss man zum Postamt tragen. Frankierte Post nehmen auch zahlreiche Hotels entgegen. Eine Karte oder ein Brief von Peru nach Europa oder in die USA benötigt meist etwa 8-14 Tage bis zum Empfänger. Postlagernde Sendungen müssen mit dem Vermerk *Correo Restante* an das *General Post Office* in Lima oder andere große Städte gesandt werden; der Nachname des Empfängers sollte hervorgehoben sein. Beim Abholen wird die Vorlage eines Reisepasses verlangt.

Die private Telefongesellschaft heißt *Telefónica del Perú*. Die Telefonnummern in Peru sind meist sechs- oder siebenstellig, Ortsvorwahlen sind bis auf Lima (01) dreistellig. Öffentlich ausliegende Telefonbücher sind selten, meist hilft ein Anruf bei der Telefonauskunft (*Operadora*).

Außer von den *Telefónica del Perú*-Büros kann man von größeren Hotels sowie auch von öffentlichen Telefonzellen direkt ins Ausland wählen. Vom Ausland aus heißt die Vorwahl für Peru 0051; die Vorwahlnummern sind für Deutschland 0049, für Österreich 0043 und für die Schweiz 0041. Für Inlands- und Auslandsgespräche von öffentlichen Telefonzellen kann man Geldmünzen oder Telefonkarten verwenden, die am Kiosk erhältlich sind.

Reise-Informationen 12

Am günstigsten telefoniert man international mit den Karten *147* und *HolaPeru!*. Damit wählt man von jedem Telefon – auch mobil – eine 0800-Nummer oder die 147, danach eine PIN-Nr., die man auf der Karte freirubbeln muss, und danach die gewünschte Rufnummer.

Presse

In Lima und in anderen größeren Städten bieten Zeitungsjungen und die Buchhandlungen die gängigen peruanischen, z. B. *El Comercio*, sowie einzelne ausländische Tageszeitungen wie die britische *Herald Tribune*, das amerikanische Boulevardblatt *USA Today* und andere US-amerikanische Tageszeitungen an.

Restaurants

Die meisten Restaurants öffnen von Mittag bis Mitternacht, oft mit einer Pause von 15-18 Uhr, viele haben sonntags oder montags Ruhetag. Beim Bezahlen der Rechnung ist es ratsam, die eigene Kreditkarte nicht aus den Augen zu lassen. Bisweilen fertigen Ganoven einen zweiten Ausdruck an, mit dem sie dann (oft in einem teuren Schmuckgeschäft) einen Nebenverdienst von mehreren Tausend Dollar machen.

Restauranttipps sind im Reiseteil in den jeweiligen Info-Boxen aufgeführt; ein eigenes Feature informiert über die wichtigsten Spezialitäten der peruanischen Küche. Darüber hinaus soll der Sprachführer auf Seite 250 beim Studium der Speisekarte helfen.

Strom

In Peru wird der Strom mit 220 Volt Spannung und 60 Hertz geliefert. Stecker und Steckdosen sind überwiegend nach amerikanischem Muster (Flachkontakte) ausgelegt, seltener für Eurostecker mit Rundpolen; für Reisende aus Europa ist deshalb ein Ad-

apter ratsam. Nicht alle abgelegenen Dschungellodges verfügen über einen Anschluss an das nationale Stromnetz, besitzen aber meist einen Generator.

Taxi

Taxis sind in Peru eine billige Transportmöglichkeit: Eine Fahrt innerhalb Limas ist meist für 2-3 US-$ zu bekommen, in Cusco zahlt man etwa 1 US-$. Die dunklen Limousinen, die vor den teuren Hotels und am Flughafen auf Passagiere warten, kosten oft das doppelte oder dreifache des normalen Fahrpreises. Besonders in Lima, Cusco und Arequipa sollte man nachts nur seriöse, lizenzierte **Funktaxis** bekannter Firmen nutzen!

Taxis kann man auch für einen ganzen Tag zum Preis von 30 bis 50 US-$ mieten.

Sammeltaxis (*colectivos* bzw. *micros*) sind zwar nicht so schnell, aber preislich wesentlich günstiger als Taxis. Das Colectivo-Netz in den Städten ist gut ausgebaut und stellt eine ausgezeichnete Ergänzung des öffentlichen Busnetzes dar.

Touristen-Hotline

Das Tourismus-Ministerium hat ein Büro (*Servicio de Asistencia al Turista*) eingerichtet, in welchem man sich in Notfällen rund um die Uhr melden kann. Von Lima aus: Tel./Fax 460-0921, außerhalb Limas 0-800-4-2579 (gebührenfrei); in Cusco: Tel. 252974.

Touristenpolizei

In Lima, Cusco, Puno, Arequipa und anderen touristischen Zentren setzt die peruanische Regierung seit einigen Jahren uniformierte Touristenpolizisten ein. Diese Polizisten sprechen meist einige Sätze englisch, können den ausländischen Besuchern Auskünfte geben und sollen diese an Punkten wie Bahnhof, Busbahnhof, Flughafen, Mercado,

Plaza de Armas etc. vor Kriminellen schützen. Siehe auch in den Infoseiten der Reisekapitel.

Policía de Turismo (Touristenpolizei, 24h, auch auf Englisch), Calle General Vidal 230, Miraflores, Lima 18; Tel. +511 715655 oder +511 7156553. E-mail: cia_investigaciones@hotmail.com.

Trekking

Eines der größten Naturerlebnisse in Peru ist eine Trekking-Tour in den landschaftlich recht verschiedenen Tälern der Anden, insbesondere in der Cordillera Vilcabamba bei Cusco (Inka-Trail) sowie in der Cordillera Blanca und Cordillera Huayhuash bei Huaraz. Die auf den Seiten 121 ff. und 201 ff. beschriebenen mehrtägigen Wanderungen lassen sich mit guter physischer Kondition und Erfahrung im Hochgebirge nach etwa zweiwöchiger, **ausreichender Akklimatisation** (!) problemlos durchführen (s. S. 246).

Beste Zeit für eine Trekking-Tour in den Zentralanden sind die in der Regel niederschlagsfreien Monate Mai bis Anfang September. In dieser Zeit sind die Tage angenehm warm, die Nächte in über 4000 m Höhe aber bitterkalt – ein für Minustemperaturen geeigneter warmer Schlafsack ist dafür unbedingt erforderlich!

Die notwendige Ausrüstung (Zelt, Kocher, Gaskartuschen, Isomatte, etc.) kann man in den Bergsteigerzentren Huaraz, Caraz, Arequipa und Cusco bei den Trekking-Ausrüstern für einige US-$ pro Tag leihen, eine gute Adresse dafür ist **Trek-Peru** (www.trekperu.com, Tel. 084-238591), die auch Touren organisieren und von der Gummimatte bis zum Mountainbike alles verleihen. Mitbringen sollte man Micropur oder Certisil für die Entkeimung des Trinkwassers aus Bächen und Seen.

Trekker, die ihren Rucksack nicht selbst tragen wollen, können in mehreren Dörfern (z. B. Cashapampa in der Cordillera Blanca, Chiquián in der Cordillera Huayhuash) einen Esel (*burro*) mit einem Eselführer (*arriero*) mieten. Der Preis hierfür beträgt pro Tag etwa 10 US-$ für den Eseltreiber und 5 US-$ für das Tier. Ist der Trail keine komplette Rundtour, muss man in der Regel dem *arriero* zusätzlich die Tage für die Rückkehr bezahlen (z. B. beim Cashapampa-Llanganuco-Trek zusätzlich einen Tag); zudem ist es üblich, ihm ein Zelt und das Essen für die Dauer des Treks zur Verfügung zu stellen.

Aus Sicherheitsgründen empfiehlt sich Trekking nur in einer Gruppe oder zumindest mit einem einheimischen Führer!

Wegen der gegen Mittag aufziehenden Wolken ist es ratsam, früh vom Lagerplatz aufzubrechen und am späten Nachmittag beim nächsten Zeltplatz zu sein, um die einmalige Bergwelt genießen zu können; auch sollte ein Reservetag eingeplant werden.

Bei manchen Touren (z. B. Olleros-Chavín) begegnet man öfters bettelnden Indígena-Kindern, denen man statt Geld (*dinero, plata*) und Bonbons (*caramelos*) am besten Lebensmittel, Schulhefte und Kugelschreiber oder ähnliches schenkt.

Trinkgeld

In Hotels und Restaurants addieren die Kassierer den Rechnungen (*cuentas*) in der Regel ein Trinkgeld (*propina*) bzw. ein Bedienungsgeld (*servicio*) von 10 % hinzu. In diesem Fall erwarten Kellner und Kassierer kein weiteres Trinkgeld, freuen sich jedoch, wenn man beim Bezahlen aufrundet.

Die auf den Speisekarten teurerer Restaurants angegebenen Preise sind häufig Nettopreise; hier kommen also noch 19 % Steuer und 10 % Bedienungsgeld hinzu. Auf dem Land und in kleinen Restaurants fehlen auf der Rechnung meist Trinkgeld und Bedienungsbetrag; eine *propina* wird daher erwartet.

Taxifahrern gibt man bei ausgehandeltem Fahrpreis kein Trinkgeld.

Reise-Informationen 12

Uhrzeit

Perus Zeit liegt 6 Stunden hinter der Mitteleuropäischen Zeit (MEZ) zurück. (In der mitteleuropäischen Sommerzeit: minus 7 Stunden.) Mit anderen Worten: Wenn die Uhr sommers in München 13 schlägt, ist es in Peru erst 6 Uhr morgens.

Da das Land so nahe am Äquator liegt, variieren Sonnenaufgang und -untergang im Lauf des Jahres nur sehr wenig: Gegen 6 Uhr morgens wird es hell und ab 18 Uhr dunkel.

ADRESSEN

Botschaften und Konsulate

Botschaft in Deutschland: Mohrenstr. 42, 10117 Berlin, Tel. 030/2291455, Fax. 2291587, sc-berlin@embaperu.de, www.embaperu.de
Generalkonsulate: Kaiserstrasse 74, 63065 Offenbach, Tel. 069/133 09 26, Fax 29 57 40, consulgeneral@conperham.de
Blumenstr. 28, 22301 Hamburg, Tel. 040/476745, Fax 481854, info@conperham
Konsulat: Herzog Heinrichstr. 23/E, 80336 München, Tel. 089/13928880, Mo-Fr 9-13 u. 14-16 Uhr.
Botschaft in Österreich: Gottfried-Keller-Gasse 2/8, 1030 Wien, Tel. 01-7134377, Fax 7127704. embajada@embaperuaustria.at
Botschaft in der Schweiz: Thunstrasse 36, 3005 Bern, Tel. 031-3518555, 3518567 (Konsularabt.), Fax 3518570, lepruberna02@bluewin.ch

Vertretungen in Peru

Deutsche Botschaft:
Av. Dionisio Dertano 144, Edificio Alto Caral – 7 u. 8 St, San Isidro, Lima 27, Tel. 01/2035940, Fax 01/4224813.
Österreichische Botschaft:
Edificio de las Naciones, Avenida Central 643, Lima (San Isidro), Tel. 0051/1/4420503, Fax 14428851.
Schweizer Botschaft:
Avenida Salaverry 3240, Lima (San Isidro), Tel.0051/1/2640305.

INFORMATION

Touristeninformation in Peru

Die staatlich und städtisch organisierten Büros der Touristen-Information sind in den jeweiligen Reisekapiteln ausgewiesen. Hier erhält man die aktuellsten Informationen über den Zustand von Straßen und Wanderwegen, über Nationalparks, Transportverbindungen, über private Pensionen (*pensiones*) und Hotels. Auch können die Büros der Touristen-Information Führer (*guías, local guides*) vermitteln.

Touristeninformation im Ausland

Die Botschaften und insbesondere die Generalkonsulate geben Auskünfte und versenden häufig auch Infomaterial.

Informationen im Internet

Landeskunde allgemein:
www.promperu.gob.pe
www.carilat.de
www.enjoyperu.com
www.peru-travel.com
www.peru.com
www.akzente-tours.de
www.peru-explorer.com
www.peru-hotels.com
www.inkalandtours.com
www.perulinks.com
www.trekperu.com
www.virtualperu.net
Tageszeitungen:
www.elcomercio.com.pe/online
www.larepublica.pe
www.peru21.pe
www.limapost.com (englisch)

SPRACHFÜHRER

Montag	*lunes*
Dienstag	*martes*
Mittwoch	*miércoles*
Donnerstag	*jueves*
Freitag	*viernes*
Samstag	*sábado*
Sonntag	*domingo*
heute	*hoy*
morgen	*mañana*
gestern	*ayer*
morgens	*por la mañana*
mittags	*al mediodía*
nachmittags	*por la tarde*
abends	*por la noche*
0	*cero*
1	*uno, una*
2	*dos*
3	*tres*
4	*cuatro*
5	*cinco*
6	*seis*
7	*siete*
8	*ocho*
9	*nueve*
10	*diez*
11	*once*
12	*doce*
20	*veinte*
21	*veintiuno*
22	*veintidós*
30	*treinta*
40	*cuarenta*
50	*cincuenta*
60	*sesenta*
70	*setenta*
80	*ochenta*
90	*noventa*
100	*cien*
200	*doscientos*
500	*quinientos*
1000	*mil*

Einzelzimmer	*habitación individual*
Doppelzimmer	*habitación doble*
– mit Bad	*– con baño*
Toilette	*baño, sanitario*
Männer	*hombres / señores*
Frauen	*mujeres / señoras*
Rechnung	*la cuenta*

Wo gibt es....?	*¿Dónde hay...?*
geschlossen	*cerrado*
offen	*abierto*
ja / nein	*sí / no*
Geht es hier nach...?	*¿Por aquí se va a...?*
geradeaus	*derecho*
rechts	*derecho / a*
links	*izquierdo / a*
Straße	*calle*
Landstraße	*Carretera*
Autobahn	*autopista*
Autobus	*ómnibus*
1., 2. Klasse	*primera / segunda clase*
Fahrkarte	*pasaje, boleto, ticket*
Wie lange dauert...?	*¿Cuánto dura...?*
Wohin fährt...?	*¿Adónde va...?*
Woher kommt...?	*¿De dónde viene...?*
Aus Deutschland / Österreich / Schweiz	*de Alemania / Austria / Suiza*
Guten Morgen, Guten Tag	*buenos días*
Guten Tag, Guten Nachmittag (12-18 Uhr)	*buenas tardes*
Guten Abend,Gute Nacht	*buenas noches*
auf Wiedersehen	*hasta luego, adiós*
Entschuldigung	*perdón*
gestatten	*con permiso*
bitte	*por favor*
danke	*(muchas) gracias*
macht nichts, bitte	*de nada*
ich brauche	*necesito*
gibt es / es gibt	*hay*
Wieviel kostet...?	*¿Cuánto vale?*
ich verstehe nicht	*yo no entiendo*
Lassen Sie mich in Frieden!	*Déjame en paz!*
Um wieviel Uhr...?	*¿A qué hora?*
bald	*pronto*
Wie spät ist es?	*¿Qué hora es?*
Sommer (Dez.-April)	*verano*
Winter (Mai-Dez.)	*invierno*
Frühling	*primavera*
Herbst	*otoño*
Postamt	*correo*
Brief	*carta*
Postkarte	*tarjeta postal*
Briefmarke	*sello, estampilla*
Luftpost	*correo aéreo*
Wechselstube	*casa de cambio*

12

Reise-Informationen

Geld / Münzen	*dinero / monedas*
Bank	*banco*
Kirche / Kathedrale	*iglesia / catedral*
Unterschrift	*firma*
Apotheke	*farmacia*
Arzt	*médico*
Hilfe	*ayuda*
Krankenhaus	*hospital*
Rathaus	*municipalidad*
Polizei	*policía*
krank	*enfermo*
Freund/in	*amigo / a*
Ehemann / -frau	*esposo / a*
Tankstelle	*grifo, gasolinera*
Benzin	*gasolina*
Flughafen	*aeropuerto*
Flugzeug	*avión*
Bahnhof	*estación de trenes*

Im Restaurant

ají	Chili
ajo	Knoblauch
albondigas	Fleischknödel
alcachofas	Artischocken
arroz	Reis
atún	Thunfisch
azúcar	Zucker
botella	Flasche
camarones	Krabben
carne	Fleisch
cebolla	Zwiebel
cerdo, chancho	Schweinefleisch
cerveza	Bier
chivo	Ziegenfleisch
choclo	Maiskolben
chuleta	Kotelett
coco	Kokosnuss
coliflor	Blumenkohl
cordero	Lammfleisch
corvina	Meerbrasse
cuchara	Löffel
cuchillo	Messer
desayuno	Frühstück
dulce	süß
empanada	mit Fleisch oder Käse gefüllte Teigtasche
ensalada de fruta	Obstsalat
escalopa / escalope	Schnitzel
espárragos	Spargel
flan	Karamellpudding
frijoles	Bohnen

helado	Speiseeis
hongos	Pilze
huevos fritos	Spiegeleier
huevos revueltos	Rühreier
jamón	Schinken
jugo	Fruchtsaft
leche	Milch
lenguado	Seezunge
lomo / lomito	Steak / Lendchen
mantequilla	Butter
manzana	Apfel
naranja	Orange
palmitos	Palmenherzen
palta	Avocado
pan	Brot
pan integral	Vollkornbrot
papas fritas	Pommes frites
pato	Ente
pavo	Truthahn
pimienta	Pfeffer
piña	Ananas
plátanos	Bananen
plato	Teller
pollo	Huhn
pulpo	Tintenfisch
queso	Käse
queso frito	gebackener Käse
res	Rind
sal	Salz
salchicha asada	Grillwurst
salsa	Soße
sandía	Wassermelone
seco	trocken
sopa	Suppe
taza	Tasse (Kaffee, Tee)
tenedor	Gabel
ternera	Kalb
tortilla	Omelett
trucha	Forelle
vaso	Glas
verdura	Gemüse
vino	Wein

AUTOREN

Klaus Boll
Jürgen Bergmann
Anton Jakob
Heike Mühl

REGISTER